全国职业培训推荐教材
劳动保障部培训就业司组织评审认定

用于国家职业技能鉴定

国家职业资格培训教程

企业文化师
基础知识

中国就业培训技术指导中心 组织编写

QIYE WENHUASHI
JICHU ZHISHI

中国财政经济出版社

图书在版编目（CIP）数据

企业文化师基础知识/中国就业培训技术指导中心组织编写．北京：中国财政经济出版社，2007.3

国家职业资格培训教程

ISBN 978－7－5005－9720－9

Ⅰ．企…　Ⅱ．中…　Ⅲ．企业文化－技术培训－教材　Ⅳ．F270

中国版本图书馆 CIP 数据核字（2007）第 025064 号

中国财政经济出版社出版

URL：http：//www.cfeph.cn

E－mail：cfeph @ cfeph.cn

社址：北京市海淀区阜成路甲 28 号　邮政编码：100142

发行处电话：88190406　财经书店电话：64033436

北京富生印刷厂印刷　各地新华书店经销

787×1092 毫米　16 开　13.75 印张　272 000 字

2007 年 8 月第 1 版　2014 年 6 月北京第 6 次印刷

印数：17 081—20 080　定价：36.00 元

ISBN 978—7—5005—9720—9/F・8442

（图书出现印装问题，本社负责调换）

本社质量投诉电话：010—88190744

反盗版举报热线：88190492　88190446

企业文化师
国家职业资格培训教程
编审委员会

前言

Prefaces

“企业文化师”是指在企业经营管理活动中，从事企业价值理念体系构建及其转化工作的管理人员。2005 年 3 月，劳动保障部确立其为新职业，并将其纳入《中华人民共和国职业分类大典》（2006 增补本）中。之后，中国就业培训技术指导中心组织有关单位的专家开发了《企业文化师国家职业标准》（以下简称《标准》），并于 2006 年 3 月由劳动和社会保障部正式颁布。《标准》将企业文化师设为三个等级，分别为：助理企业文化师（国家职业资格三级）、企业文化师（国家职业资格二级）、高级企业文化师（国家职业资格一级）。

《企业文化师国家职业资格培训教程》（以下简称《教程》）总体框架结构是按照《标准》的主要内容编写的，共分四册。

在编写《教程》过程中，我们严格按照关于编制国家职业资格培训教程的有关规定和《标准》中的内容要求，始终坚持科学性、先进性、实用性原则，力求突出技能、面对实践和便于操作。具体有以下几个特点：

第一，全面体现《标准》要求，按照《标准》的基本框架与结构进行编写，以使其在整个培训教学与考核过程中发挥指导作用。

第二，坚持以职业活动为导向的原则，建立一种与职业标准相衔接的等级性、适应性和实用性的教材模式。即将能力要求作为《教程》的核心、导向和重点去展开。从而打破了过去编写教材所追求的“理论体系、知识体系和思维逻辑体系”的框框。

第三，坚持实践第一的原则，无论是教材结构设计还是具体内容编写，都十分注重教材既反映企业文化管理实践，又对实践起到指导作用。所以，教材中引用的案例较多。

第四，在《教程》编写和编审人员的组成方面，汇集了国内从事企业文化管理工作的政府工作人员、具有企业文化建设与管理经验的中高级从业人员和具有理论研究与实践结合经验的学者共同组成。上述几方面，是本《教程》有别于其他各类培训教材之处。

随着当代知识经济的高速发展，企业文化建设在企业成长中的作用日益突出，按照国家统一标准对企业文化从业人员进行培训、考核和认证，已经迫在眉睫、势在必行。本

《教程》的问世，为培养和造就大批企业文化管理人才提供了技术支持。

全套《教程》先后共有38人参与大纲讨论、编写、修改和评审工作。进行过四次大修改，有些章节修改的次数更多。其中，参加前两期企业文化师资格认证培训试验班的学员及其辅导老师们也提出了建设性意见，总之，本《教程》的确是集体智慧的结晶，是相关领导、专家、教授、学者和所有参与者共同劳动的成果。

参加写作、审定、修改、编辑工作的人员主要有：

谢佩良、王学秀（教材大纲设计、修改、编审，前言、样章或样节撰写，全文修改和审编）；

贾春峰、王成荣、曾良才、金永年、胡夏辉、霍洪喜（文稿评审）；

熊梦、郭梓林、李世华、徐文中、董平分（教材大纲设计、讨论、审定）；

李世华、史秋秋、朱华东（《企业文化师基础知识教程》第一章：职业道德）；

黎群、董平分、刘孝全、亓玉信、李磊、黄新惠、华锐、万里、张伟、蔡升桂、张志军、刘凤香（《企业文化师基础知识教程》第二章：企业管理、企业文化基础知识）；

周元祝、符德强（《企业文化师基础知识教程》第三章：相关法律法规）；

徐文中、亓玉信（《企业文化师教程》初、中、高级第一章：企业文化调研）；

董平分、赵军、李亚民、费翔、刘凤香、朱振伟（《企业文化师教程》初、中、高级第二章：企业文化建设规划）；

黄河涛、李磊、韩旭、闻效仪（《企业文化师教程》初、中、高级第三章：企业文化建设实施）；

刘孝全、黎群、张海霞、孙连生（《企业文化师教程》初、中、高级第四章：企业文化建设评价）。

本《教程》编写得到了很多单位、领导和业内专家的大力支持，其中主要有：北京科联创新教育研究院、中国企业文化研究会、北京大学产业与文化研究所、中国企业文化研究院、中国企业文化促进会、南开大学商学院、中国劳动关系学院、北京交通大学企业文化管理研究所、北京企业文化建设协会、中国海尔集团企业文化发展中心、北京同仁堂集团、首钢总公司、中国航空工业第一集团公司、北京长青基业管理咨询有限公司、河北师范大学商学院、上海工商经济进修学院等，在此，一并表示衷心的感谢！

本《教程》编写实属国内首例，有关这方面的参考资料和经验非常缺乏，不足之处在所难免，有待试用后进一步修改、补充和完善。

编　者

目录

Contents

第一章 职业道德

第二章 基础知识

第三章 企业经营管理的相关法律法规知识

第一章 职业道德

学习目的

通过本章学习，了解市场经济体制下的职业道德建设的基本知识和企业文化师的职业特点，重点掌握企业文化师职业道德的基础知识、基本要求和职业道德守则。

学习要点

1. 社会主义市场经济体制下职业道德建设的基本特色
2. 企业文化师的职业特点与职业道德要求
3. 企业文化师职业道德守则

第一节 职业道德基本知识

一、职业与道德

（一）职业

1. 涵义

职业是指人们在社会生活中，所从事的作为主要生活来源的某种具有专门业务和特定职责的社会活动。职业是社会分工和生产内部劳动分工的自然结果。

从个体来说，职业是个体谋取自己的利益、实现自身价值、承担社会责任和义务的基本途径；从社会来说，职业是社会发展到一定阶段的标志，与一定的经济发展水平和社会组织结构的状况相关，是社会向前演化和发展的基础。

2．职业的产生与演变

人类各种职业的形成和发展是一个历史的分化过程。社会分工是职业产生的重要前提条件。在人类产生初期，人们活动比较松散，成员也不固定，技术比较低，没有明显的社会分工，因此还谈不上职业。随着社会的变迁和发展，人类在经历了两次大的社会分工后，农业、畜牧业、手工业出现分工，一部分社会成员从事固定的工作，岗位分工开始明晰，职业就逐渐产生了。

职业的发展与社会生产力发展进程紧密相关。在奴隶社会和封建社会时期，农业和手工业比较发达，与农业和手工业相关的社会分工在整个社会职业结构中占据了重要的位置，职业分类开始走向细致分化。职业的快速发展是由近代以来的产业革命所推动的：工业革命始于18世纪70年代，由于蒸汽机的发明，机器大工业代替了工场手工业，劳动分工更加细致，使职业的种类不断增加。19世纪70年代以后电的广泛使用，使人类进入了电气化时代。发电机和电动机的制造加快了工业电气化的进程，也派生出许多相关的新职业。

20世纪以来，随着社会化大生产的发展，人们在社会生产劳动中的分工就越来越明晰，经济领域的行业划分越来越多，与各行各业相对应的职业也就相继的形成，并进一步分化和发展。由于科学技术水平的不断提高，职业的专业性进一步提高，科技含量逐渐增多。20世纪50年代，以电子计算机的发明与应用为代表的高科技发展标志着人类进入了自动化的时代，各种新型职业纷纷涌现。而今，社会已发展到信息化时代，知识经济成为现代经济的主要特征，知识更新日新月异，技术创新突飞猛进。在知识更新和技术创新的推动下，新的产品、新的行业、新的产业推陈出新，新的职业也快速成熟，旧的职业不断分化、淘汰、更新。

3．当代职业的特征及发展趋势

进入现代，职业分工越来越细，职业种类越来越多，社会化程度越来越高，新陈代谢越来越快，技术和人员素质要求及专业化程度越来越高，服务行业在职业结构中的比重越来越大。这是职业的发展所表现出的一般特征。

根据《美国新闻和世界报道》和国内外关于未来职业发展趋势的调查，未来社会对人才需求的情况会发生重大的调整。据专家预测，法庭会计师、广告业、咨询业、教育、化学工程、交叉学科的专家、医学、市场营销、生物制药等是未来世界的20个主导行业。21世纪的中国市场经济会以更快的步伐走向成熟并将融入经济全球化的潮流，许多新兴的热门行业和新型职业必将层出不穷。以下是职业的未来发展趋势的几个特点：

第一，职业活动的内容不断更新。同样的职业，在不同的时代，工作内容会有很大变化。旧的业务知识、技术方法过时了，为新的业务知识、技术方法所取代。

第二，职业的专业化、综合化和多元化。随着科学技术的发展，有些职业的专业化越来越强，若不具备一定的专业能力，达不到职业的要求，就不能适应职业的需要。职业向综合化、多元化的方向发展，打破了以往每种职业都有相对固定范围的界限，职业与职业之间相互交叉延伸，界限模糊。从生产部门来说，现在很多企业变成以一业为主，同时兼营其他业务，这些企业的工作人员在一个职业岗位却同时具有几种职能、几种身份。

第三，在新世纪，与高新技术和第三产业有关的职业将得到发展。科技发展对国家经济的贡献率越来越高。我国产业结构调整优化升级的主要方向就是高科技产业的发展。第三产业包括交通运输业、邮电通讯业、商业、公共事业、居民服务业和咨询服务业、教育文化艺术和广播电视事业、科学研究和综合技术服务事业、金融保险业，等等。随着社会主义市场经济体系的建立和完善，我国将要大力发展第三产业。因此，与高新技术和第三产业有关的职业都将兴盛起来。

（二）道德

1. 涵义

道德是人类在改造自然和社会的实践中，以善恶为标准，依靠内心信念、社会舆论和传统习惯，来评价人们的行为，调整人与人、个人与社会、人与自然环境之间关系的行为准则和规范的总和。

道德是由一定的社会经济基础所决定并为其服务的上层建筑。它一方面通过舆论和教育的方式影响人们的心理和意识，形成人们的善恶观念、感情、意向和信念；另一方面，又以社会舆论、传统习惯和规章制度的形式在社会生活中确立起来，成为约束人们相互关系和个人行为的原则和规范。

2. 历史演变

道德是社会历史的产物，是从人类社会物质生活条件中发生并在长期的生活实践中逐步形成的。随着社会分工的出现和生产的发展，人们在生产、交往和分配中，个人利益和整体利益之间的矛盾日益明显，逐渐形成了调整个人利益和整体利益之间关系的自觉要求，逐渐形成了一些氏族社会成员应当共同遵循的行为准则，在人们的内心里也逐渐产生了维护整体利益的义务感和荣誉感。这就是人类最初发生的道德现象。以后，随着生产力的发展和人类社会的进步，一定的道德意识、道德情感逐渐地发展起来，并逐步地从特殊到一般，从少数人扩展到多数人，成为人们的普遍要求和行为准则。这些普遍道德要求和准则经过集中和概括，就形成了比较系统的道德原则和道德规范，起着调整人们行为的作用。依据经济结构划分的社会发展的五种形态，相应地划分出道德演变的五种历史类型。

在原始社会，生产关系是以氏族公社的生产资料公有制为基础的，人们只有集体劳动、共同生活才能生存，所以，共同劳动、互相帮助、团结一致、抵御外来袭击、勇敢作战、为同胞复仇、获得战利品交公等等就成为原始社会氏族生活的风俗、习惯和传统，成为那个时代的朴素的道德标准。但是人们的行为和品格中还有不少落后、粗野的痕迹。

奴隶社会的生产力有了一定发展，原始时代那种食人之风、群婚和杀死战俘的风气基本改变，这在道德上是一个进步。但是，由于私有制和阶级的形成，道德就不再统一，而分裂成为对立的阶级道德，奴隶主阶级道德趋向堕落。奴隶阶级在斗争中形成和发展了他们的道德，如反对剥削压迫、争取做人的权利、团结互助、勇敢顽强、忘我牺牲等。封建社会经济制度比奴隶制进步，其道德在一定程度上也是有进步意义的。但封建道德终究以维护封建土地所有制和宗法等级制度为基本原则。我国地主阶级提出了“三纲”、“五常”和“三从四德”等封建道德，强迫或欺骗人民接受和奉行这些道德准则，以维护其统治。封建道德还表现为宗教道德，宗教道德劝人行善、温顺、安分守己、对人间和天上的统治者俯首听命等。与此相反，农民在劳动和反抗斗争中形成了自己的道德观念和道德品质，例如：忠、孝、仁、义、礼、信、勤劳、俭朴、诚实、顽强、团结互助、慷慨仗义，等等。资本主义道德的进步主要表现在工人阶级已经从人格的隶属关系中解放出来，但是其道德是资产阶级生产资料所有权的反映。它建立在资产阶级财产私有制的基础上，以极端的个人利己主义为原则，表现为惟利是图、金钱万能、自私自利、尔虞我诈以及极端糜烂堕落的生活方式等。和现代化大生产相联系的无产阶级在反对资产阶级的经济剥削、政治压迫的斗争中，逐步形成了自己的道德观念、原则和规范，表现出大公无私、英勇斗争、团结守纪、诚实谦逊等高尚的道德品质。

与剥削阶级道德相对立的是共产主义道德。它是在同资产阶级的斗争中发展起来的进步而高尚的道德。社会主义社会是共产主义的初级阶段，因此，社会主义道德属于共产主义道德。为适应社会主义阶段经济、政治状况和人们的思想水平，社会主义道德在集体主义原则指导下，对不同思想境界的人们提出不同层次的要求，需要在长期斗争中逐步发展和完善。

3．道德的特征

道德与其他意识形态一样，在阶级社会中具有鲜明的阶级性，在发展过程中有历史继承性。此外，它还具有不同于其他社会意识形态的特点。

（1）特殊的规范性。一定社会都有相对应的基本的道德原则及多层次的一般的道德规范。道德作为一种行为规范，与法律通过国家强制力保证实施其规范不同，道德是以善恶为标准，依靠内心信念、社会舆论和传统习惯得以贯彻的。

（2）社会关系的调节性。道德调节人与人、个人与社会、人与自然环境之间的矛盾关系。它通过规定一定的道德规范来起到社会控制作用。

（3）广泛的社会性。道德以一系列概念、范畴和原则等形式反映社会存在，贯穿人类社会各个阶段，与人类社会共存亡，渗透于各种社会关系之中，遍及社会的政治、经济、文化、军事、宗教等各个领域。

(4) 相对独立性。道德在一定社会关系中，同民族的社会心理相结合，深入到人的内心，感情和信念之中，形成稳定的传统习惯和风尚。相对于社会经济基础而言，道德的变化是缓慢的，同其他社会意识形态相比较，它又具有相当的独立性。

二、职业道德

(一) 职业道德的涵义、特征及其形成与发展

1. 涵义

职业道德是指从事一定职业劳动的人们，在特定的工作和劳动中以其内心信念和特殊社会手段来维系的，以善恶进行评价的心理意识、行为原则和行为规范的总和。它是人们在从事职业活动的过程中形成的一种内在的、非强制性的约束机制。它是各种职业范围内特殊的道德要求，是一般社会道德和阶级道德在社会职业生活中的具体体现。职业道德不仅是从业人员在职业活动中的行为标准和要求，而且是本行业对社会所承担的道德责任和义务。

职业道德鲜明地表达了职业义务、职业责任以及职业行为上的道德准则，反映职业、行业以至产业特殊利益的要求，是在特定的职业实践的基础上形成的，往往表现为某一职业特有的道德传统和道德习惯，表现为从事某一职业的人们所特有的道德心理和道德品质。职业道德往往比较具体、灵活、多样。职业道德一方面是用来调节从业人员内部关系，加强职业、行业内部人员的认同感、凝聚力；另一方面，它也是用来调节从业人员与其服务对象之间的关系，用来塑造本职业从业人员的形象。

2. 职业道德的特征

职业道德具有不同于其他道德的一些特点。这些突出特点是：

(1) 专业性。职业道德是从特定的职业活动和特殊的职业关系中引申出来的一种道德规范。它是由各种职业和行业的具体利益、义务和业务内容所决定的，并在职业活动的实践中形成和发展起来的。因此，职业道德总是同一种专门的业务紧密联系在一起，具有很强的专业性。其适用范围和对象不是普遍的、无限的，而是特定的、有限的。它只限于从事某种专门业务的人，对这种专门业务以外的人往往不适用。

(2) 稳定性和连续性。人们在某种职业的长期实践中，会形成某种特殊的职业心理、职业习惯、职业传统以及特殊的职业意识和语言，从而铸成一种稳定的道德风格在本职业领域内传递下去。就医德规范来说，从古希腊的《希波克拉底誓言》，到我国唐代孙思邈的《太医精诚》和阿拉伯犹太医生蒙尼高斯的《祷文》，再到世界医生联合会的《日内瓦誓约》，都始终强调对病人要一视同仁，救死扶伤，实行人道主义。这种稳定性反映出职

业道德发展的连续性和继承性。当然，实践职业道德规范不可避免地要受各社会形态基本道德原则的制约和影响，呈现出不同时代所特有的职业道德风貌。

（3）多样性。各种职业道德因各种职业活动的具体对象、内容、条件、方式的不同而各具特色，种类繁多，内容各异。农民以辛勤耕种为己任，官员以甘当人民公仆为光荣，乘务员以方便旅客、保证行车安全为原则，法官以铁面无私、秉公执法为尽职，等等。各种职业道德都采取一些具体的形式，如公约、条例、守则、须知、誓词、戒律等，简明通俗，易懂适用，以约束人们在职业活动中的道德行为。

3. 形成与发展

人类的职业生活和职业道德是一个历史的范畴。各种职业的出现和职业道德的产生是由于生产的发展引起社会分工及其发展的结果。

原始社会末期职业的形成，是反映和调整这些职业活动的人们的社会关系的行为规范萌芽。到了奴隶社会，不仅农业、畜牧业、手工业、医药等有了明显分工，而且上层建筑领域也开始分化，职业道德才逐渐从社会道德中分离为特有的道德类型，不过带有鲜明的阶级性和严格的等级色彩。进入封建社会，各种职业分工越来越具体，职业道德也越来越发展。封建社会的职业道德具有一定的进步作用；但是，封建社会是自给自足的自然经济，职业生活中的社会交往比较简单，加之宗法等级制度森严，极大地限制了职业道德的发展。

在资本主义社会，生产力空前地迅猛发展，社会分工越来越细密，出现了成百上千种职业；封建制度对职业生活的束缚被打破，人们通过职业产生的交往与联系也日益扩大、频繁和复杂，资本主义职业道德得到了很大的发展，不仅充实和完善了职业道德规范，而且形成职业道德理论。在一定意义上可以说，只有到了资本主义社会，职业道德才成为一个独立的道德体系，成为整个社会道德的一个有机组成部分。但是，资本主义社会是以私有制为基础的社会，职业道德不仅以追求高额利润为目的，而且受到来自社会生活的小团体主义、利己主义、个人主义等不良因素的影响，因而带有极大的局限性。

社会主义社会是建立在生产资料公有制基础上的新型社会，人与人之间的关系由过去剥削与被剥削、雇佣与被雇佣、压迫与被压迫的关系，变成为同志式的平等的互助合作的关系，消除了表现在职业道德上的尖锐的阶级对立，实现了职业道德和一般社会道德的统一，从而具有旧职业道德从未有过的优越性和先进性，职业道德发生了深刻的变化。

（二）职业道德的基本职能

1. 认知职能

职业道德是在一定职业活动中所应遵循的、具有自身职业特征的道德准则和规范，是职业活动对人们行为的客观要求。每一种职业都有它自己的生产或服务对象，都有各自活动的环境、内容和方式，都承担着不同的社会责任，具有不同的利益和义务。因此，对从事不同职业的人员应提出不同的职业要求，规定不同的职业道德规范。如医生和法官的职业不同，职责不同，服务对象不同，因而各自的职业道德也各不相同。作为医生的道德应该是救死扶伤，实行人道主义；而法官的道德则是刚直不阿、清正廉明。职业道德针对不同的职业特点，具体规定了从事不同职业的人在从业过程中应该遵循的行为规范，使从业人员明了什么样的职业行为是对的、应该做的，什么样的职业行为是错的、不应该做的，指导、约束自己的职业行为。

2．调节职能

在社会生活中，各职业之间、各职业集体内部从业人员之间还存在着各自的职业利益和需要。为了调节职业活动中职业集体与社会整体之间、职业集体之间、职业集体内部从业人员之间的利益关系，保持个人利益、职业集体利益和整个社会利益的基本一致，以保障各个社会领域中各种职业的顺利发展，除了采取一系列政治措施、法律措施、经济措施和行政措施之外，还应当对各种不同职业或职业集体中的劳动者分别提出一些本职业人员应该遵守的具体的职业行为准则和规范。这种特殊要求，不仅仅是专业和技能方面的，而且还有行为、道德调节方面的。因此，职业道德是调节职业活动中各种关系、各种利益矛盾的特殊手段，对于维护社会的正常生产、生活秩序起着重要作用。

职业道德所调整的职业关系包括两个方面：一是内部关系，即：职业集体内部从业人员之间的关系。这种职业关系主要包括各部门之间的关系、同事之间的关系、领导和被领导之间的关系。职业道德所发挥的调节作用就是：调节职业内部的工作者为了同一目标和正当利益和谐地工作。各部门之间要互相信任、互相配合、彼此兼顾，以全局利益为重；同事之间要团结一致、平等互助、礼貌相处，有助于增进感情、减少矛盾、避免纠纷；上下级之间要互相理解、互相支持，上级关心下级，下级要尊重服从上级，这样才能防止内耗的产生，使一定职业生活呈现出整体的文明礼貌与和谐发展的可喜局面，共同完成好一定职业所要履行的社会职责。二是外部关系，即：本职业与服务对象竞争对手和社会之间的相互关系。这是一定职业的从业人员与该职业以外其他职业人员或社会上其他人员的关系。职业道德所发挥的调节作用，就是从本职业的性质和特点出发要求职业工作者尽职尽责，尽力满足其职业服务对象的要求，保证它的职业服务对象的利益，维护职业的社会信誉。需要指出的是，在职业生活中，职业道德的调节作用虽然是广泛的、重要的，但却不是万能的。职业道德必须要和一定的法律法规结合起来，才能发挥良好的社会作用。

3．教育职能

职业道德是人们职业生活的指南。它促使从业者形成一般道德认识，使其道德品质逐渐成熟，从而直接影响着人们的思想和行为的发展趋向。它规定具体职业的社会责任，指导人们在具体的职业岗位上确立具体的道德目标，树立职业理想，养成具体的道德品质。

一个人是否对社会有贡献，主要依靠在职业生活的实践中学习和锻炼。有些很有才华的人之所以昙花一现，一个重要的原因是他不注意职业道德的修养；而一些本来资质平凡的人之所以能对社会有较大贡献，其中重要的原因就是他们长期注意职业道德的锻炼。职业生活中的傲慢、虚伪、懒惰、狭隘等不良品质，往往使人碌碌无为或者走入迷途；而职业生活中的忠于职守、无私、责任心、勇敢、勤奋、热情、诚实守信等优良品质，则使人在成才与事业的道路上不断前进，取得成功。在职业生活中通过学习、锻炼培养优良的职业道德，有利于个人的成才，也有利于社会和谐发展。社会主义职业道德教育对提高全社会的精神文明，促进现代化建设起着十分重要的作用。

三、社会主义职业道德

社会主义职业道德是人们在社会主义职业活动中的社会关系的反映。社会主义职业道德继承了职业道德历史上的优良传统，体现出新的社会属性。社会主义道德建设，以为人民服务为核心，以集体主义为原则，以爱祖国、爱人民、爱劳动、爱科学、爱社会主义为基本要求。胡锦涛总书记提出的以“八荣八耻”为具体内容的社会主义荣辱观，是对这些内容的精辟概括，内涵深邃，体现了中华民族传统美德与时代精神的有机结合，体现了社会主义基本道德规范的本质要求，体现了社会主义价值观的鲜明导向。“八荣八耻”的具体内容是：

以热爱祖国为荣、以危害祖国为耻；
以服务人民为荣、以背离人民为耻；
以崇尚科学为荣、以愚昧无知为耻；
以辛勤劳动为荣、以好逸恶劳为耻；
以团结互助为荣、以损人利己为耻；
以诚实守信为荣、以见利忘义为耻；
以遵纪守法为荣、以违法乱纪为耻；
以艰苦奋斗为荣、以骄奢淫逸为耻。

在当前和今后的长时期里，社会主义职业道德建设，要集中贯彻和体现以“八荣八耻”为具体内容的社会主义荣辱观，要将其与社会主义职业道德的基本规范有机地结合起来。

（一）社会主义职业道德建设意义

1. 促进社会进步、国家发达的需要

当前，我国经济社会发展的形势总体良好，“十一五”规划纲要描绘的美好生活蓝图，让人民群众满怀喜悦和期待。但是，在社会生活和行业发展中也存在一些不健康、不文明现象，拜金主义、享乐主义、极端个人主义在一些人中还有市场，少数人思想混乱，道德缺失，是非、善恶、美丑混淆。这些问题的出现和蔓延，对社会道德体系造成了冲击，损害了社会风气，也影响了经济社会的健康发展，损害了广大人民群众的利益。党和国家高度重视道德建设，提出了依法治国与以德治国相结合的治国方略，颁布了《国民道德建设实施纲要》，把逐步形成与发展社会主义市场经济相适应的道德体系作为一项基础性工程来抓。职业道德建设在以社会公德、职业道德和家庭美德构筑的社会主义道德体系中占有十分重要的地位。大力加强职业道德建设，有助于帮助人们树立正确的价值观，提高人们的道德境界，规范人们的经济行为，从各方面引导市场经济、保障市场经济朝着健康的方向发展。所以说，提高从业人员的职业道德水平，是建设和谐社会的基本要求。从这个意义上说，每个从业人员都是本行业的代表，因此，每个从业人员加强职业道德修养是形成职业群体美好形象的基本要求，是维护本行业在社会中的道德信誉，促进本行业兴旺发达的必不可少的重要前提条件。

2．调整和建立新型人际关系的需要

社会主义道德建设的基本任务是在全社会形成团结互助、平等友爱、共同前进的人际关系。在社会主义社会人人都是服务对象，人人都为他人服务。人际关系的和谐是同各个岗位上从业人员的服务态度、服务质量密切相关的，由于职业活动都是在一定组织与一定社会集体中进行的，因此，各行各业的职业道德状况将对整个社会道德水平产生很大影响。

3．做好本职工作的需要

职业道德修养的高低，直接决定着从业人员本职工作完成的好坏。从业人员能否出色完成本职工作固然与从业人员文化知识、能力等因素有关，也同职业道德修养密切相关，只有职业道德水平高的从业人员才能产生强烈的事业心和崇高的使命感，出色地完成工作。

4．实现人的全面发展的需要

建设有中国特色社会主义，必须着力提高全民族的思想道德和科学文化素质，为经济发展和社会全面进步提供强大的精神动力和智力支持，培育适应社会主义现代化要求的一代又一代有理想、有道德、有文化、有纪律的公民。各行各业的从业人员要想实现自己的全面发展，成为社会主义“四有”劳动者，就必须加强社会主义职业道德修养，“多才少德”或“有才无德”必然会自食恶果。

（二）社会主义职业道德的主要内容

1．爱岗敬业

爱岗敬业是社会主义职业道德的基础和核心，是“以辛勤劳动为荣、以好逸恶劳为耻”的荣辱观，在职业道德上的具体体现。爱岗就是热爱自己的本职工作，把自己从事的工作视为体现生命价值存在的方式。敬业就是用一种真诚严肃的态度对待自己的工作，勤勤恳恳，兢兢业业，忠于职守，尽职尽责。真正的敬业来源于认识到自己工作的社会意义，形成内在的自尊和追求自我实现。

爱岗敬业的具体表现为乐业、勤业、精业。乐业，就是喜欢自己的专业，热爱自己的本职工作。勤业，就是勤奋学习专业，钻研自己的本职工作。精业，就是不断提高自己本职工作的技术、业务水平，精益求精，成为专家。爱岗敬业的通俗表达是：干一行，爱一行，钻一行，精一行。

爱岗敬业要正确处理职业理想和理想职业、国家需要与个人爱好、职业选择与个人自身条件、职业与物质利益等多方面关系。社会主义职业道德所提倡的职业理想是以为人民服务为核心，以集体主义为原则，热爱本职工作、兢兢业业干好本职工作。当国家需要与个人爱好发生矛盾时，应该把国家需要作为自己的志愿，在工作实践中逐步培养兴趣。人们选择职业应根据自身条件，不能好高骛远。即使自己所从事的职业不理想，也应该从现实需要出发干好本职工作。坚持热爱本职与人才流动相统一，忠于职业与物质待遇相统一，人能尽其才与物能尽其用相统一。

2. 诚实守信

诚实守信作为一种职业道德就是指真实无欺、遵守承诺和契约的品德和行为，是“以诚实守信为荣、以见利忘义为耻”的荣辱观在职业道德上的直接运用。诚，就是真实不欺，尤其是不自欺，主要是个人内在品德；信，就是真心实意地遵守履行诺言，特别是注意不欺人，是处理人际关系的准则。诚实守信在职业行动中最基本的就是诚实劳动，遵纪守法，在服务中严格履行合同契约，说到做到。诚实守信不仅是做人的准则，也是做事的原则。对于企事业单位来说，诚实守信有助于树立良好的信誉，塑造值得信赖的企业形象。信誉由信用和名誉合成。信用是指在职业活动中诚实可信；名誉是因优良的职业活动而得到好的名声和荣誉。信誉体现了社会对某项职业活动的社会价值的肯定，从而影响其在未来活动中的地位和作用。

如何做到诚实守信？首先，要重质量、重服务、重信誉。产品的质量和服务质量直接关系到企业的信誉，是企业的生命。产品质量高、服务质量高，企业的信誉就高，企业也就拥有了强大的生命力。其次，要诚实劳动、合法经营，有以质量为中心的科学的生产、工作程序。少数人为牟取暴利使用一切非法手段投机取巧、制假售假、缺斤少两、坑害消费者，必将受到社会舆论的谴责和法律的制裁。再次，要提高技能、创造名牌产品。名牌产品本身就意味着诚实守信，但创造名牌并非易事，从业人员必须刻苦学习专业知识和技能。著名的同仁堂药店有一副对联写道：“品味虽贵，必不敢减物力；炮制虽繁，必不敢省人工。”正是靠着这份承诺，同仁堂历经三百年从一家普通的家庭药铺发展成为国药第一品牌。在现代市场经济条件下，诚实守信已成为提高竞争力的重要途径。

3. 办事公道

办事公道是指从业人员要站在公正的立场上，按照同一标准和同一原则做事，是"以遵纪守法为荣、以违法乱纪为耻"的荣辱观在职业道德上的必然要求。办事公道要求各行各业的劳动者在本职工作中做到公开、公平、公正，不偏不倚，不以私害公，不以权谋私，不违反原则。公平公正是为了尊重和保障每个人应享有的合法地位和平等权利。人们的社会地位平等，受教育的权利、劳动的权利平等，多劳多得，少劳少得，不劳动不得食，任何人都没有特权。

办事公道的基本道德要求是客观公正和照章办事。客观公正，即遇事从客观事实出发，并能做出客观、公正的判断和处理。照章办事，就是按照规章制度来对待所有的当事人，做到正直无私，不徇情枉法、不徇私枉法。办事公道要坚持原则，不谋私利，不计个人得失，不怕各种权势，对一切不公道的事和人进行抵制和斗争。要做到办事公道，还必须加强学习，不断提高认识能力，有敏锐的洞察力，能明确是非标准，分辨善恶美丑。

4. 服务群众

职业的服务对象是人民群众。服务群众，就是指听取群众意见，了解群众需要，端正服务态度，改进服务措施，提高服务质量，是"以服务人民为荣、以背离人民为耻"的荣辱观在职业道德上的直接体现。职业活动是不同劳动者之间服务的交换。每一个职业劳动者都是群众的一员，因此，服务群众的实质就是自我服务，即全体社会职业的劳动者之间通过相互服务来谋求共同的幸福。

要做到服务群众，必须先树立服务群众的观念，树立公仆意识。其次，要做到真心待群众，无论做任何事情，都要想到群众的利益，实实在在地为群众服务。再次，要尊重群众。最后，做每件事都要方便群众，要便民而不扰民，自觉为群众做好事、做实事。

5. 奉献社会

奉献社会是社会主义职业道德的本质特征，是职业道德的最高境界，是以"八荣八耻"为具体内容的社会主义荣辱观在职业道德上的最终要求。职业行为既是人们谋生的手段，又是实现人生精神意义的途径。奉献社会就是要自觉履行对社会对他人的义务，努力地为社会为他人做贡献。它既是职业道德的出发点又是其归宿。

奉献精神作为一种道德追求，与社会主义市场经济发展不仅相容而且相互促进。市场经济固然有其自身的运行规律和规则，但不能脱离与文化道德等多种因素之间的相互影响。有效的道德调节是经济运行的润滑剂。无论是等价交换的市场规则，还是无私奉献的精神，都是市场主体健康发展的内在需要。搞好市场经济需要人们对事业对工作的全身心投入，无私奉献精神就成为搞好经济建设的强大精神动力。无私奉献精神能够促成市场主体发展的良好社会环境，是市场主体积极承担其社会责任的表现。追求利润的观念不能无限制地引伸到广阔的社会领域，不能以完全的功利追求取代无私奉献的精神追求。奉献社会的时代意义就是把职业活动与我国实现工业化和经济的社会化、市场化、现代化这一战略目标相联系，为实现中华民族伟大复兴而努力工作。

（三）企业职业道德的养成

职业道德的养成就是按照职业道德规范的要求进行有意识、有目的的教育和训练，将职业道德原则和规范运用于职业活动之中，养成良好的职业行为习惯，形成高尚的职业道德品质，并达到崇高的职业道德境界。

职业道德养成，包括职业道德教育、职业道德修养和职业道德境界提升三方面的要求。在这三个环节中，要始终贯彻和体现以“八荣八耻”为具体内容的社会主义荣辱观。

1. 职业道德教育

职业道德教育是指通过宣传教育的方式把职业道德规范的要求灌输给从业人员使其深入理解、准确把握职业道德的内容、功能和价值的活动。职业道德教育的突出作用表现为：

第一，促使各行各业的从业人员在自己的工作岗位上自觉地履行自己的职业责任和义务。

第二，调整好个人在集体中的位置，从而使个人利益的目标同职业利益和社会利益的目标尽量保持一致。

第三，增强人们在职业活动中的职业荣誉感，促进人们通过职业活动实现自我价值。

职业道德教育不仅表现为认知与接受外在的约束，而且表现为形成内在的价值导向。也就是说，通过职业道德教育，不仅知道哪些不该做，而且明白哪些该做、应如何做好；不仅约束了职业活动中的一些行为，而且也激励人们自觉掌握职业活动中的道德准则。职业道德教育的这种价值导向功能与它的约束功能是同时存在、共同发挥作用的。职业道德教育的外在约束和价值导向具有统一性。

进行职业道德教育要注意以下几方面：

第一，确立明确的目标。职业道德教育的目标是提高职业道德的认识、陶冶职业道德感情、造就坚强的职业道德意志、树立和强化职业道德信念、培养良好的职业道德习惯。

第二，加强职业道德教育的针对性，为提高职业道德认识奠定基础。在不同行业工作的从业人员，其职业道德规范是不尽相同的，面对的具体问题也是不一样的，因此，必须结合不同的职业问题进行有针对性的教育甚至灌输。

第三，职业道德教育紧密结合工作实际。职业道德教育要和本职工作紧密联系起来。进行职业道德教育必须使从业人员在职业实践中去感受、体会和锻炼，不能仅仅是“坐而论道”，要让从业人员在职业实践中提高对职业道德的认同，增强道德选择能力。

第四，职业道德教育的目的、形式和效果应有机结合。职业道德教育应采用多样化的教育形式和有效的教育手段；同时，要求对职业道德教育效果进行不断的反馈，以便及时调整职业道德教育方法和方式。

第五，强化必要的职业道德约束。加强职业道德教育，要充分认识到道德约束在人们道德判断、道德推理、道德选择中的重要作用，动员广大群众、社会组织对职工的职业行为进行监督，利用新闻媒体对不讲职业道德的言行进行曝光，借助社会力量对职业道德败坏的集体或个人进行谴责，使每个人都感受到不讲职业道德是可耻的甚至是要付出代价的，从而认真约束自己的职业行为。

第六，进行科学的职业道德教育评价。评价应当是渐进的、全面的，不仅有对所掌握知识的评价，而且有对人格的、认识能力与水平的评价、道德实践能力的评价等。评价的方式是多样的，不仅有动脑思考，还有亲身的实践。评价的过程应是动态的，是对人们职业道德的发展、进步过程的评价。

2. 职业道德修养

职业道德修养主要是指从业人员在道德品质、道德情感、道德意识等方面进行的自我改造和自我锻炼的内在活动，既包含依照职业道德规范所进行的学习、体验、对照、检查、反省等心理活动和实践活动，也包含经过长期努力之后形成的职业道德品质、道德情操和道德境界。

提高职业道德修养的途径有：学习、实践、内省、慎独。

学习是提高职业道德认识，树立职业道德信念的首要方法。职业道德的理论学习和事实学习，职业道德的理解、服从和内化是实现职业道德修养的必要因素。学习也包括虚心向别人学习，特别是向具有高尚职业道德品质的先进人物学习。只有联系具体职业活动的实际而学习才能更深刻地认识和体会到职业道德修养的内涵，才能更好地激发敬业精神，树立乐业态度，落实勤业行为。脱离实际、闭门思过式的修养是没有用处的。

实践是职业道德修养的根本途径和方法。一个人如果不把职业道德意识付诸实践，他就难以在职业生活实践中表现出优良的职业道德品质。只有把所学的道德知识、职业道德原则和职业道德规范等运用到自己的职业实践中，去对照、检查、反省自己的言行，改正错误，才能逐步形成高尚的职业道德品质。人们职业道德的修养效果如何，是否符合社会主义职业道德原则和规范，也只有回到职业生活的实践中才能得到检验。

内省即对自己内心的省视，是一种自律心理，也是一种自我反省的精神。“吾日三省吾身”。内省过程是职业道德的内化过程。通过内省深刻反思自己待人接物的种种表现，不断进行自我批评，尽力改善自我行为，才能提升自我社会价值，达到自我完善。从业人员在职业生活中哪些言行是符合职业道德的，哪些言行是不符合职业道德的，除了有外在的监督评价以外，更需要反躬自问。

慎独是指一个人在自己独处、无人监督、易产生错误动机的情境中，坚持自觉地谨慎地按照既定的道德原则和规范做事。慎独的核心是强调自觉性。慎独从根本上夯实一个人职业道德修养的基础。道德修养的根本点在于人们自觉自愿地为实现道德理想、履行道德义务而自我要求、自我克制、自我教育、自我反省、自我改造。慎独要求人们在道德修养的“隐”与“微”的地方下功夫，在职业活动中不管有没有人监督，不管是否引起遭受惩罚的后果，都要按照职业道德的规范做事。在职业道德修养上达到慎独境界，必须经过一个由不自觉到自觉，经过长期艰苦磨练的修养过程，需要扎扎实实培养职业道德意识和感情，在实践中锻炼职业道德意志，不断提高遵守职业道德原则、规范的自觉性。

3. 职业道德境界

职业道德境界是指从业者通过接受职业道德教育和进行职业道德的修养，所达到的职业道德觉悟程度，以及所形成的职业道德品质状况和道德情操水平。在我国社会主义初级阶段的职业道德境界中存在四种类型：

第一，极端自私自利道德境界，即一切行为都以是否有利于自己的私利为转移。这是一种极为卑下的道德境界，应加以批判。

第二，追求个人正当利益的道德境界，即以追求个人正当利益为目的，但同时又不伤害别人和集体利益，基本上做到奉公守法、勤劳致富。在社会主义初级阶段，这有着相当的普遍性。这种道德境界容易分化，如果不进行有效的教育，易堕入极端自私自利的境界。

第三，先公后私、先人后己的社会主义道德境界，亦可称为共产主义道德的初级境界。这种道德境界也追求正当的个人利益，但在需要的时候能牺牲自己的利益，去维护集体的、人民的利益，实践“八荣八耻”道德行为准则。

第四，大公无私的共产主义道德境界，即一切言行都能以是否有利于集体为原则，是道德的最高境界。它是从先公后私的道德境界中发展而来的。这种道德境界中的人总是对人民极端的负责，把人民的事业作为自己的事业。这种道德境界十分崇高，值得赞扬。

随着人们职业道德修养的提升，其职业道德境界表现为不同的发展层次和等级，说明职业道德修养的循序渐进性。一个人在道德水准上的起点称为初始职业道德境界；从这一基础出发，经过一系列中间道德境界的逐步提高，最后达到所追求的理想职业道德境界。从职业道德起点到最后目标，从最初境界到理想境界的过渡，不是跳跃式的，不是一下子就能实现的，需要人们经过连续的努力和磨练。

第二节 企业文化师职业守则

一、企业文化师的职业特征

《企业文化师国家职业标准》中的职业定义是：企业文化师是在企业经营管理活动中，从事企业价值理念体系构建及其转化工作的管理人员。企业文化师是在经济全球化、知识增值化、管理文化和经济文化一体化的大背景下产生的新职业。我国加入 WTO 后，既懂企业文化建设理论体系又拥有实践经验的企业文化建设者已迅速成为优秀企业迫切需要的稀缺人才，企业文化师作为适应这一需要应运而生的全新职业，成为人才市场的新宠。企业文化师提倡用文化的手段管理企业，倡导企业精神管理和企业文化工作法，强调用企业价值理念统领企业行为，是融合企业文化和企业管理的具体实施者，具有鲜明的个性职业特征。

（一）文化特征

文化是人类改造自然、社会和人类自身活动的成果，具有民族性和理论思维性，体现了人的精神风貌、心理状态、思维方式和价值取向等。文化是人类特有的标记，世界上200 多个国家和地区，每个国家又有许多不同的民族和族群，同一个民族在不同的地区又有不同的特点，能够把这些人群区分开来的正是文化因素。例如中国的东部和西部、南方和北方的文化，在内容、形式、风格和审美等方面都有明显差异，我们常讲的“塞马秋风冀北，杏花春雨江南”就是如此。以文化作为职业特征的，是那些工作内容与人类文化密切相关的职业。企业文化本身是社会文化的重要组成部分，作为企业文化塑造和建设者的企业文化师，是近几年，从企业战略管理、人力资源管理、思想政治工作等领域分化出来的具有显著文化职业特征的新职业。

企业文化师的文化特征主要表现在：

第一，企业文化理念的总结和提炼者。企业理念是企业文化的精神层面，主要由企业最高目标、企业精神、企业哲学、企业道德、企业作风、企业宗旨等方面构成。只有做到中华民族历史文化传统与现代管理思想相结合，企业历史现状与未来发展要求相结合，才可能提炼设计出具有企业特点、立足时代又赶超时代的企业理念。企业文化师作为企业文化理念的总结和提炼者，要具备广博的文化知识积淀，既要熟悉本国的历史文化传统，又要掌握现代管理思想。要通过系统调研，摸清现状；多方收集，博采众长；访谈领导，把握方向；综合分析，建立架构；逐条定位，框定内涵；征求意见，完善方案等多个步骤形成全体员工共同认可的理念表述。

第二，企业文化知识和企业文化理念的传播者。企业价值观、企业目标、企业精神、企业道德等企业文化知识和企业文化理念，需要通过一定渠道传达到企业的全体员工，并辐射到企业范围以外。企业创办的报刊、报纸、闭路电视、有限广播、宣传栏、内部局域网等，都是有效的传播网络。企业文化师是企业文化知识和企业文化理念的传播者，要通过这些宣传工具、各种教育方式和培训途径进行灌输、教育、倡导和熏陶，普及企业文化基本知识，将企业文化理念转化为员工的共同认识，培育员工对企业的认同感和忠诚感，形成高度的文化自觉。用文化理念统一员工的思想，培育员工的共同意识，进而激发员工的积极性、创造性和工作热情。同时，在传播企业理念的外在表达上，还要求做到生动化、形象化、人格化、艺术化，这些都是企业文化师这一职业文化特征的具体体现。

第三，企业文化产品的设计和制作者。企业文化的产品，包括企业文化手册（或称员工手册）、企业标志、商标、企业自然环境与建筑设计、产品的外型包装、产品造型设计，这些企业文化产品以物质的形态，折射出企业的经营哲学、企业精神、工作作风和审美意识等。企业文化师作为企业文化产品的设计和制作者，要通过精心设计和创作把企业文化的理念内化在企业文化的产品中，同时，还可以通过制作宣传挂图、文化台历，出版专门书籍，创办专业期刊，制作电视片、广告片等音像制品，为员工提供健康向上的各种形式的文化产品，提升员工的文化品位，陶冶员工的思想道德情操。

（二）管理特征

纵观古今中外企业管理的整个历史，可以看到大致经历了经验管理、科学管理、文化管理三个阶段。企业文化不是哪个学派的主观臆断，也不是追逐所谓“文化回归热”的时髦，而是适应现代社会大生产的需要而出现的，是比制度管理更高层次的企业管理，是文化管理。企业文化的根本作用是创造一种帮助人们最大限度地发挥自己创造性并为公司做出最大贡献的工作环境，为员工提供实现自我、完善自我、满足高层次需求的精神乐园，进而用理念、价值观、目标把具有不同背景、不同利益追求和各种差异的人凝聚起来，造就思想统一、目标统一、行为统一的团队。因此，管理是企业文化的重要功能，管理性是企业文化的重要特性。作为企业文化建设的从业人员，管理特征也是企业文化师的重要特征。目前，在学术界，企业文化师又被称为企业文化管理师。

企业文化师的管理特征表现在：

第一，企业文化建设规划的策划和制订者。企业文化指引着企业的发展方向。企业文化师作为企业文化建设规划的策划和制定者，必须既了解企业文化建设的理论知识体系，又熟悉企业生产经营管理的实践，从宏观上提出未来企业发展的走向，给企业文化定位，制定出符合企业发展方向的企业文化规划。资料表明，在跨国公司或外商独资、中外合资企业中往往由副总经理、人事总监甚至集团总裁专职聘任或兼职担纲企业文化设计师。可见，企业文化师这一职业的管理特征。企业文化师要站在管理者的高度，本着立足于企业文化现状，着眼于企业未来发展，适应企业总体战略需要的原则，通过对企业文化进行的性质定位、内涵定位、目标定位、特点定位和模式定位，确立企业文化战略、企业文化基本要素体系、目标责任体系、评价指标体系、培训研究体系；明确企业文化建设的指导思想、奋斗目标、遵循原则、基本任务、主要措施等；精心策划、认真制定企业文化发展规划；使企业文化由自然生长、自由变化的状态，转变为有策划、有纲领、有部署、有行动的运行系统，使企业文化真正成为统领企业经营活动和规范企业行为的重要手段。

第二，企业制度文化体系的构建者。制度是路线的保证，只有形成科学合理的企业制度文化体系，才能把企业理念在实践中加以贯彻实施。企业制度是企业为保证生产经营管理的秩序而制定的成文的工作规程，企业制度最集中地体现了企业理念对员工和企业组织的行为要求。企业文化师就担负着企业制度文化体系构建的任务，要本着“制度制定民主化，制度本身科学化，制度执行严肃化”和“贯彻以人为本的思想，体现企业的经营管理理念”的原则，通过参与企业领导体制、企业组织机构、企业管理制度和企业行为规范的构建工作，确保企业制度设计符合企业理念和反映企业文化建设成果，努力实现企业理念的制度化、制度规范的人性化和企业管理柔性化。

第三，企业文化项目实施的评价和考核者。企业文化项目一经制定，就要进入实质性的实施阶段。企业文化师作为企业文化项目实施的评价和考核者，对于企业文化项目实施的评价和考核，要坚持理论与应用相结合，定性与定量分析相结合的原则。一方面，企业文化师要根据企业文化项目实施的实际情况，对既定的本企业的企业文化理念进行评价；另一方面，企业文化师要在企业文化理论研究的基础上，提出用于本企业文化测量、诊断和评估的模型，进而开发出一系列量表，对企业文化进行可操作化的、定量化的深入研究，加强对本企业文化与企业经营业绩、企业文化与企业环境、企业文化与企业管理、企业文化与企业创新的关系的测量和分析。通过定性与定量分析，对企业文化项目实施情况进行评估，提出改进措施，提出评价和考核意见，以体现企业文化建设作为企业员工思想塑造的灵活性，以维护企业文化建设作为企业管理方式的严肃性。

（三）实践特征

企业文化作为新时期企业管理理论的提出，在全世界掀起了空前的企业文化热潮，使企业文化理论逐渐成熟起来。企业文化不同于一般的文化，它不单纯是为了总结和研究，也不是自然形成的，而在于指导实践。企业文化的理论形成来自于实践，其最终目的是实践于企业，为企业生产实践服务，同时，企业文化理念本身更需要在企业的实践中加以验证。实践是检验真理的惟一标准，对于企业文化师而言，立足企业，努力进行企业文化实践，用实践验证理论、用实践丰富理论、用实践发展理论是首要任务。

企业文化师的实践特征主要表现在：

第一，企业文化的践行者。企业文化师是企业理念体系的构建及其转化者，也是企业文化建设的组织和身体力行者。要求别人知道的，自己首先知道；要求别人掌握的，自己首先掌握；要求别人做到的，自己首先做到，这样才具有说服力，才能以自己的人格魅力影响和带动员工去践行企业价值理念。最有意义的沟通传播是行动。企业文化师要靠自身的行为来影响员工，传播和实践企业文化理念。

第二，实践过程的组织与效果监控者。策划和设计的可行性和有效性只有通过实施才能检验。企业文化师的中心工作应该在企业文化实施项目的过程组织和效果监控上。企业文化师负责通过传播工具，将总体规划渗透到企业基层；通过座谈会、抽样问卷调查、个别谈话、提合理化建议等形式收集反馈信息、记录数据和材料；负责成立企业文化执行与协调组织机构，有计划地组织、引导企业文化工作的开展并解决执行中可能产生的各种问题和矛盾。要选好载体、搞好试点、典型引路，推动企业文化建设扎实开展，要及时发现项目实施中的问题，找好对策，有序推进。

第三，实践结果的总结和提高者。企业文化的塑造不是一次性完成的作品，它要随着企业的发展和变化而做出及时的调整和改变，才能对企业的长期发展产生深远的影响。企业文化建设应该是一个闭环运行系统。要像全面质量管理的 PDCA（计划、运作、检查、修正）循环一样，使文化建设工作有布置、有操作、有检查，形成闭环。其中总结、提升是旧一轮循环的终点，也是新一轮循环的起点，具有承上启下的作用。企业文化师要定期对企业文化的建设进行评估总结，并调整提高。要根据企业文化设计规划的全面内容及具体实施计划，通过实地调查，收集多方反馈信息，并由上级（或外聘）评估团，并吸收职工代表参加，对企业文化的开展成效作客观、公正的评价。通过总结提高，肯定成绩，找出差距，修正原规划，然后将企业文化的战略提高到一个更高的层次，促进企业全面发展。

（四）个性特征

共性是指不同事物的共同性，个性指各个事物的特殊性。一切事物总是既有共性，又有个性，企业文化也是如此。不同企业的企业文化虽然都要遵循企业文化建设的规律，具有一般的共同性特征，但起作用和形成本企业特色的是其个性化特征。企业文化师作为企业文化的塑造和建设者，这一职业必然具有其个性特征。适应企业文化建设的需要，其个性特征表现在知识修养、工作过程和创造富有个性的企业文化之中。

第一，企业文化师知识修养的个性特征。要成为一名优秀的企业文化师，首先要具备足够的理论基础。经济学、人力资源管理、社会文化学、甚至计算机等理工科知识对于一个企业文化师的发展都有重要意义。只有这样，才能总结企业发展的历史经验，立足现实，展望未来，提出适应社会发展方向的企业文化理念。其次，企业文化师需要复合型人才，理论与企业生产经营管理的实战经验都非常必要。如果只懂企业文化的理论知识而不了解生产实践，其塑造的企业文化就可能脱离实际而不能产生实效。

第二，企业文化师工作过程的个性特征。企业文化师是构建和实施企业价值理念及其转化工作的管理人员，根本目的是为企业的发展服务。但是企业文化的塑造不是一次完成的，企业文化的真正生命力存在于企业的可持续发展之中，要在企业经营管理的每个环节都要发挥出不可替代的作用，这要求企业文化师必须具备很强的研究能力，能够针对企业发展不同阶段出现的各种问题，找出解决之道。企业文化师作为专职企业文化的建设者，担负着变革陈旧的企业文化，重塑适应经济全球化的新企业文化的艰巨任务。因此，企业文化师的工作过程是连续性的，企业文化是其产品，但不是一成不变的，而是不断发展变化的，企业文化师必须本着对企业负责的态度，不断地研究企业的发展，对已设计的企业文化理念进行修改完善。

第三，企业文化师要创造富有个性的企业文化。企业文化中的企业哲学、企业价值观、企业道德、企业精神等，各企业在企业文化建设中都以此为基础，但各个企业文化中，企业哲学、价值观、道德、精神的具体内容有所不同，这就是其个性。在当前的企业文化建设中，能否突出企业个性，反映企业特色，直接决定着企业文化建设的成败。凡是成功企业的企业文化都具有极其鲜明的个性特征。因此，这就要求企业文化师所塑造的企业文化，不是千篇一律的，一定要抓住企业的行业特点、产品特点、地域特点、发展特点等，打造具有个性的企业文化，只有这样，才能保证企业发展的成功。

（五）社会特征

企业文化具有社会性，因为每一个企业都处于社会之中，社会文化无时不对企业发生重要影响。社会意识形态、社会价值观念、社会行为准则、社会文化心理、社会人际关系、社会道德规范等，无不影响着企业。作为企业文化师这一职业，也因此具有了社会特征。具体表现在企业文化师是社会职业的组成部分，企业文化师所塑造的企业文化是社会文化的重要组成部分，企业文化师的工作与社会有着不可分割的联系等方面。

第一，企业文化师是社会职业的重要组成部分。企业文化师作为一种新兴的职业，是适应社会发展的需要而产生的，它同公务员、教师、医生等其他职业一样，是社会发展的必然产物，是社会职业的重要组成部分。同样，这一职业的发展也必须适应社会发展的趋势。它也要遵守社会公德、职业道德，也要遵守国家的法律法规，这都是企业文化师这一职业社会特征的体现。

第二，企业文化师所塑造的企业文化是社会文化的重要组成部分。企业是社会和经济发展的细胞，游离于社会之外的企业文化是不存在的。企业文化与社区文化、校园文化一样，都是社会主义文化的重要组成部分，是建设社会主义精神文明的重要组成部分。因此，作为企业文化设计者的企业文化师，其职业必然具有社会性。

第三，企业文化师的工作与社会有着不可分割的联系。企业文化师为企业塑造企业文化，必须联系所在的社会背景。企业文化应该时刻与社会发展保持紧密的联系，它是在总结社会历史文化，依托社会政治、经济、文化现状，分析社会发展趋势，结合企业个体特点的基础上形成的，与整个社会的政治、经济、文化发展有着千丝万缕的联系。所以作为企业文化师，在为企业服务的同时，本身就是为整个社会服务，两者的方向是一致的，其工作与社会有着不可分割的联系。

二、企业文化师职业道德的作用

企业文化师职业道德是企业文化师在从业过程中其思想和行为应遵循的原则和规范。良好的职业道德是企业文化师自身素质和人格魅力的具体体现，是立足社会与企业，顺利开展工作的前提，是良好企业形象的展示，加强企业文化师职业道德建设具有积极的作用。

（一）良好的职业道德是企业文化师从业的前提条件

道德是品质的体现，职业道德是从业人员职业品质的重要体现。具有良好职业道德的从业人员必定具有爱岗敬业的思想、诚实守信的品质、办事公道的作风、为民服务和奉献社会的行动，所有这些都是从业人员从业的前提条件。企业文化师是从事价值理念的塑造和转化的专门人员，具有将先进的思想意识转化为企业的管理思维和经营理念。打破员工思想观念的“路径依赖”，树立符合时代和企业发展要求的价值观念、道德观念、科学观念、人才观念、管理观念和发展观念。用新的观念统一员工的思想，用新的理念培育员工的共同意识的神圣职责，是企业灵魂的塑造者，是员工灵魂的工程师，其自身的道德与品质直接关系到工作的成败。因此，具有良好的职业道德并具体化为突出的人格魅力是企业文化师从业的前提条件。

（二）良好的职业道德是企业文化建设工作的坚实基础

持续的学习能力、不竭的创新能力和良好的沟通能力是当今时代从业人员具有持续竞争实力，永远生存下去的三大法宝。良好职业道德，客观上要求从业人员要具备以上三种能力，因此，良好的职业道德是企业文化建设工作的坚实基础。企业文化师在谋企业之道的同时，也是企业管理的直接参与者，是企业价值理念的实践者，具有显著的管理职能，只有具有良好的职业道德，并转化为实实在在的工作能力，才能胜任企业文化师的工作。

（三）有利于规范企业文化建设行业行为，促进企业文化建设事业健康、有序发展

企业文化是新兴的现代企业管理理论，具有很强的探索性，其实践也在发展之中，具有很强的不确定性。怎样建设具有中国特色企业文化是中国企业文化工作者要回答和把握的重要问题。具有爱祖国、爱人民、爱劳动、爱科学、爱社会主义思想品德，具有高尚道德情操，具有振兴民族文化高度责任感的企业文化师，是规范企业文化建设行业行为，促进企业文化建设事业健康、有序发展的中坚力量。

（四）有利于全社会的精神文明建设

企业文化师良好的职业道德对社会的辐射作用通过两种方式来体现：一是企业文化师作为社会的一份子，其良好的道德品质、精神风貌和人格魅力会影响和带动与之联系的人群的思想和行为，用自身的影响力为社会精神文化建设作贡献；二是作为企业灵魂的塑造者和企业员工灵魂的工程师，企业文化师在抓企业文化建设时特别强调品质更新和精神再造，通过企业文化建设的许多阵地，如研讨会、交流会、广播、电视、报纸、网络等，培养员工积极向上的精神风貌，企业员工也是社会的一份子，其思想和行为辐射到社会上也必将促进社会精神文明建设的发展，促进社会精神文明程度的提高。

三、企业文化师职业守则

企业文化师作为我国社会的一种新兴职业，具有独特的发展历史、现状和特征，因此，从业人员应该遵守以下几个方面的职业守则。

（一）爱岗敬业　恪尽职守

爱岗敬业，恪尽职守，体现了“以辛勤劳动为荣、以好逸恶劳为耻”的社会主义荣辱观的要求。爱岗敬业就是要求企业文化师热爱和珍惜自己的岗位，以高度的热情对待自己的本职工作，对待自己所服务的企业，专心致力于企业文化建设的各项具体工作，勤奋学习，刻苦钻研专业知识，掌握有助于企业文化师工作的各项本领。对于企业文化师个人来说，企业文化师这个行业和他们所服务的企业不仅是从业人员的求生场所和施展才智的舞台，更是实现个人的人生价值和对他们的一生都有着重大影响的社会组织。因此，企业文化师要把自己的工作岗位、行业和企业视为自我发展和自我完善的平台，倾注全部的感情，以满腔的热情对待本职工作、行业建设和所服务的企业。同时，企业文化师要立足行业，立足岗位，深入专业领域，刻苦钻研，持之以恒。企业文化师要具备持续的学习动

力、毅力、能力，这不仅是企业文化师的敬业基础，而且是当今社会发展对企业文化师适应和胜任本职工作应该具备的基本素质。企业文化师要做到敬业，首先要成为终身学习型员工，不断地补充各方面的不足，学习各类相关学科的知识，更新和完善自己的知识结构。企业文化师还要在从业实践中向有建树的人学习，向所服务的企业、员工学习，博览群书、博览世事、博览各个不同企业，保持开阔的眼界，以精湛的技艺服务企业，实现自身与企业的共同发展。

恪尽职守就是企业文化师要忠于行业和本职工作，尽职尽责，在为企业服务的过程中遵纪守法，严格履行自己的职责。企业文化师不但担负着谋划企业建设和发展的重任，而且也承担着一定的社会责任，这就要求企业文化师要从全社会持续、协调、可持续发展，从企业长远发展的角度为企业服务，对社会负责、对企业负责、对员工负责，以神圣的责任感和使命感服务于自己的事业和企业。我国企业文化建设和发展与企业文化师的职业态度和职业精神息息相关，先进的企业文化建设有赖于敬业尽责的企业文化师队伍，从这个意义上说，恪尽职守还要求企业文化师做到乐业、勤业、精业，做到热爱自己的本职工作，勤奋学习业务知识，不断提高业务水平，力求精益求精。

爱岗敬业和恪尽职守从职业态度和职业精神的角度对企业文化师行业和从业人员进行了规范。企业文化师的工作态度决定企业文化建设的成效，决定企业文化核心竞争力作用的发挥。在实际工作中，企业文化师要勤勤恳恳、兢兢业业，以极强的责任心，勇敢地挑起企业文化建设和发展的重担，把爱岗敬业和恪尽职守的职业精神和态度转化为实际行动，成为企业文化的忠实设计者、传播者和实践者。

（二）团结合作　严谨求实

团结合作，严谨求实，体现了“以团结互助为荣、以损人利己为耻”，“以崇尚科学为荣、以愚昧无知为耻”的社会主义荣辱观的要求。团结合作要求企业文化师要有合作意识，善于与他人团结协作，相互默契配合，以便更好地完成工作任务。企业文化师要在本职岗位上充分发挥自己的作用，只靠个人的努力是远远不够的，企业文化师的工作离不开领导的关怀和支持，离不开同事之间的密切协作，离不开企业及相关各方的大力配合。因此，企业文化师应该是包容性强、兼收并蓄、性格开朗、通情达理的人，要通晓人情事理，从不同的角度理解人，擅长与人沟通。企业文化师要理解社会对行业的要求，理解企业领导的意图，理解企业的实际、员工的实际，达到与工作环境的和谐统一，达到与企业的相互理解和相互信任。企业文化师还要擅长与领导、同事、企业各个层次人员进行沟通，达到团结合作的目的。企业文化师要把具有不同背景、不同利益追求和各种差异的人凝聚起来，造就思想统一、目标统一、行为统一的企业文化建设团队，发挥合力的作用，围绕提高企业的文化核心竞争力的工作目标，帮助企业实现经济效益和社会效益，实现企业的愿景，实现企业文化师的自身价值。

严谨求实要求企业文化师要本着实事求是的原则，严格要求自己，在工作中力求严密细致，脚踏实地，以较高的工作效率，争创一流的工作业绩。企业文化师只有做到理论联系实际，立足于社会现实、立足于所服务的企业，才能在工作中有的放矢，解决制约企业改革发展、影响企业经济效益的文化问题。只有做到实事求是，企业文化师才能真正地探索出具有中国特色的企业文化建设规律、企业文化的理论和实践创新规律以及新形势下企业发展的规律，探索出他所服务的个别企业的发展规律。企业文化师应该以身作则，严细实干，精心打造企业文化，帮助企业塑造社会形象，把企业文化严格地贯彻到企业实现生产经营目标的具体工作中去，在企业文化建设中确保“严”字当头，把企业先进的文化理念同科学的经营管理融合起来，用企业文化的无形力量促使企业实现从严管理，从严治企；企业文化师要善于发挥文化的柔性管理作用，通过发挥企业思想政治教育的功能，理顺各种关系，逐渐使严格的管理由“他律”转变为“自律”，促使企业文化发挥其特殊的功能；求实则要求企业文化师要真抓实干，争当行业的先锋。企业文化师应该通过具体实践，把企业文化内化为员工的信念，外化为员工的行为；企业文化师更要率先垂范，亲历亲为，把企业文化的具体守则、价值理念落实到企业的物质和制度建设层面，实实在在地创业。企业文化师还要讲究工作效率，工作效率与企业的经济效益关系密切，企业文化师应该惜时如金，争分夺秒地帮助企业搞好文化建设，求实效而不拖泥带水，增实力而不弄虚作假，力戒作表面文章。

团结合作和严谨求实从工作方式和内容层面对企业文化师行业和从业人员提出了要求。在实际工作中，企业文化师要做到团结合作和严谨求实，还要始终贯彻“以人为本”的理念，本着促进自身、企业和员工全面发展的目标制订企业文化守则、提炼企业价值理念和提供产品服务，充分体现人性化的特点，处处关心人、爱护人、体贴人、尊重人。同时，企业文化师要结合行业和企业的实际，努力探求自我和行业生存之道，塑造企业发展和员工精神之魂，在实现自身的价值的同时，帮助企业及全体员工实现价值，顺利地传播企业文化建设的思想和具体内容。

(三) 诚信为本　开拓创新

诚信为本，开拓创新，体现了“以诚实守信为荣、以见利忘义为耻”的社会主义荣辱观的要求，同时也与我国要建立创新型国家的战略目标相一致。诚信为本就是企业文化师要以信立世，讲究信用和信誉，把诚实守信作为执业的准则和根本，对内取信于同事，对外取信于企业和社会。诚信厚德是中华民族的传统美德，企业文化师更要将这种美德在工作中发扬光大，树立正直诚实的职业道德观念，并把这种理念作为职业操守的重要内容，以诚信为根本，以厚德而载物，只有这样才能有助于企业文化师接受新鲜事物，接受和吸收大量的外部信息，迅速提高工作水平。企业文化师必须注意加强职业道德修养，善于学习他人厚道的品质，以崇高的道德理念支撑事业的发展和进步；企业文化师要做到言必行，行必果，诚实工作、真诚处事待人，不折不扣地履行对企业的承诺，履行服务程序，打造精品工程，用实际行动赢得企业的信任。企业文化师还要不折不扣地忠实于自己所服务的企业，对企业高度忠诚，保守企业的生产经营秘密和一切商业机密，诚恳地对待企业和企业文化建设中的问题。诚信为本要求企业文化师以德服人，以信取人，以高尚的职业情操、诚恳的工作态度、高质量的文化产品取信于社会、取信于企业、取信于市场，使自己成为信誉度和美誉度双高的从业人员。

开拓创新就是企业文化师要与时俱进，敢于推陈出新，敢于超越自我，超越前人。创新为发展提供不竭的动力。由于企业文化师行业是新兴的职业，这就要求从业人员具有坚韧不拔的开拓精神，经得起困难的考验，不畏艰难，锐意进取，努力解决不同企业中存在的与企业文化相关的各类问题。企业文化师应该首先搞好本行业和具体工作环节的创新，积极探索创新途径，在理论创新、知识创新和方法创新上下功夫。通过全面创新提高企业文化师行业和企业的社会竞争力，增强自身的生存能力，争做行业的开拓者。企业文化师要在创新中体现出继承性。承前有助于启后，承前有助于企业文化师继往开来，在继承前人工作成果的基础上，努力遵循企业文化建设、企业文化师行业建设的规律，继承企业文化建设的历史，结合企业的发展历史，结合各个行业的特点来制定企业文化的守则和创造企业文化产品。企业文化师要推陈出新，在设计企业理念或提炼价值观时，不能千篇一律，要通过文化建设充分展现出企业的个性；企业文化师要在创新的过程中不断思考如何适应新时期国家和社会的需要，在新形势下为我国企业文化建设上水平而贡献力量，真正实现以企业文化引领企业的改革和发展。企业文化师在创新中从容应对各种挑战，不断提高自身的道德修养和业务水平，自觉培养职业敏感性和洞察力，培养超前的职业意识，把握职业和行业发展的脉搏和规律，以快速机智的反应和实践能力去适应不断发展变化的行业形势，把握企业文化建设的方向，促进企业改革和发展沿着正确的轨道进行。

诚信为本和开拓创新从职业道德和职业素养方面对企业文化师行业和从业人员提出更高的要求。企业文化师具备诚信这个根本的职业道德素养，为企业文化师建设事业的长盛不衰和健康持续发展奠定了坚实的基础。在创新过程中，企业文化师要注意善于吸收企业文化建设所需要的专业知识精华，汲取国外的适合中国企业文化建设的成功经验，汲取中国本土的企业文化建设经验，善于从不同的企业中汲取企业文化建设所需要的东西，有针对性地进行创新。

四、企业文化师职业道德建设的一般性程序和要求

企业文化师职业道德建设应该遵循一定的程序和要求，包括职业道德目标的确立、职

业道德规范的制订、职业道德教育的实施、职业道德的自我修养。

（一）企业文化师职业道德目标的确立

每个行业都有明确的职业道德目标，企业文化师这个行业也是如此。这就要求相关的部门在制订企业文化师道德目标时要充分体现出企业文化师行业的先进性、特殊性和较高的具体职业道德水准；负责企业文化师培训的部门要加大职业道德的培训力度，使从业人员充分认识到加强职业道德建设的重要性，在思想意识上达到职业道德的目标要求；政府管理部门要通过具体的约束机制，规范企业文化师的道德行为，使企业文化师的职业道德目标、守则和职业道德规范真正落到实处。

对于企业文化师个人而言，应该确立较高的职业道德目标，努力打造企业文化师理想的职业道德境界。具体地讲，就是企业文化师在建设先进企业文化的过程中，塑造自身的高尚职业情操，按照企业文化师职业守则和职业道德规范的具体要求去做，努力实现公民基本道德目标、民族道德目标和社会主义道德目标，为企业文化师行业的建设和发展不遗余力。企业文化师要坚持不懈地提高自己的职业道德修养，加快职业水平和道德境界的修养进程，提升职业道德品味，达到高度自律的职业道德境界。

（二）企业文化师职业道德规范的制订

企业文化师道德规范是对企业文化师从业过程中行为和言论的基本要求的概括。其表现形式有行为准则、风俗、传统、习惯、戒律等。制订企业文化师职业道德规范时应该本着实事求是的原则，贯彻严肃、认真、规范、高标准的理念，具体来说要把握以下几个基本原则。

第一，企业文化师职业道德规范要切合企业文化师职业的实际。制订企业文化师职业道德规范不能脱离行业的实际，不能简单地重复该职业已有的现实水平，或是简单地照抄照搬其他行业的道德规范；制订企业文化师职业道德规范既来源于从业人员的道德水平现实和行业发展需要的现实，又高于这些现实，是已有和应有的统一。

第二，要坚持具体标准高于社会大多数人的思想道德标准。企业文化师的职业与社会主义精神文明建设密切相关，其职业道德规范的具体内容和内涵应该是社会主义道德建设应有之义，这就对企业文化师职业道德水平提出了更高的要求。因此，在制订具体的职业道德规范时，要突出企业文化师行业在社会主义道德建设中的表率作用。

第三，提炼过程坚持全员参与和专家概括的原则。制订企业文化师职业道德规范就是要采取座谈、问卷调查等调研形式，广泛充分征求企业文化从业人员对企业文化师职业道德规范的意见，由专家学者提炼形成规范表述后，要再次返回企业文化从业人员广泛讨论，如此反复，精益求精，直到大多数企业文化从业人员认可后再公布实施。

第四，正确体现继承与创新的关系。道德具有相当稳定性，因此，企业文化师职业道德规范的表述不能朝令夕改，要在较长时间内保持相当稳定。但随着社会实践的发展，道德规范也应随之发生变化。企业文化师是一个全新的职业，道德规范的形成需要一个过程。随着行业的不断发展和从业人员队伍的变化以及企业文化师整体素质的不断提高，在一定时间跨度内，更新职业道德规范的具体内容也是必要的。

（三）企业文化师职业道德教育的实施

职业道德教育是促使企业文化师具备良好的职业道德品质的必要环节。通过职业道德教育，不仅使从业人员知道哪些是应该做的，哪些是不该做的；通过职业道德教育，约束了企业文化师职业活动中的行为。

企业文化师职业道德教育的具体实施工作应由企业、政府管理部门、企业文化师的职业培训机构、企业文化师的行业组织和从业人员共同完成。负责企业文化师职业道德教育的相关部门要以贯彻企业文化师职业道德守则和规范为中心，营造浓厚的职业道德教育氛围，可以采取宣传灌输、讲座宣讲、文学艺术和影视作品引导、脱产培训、开展各种具体的教育活动等多种形式，充分利用多种有效载体，提高教育的质量和效果，促进企业文化师职业道德思想观念的形成。

企业文化师职业道德教育还要在企业文化师的从业实践中贯彻实施。企业文化师只有真正地投身实践，才能培养职业道德情感、意志和信念，养成正确的道德行为和习惯，在从事企业文化建设的事业中实现职业道德建设的各项目标。

企业文化师职业道德教育要面向整个企业文化师行业，广泛开展，要求从业人员全员参加，尽量消除本行业和专业的职业道德教育盲点。要使广大企业文化师充分认识到接受职业道德的重要意义，充分认识到具备较高的职业道德素质是做好企业文化师的先决条件，也是今后能更好地从事企业文化师职业的必备条件。

企业文化师职业道德教育是一个循序渐进的过程，不能急于求成，也不能忽冷忽热，或采取阶段性的、突击式的教育形式。企业文化师的职业道德教育应该贯穿于从业人员的整个职业生涯。

（四）企业文化师职业道德的自我修养

企业文化师的职业道德水平决定了工作的质量和效果，因此，良好的职业道德的形成与培养则成为是否做好企业文化师本职工作的关键。企业文化师更应该自觉加强职业的道德修养。

企业文化师要认同职业道德目标，不断强化职业道德意识，加深对行业职业道德守则和规范的理解和认识，将职业道德知识内化为思想信念；把不断提高自己的道德修养作为执业从业的前提和指南，自觉地将职业道德的信念外化为企业文化建设的实践。

企业文化师要培育职业道德情感。热爱是最好的老师。企业文化师应该把热爱本职工作的情感自觉渗透到培养高水平的职业道德过程中，把拥有良好的职业道德放在从业的第一位；学做结合，知行统一，使自己的职业道德水平在实践中不断地提高、升华。

企业文化师要在行为上自觉培养职业道德。企业文化师应经常进行“内省”，以便自觉抵制各种不良诱惑的影响，用职业守则和道德规范检查自己的思想和行为，努力做到“慎独”。企业文化师应扬长避短，自觉对照先进人物和模范榜样，找出自己的不足和差距，改正不良行为和意识，注意向同行学习，向所服务的企业学习，善于取他人之长。在日常工作中，企业文化师应从小事做起，从自我做起，养成良好的职业道德行为习惯，立言立身，以德为先，遵守职业守则，提高职业素养。

企业文化师的职业道德修养需要多方面的努力和参与，如需要在全社会营造良好的氛围，需要企业文化师行业管理部门的支持和帮助，需要企业提供良好的外部环境，更需要广大从业人员从自我做起，执着追求。只有通过合力的作用，才能实现企业文化师高尚的职业道德目标。

参考书目

许启贤：《职业道德》，劳动人民出版社，1991 年

宋贵伦：《量化职业道德》，同心出版社，2005 年

罗文东：《新时期职业道德读本》，中国法制出版社，1999 年

龚　群：《当代中国社会伦理生活》，四川人民出版社，1998 年

詹万生：《职业的智慧：职业道德与职业指导学习指导》，教育科学出版社，2002 年

罗长海：《企业文化学》，中国人民大学出版社，2006 年

赵文明：《中外企业文化经典案例》，企业管理出版社，2005 年

贾　强：《文化制胜——如何建设企业文化》，沈阳出版社，2004 年

魏　杰：《中国企业文化的创新——企业经济学丛书》，中国发展出版社，2006 年

叶　生：《第三种管理模式—中国企业文化战略》，机械工业出版社，2005 年

第二章 基础知识

学习目的

重点掌握企业和企业管理的基本概念与职能，熟悉组织行为的重要特征，了解并掌握企业文化历史沿革和企业文化理论的基础知识。

学习要点

1. 企业的本质
2. 企业管理职能及管理要素
3. 组织行为基本知识
4. 企业文化的含义、沿革
5. 中国企业文化传播、建设与管理

第一节　企业管理基本知识

一、企业定义及分类

（一）企业的定义

1. 定义

企业是指适应市场需要以获取盈利，实行自主经营、自负盈亏，依法独立享有民事权利并承担民事责任的商品生产和经营组织。

（1）企业的本质。企业是众多社会关系的联结体，是具有相对独立性的社会组织。

(2) 企业的经济基础。指盈利是组织中所有人的共同目的，共同的盈利目的是企业创建和发展的原始动因。

(3) 企业的上层建筑。指盈利目的这个单一的动因不能保证企业的长期生存和发展，必须形成共同的文化才有可能做到这一点。

2. 企业应具备的基本要素

(1) 拥有一定数量、一定技术水平的生产设备和资金。

(2) 具有开展一定生产规模和经营活动的场所。

(3) 具有一定技能、一定数量的生产者和经营管理者。

(4) 从事社会商品的生产、流通等经济活动。

(5) 进行自主经营、独立核算，一般应具有法人地位。

(6) 生产经营活动的目的是获取利润。

(二) 企业的分类

1. 企业按生产资料所有制性质划分，可分为公有制企业和非公有制企业。

2. 企业按所属行业划分，可分为工业企业、商业企业、农业企业、科技企业、文化企业等，我们通常提到的企业往往是指工业企业和商业企业。

工业企业乃是从事工业性生产的经济组织，它利用科学技术、合适的设备，将原材料加工，使其改变形状或性能，为社会提供需要的产品，同时获得利润。

商业企业则是指从事商业性服务的经济实体，它以盈利为目的，直接或间接向社会供应货物或劳务，以满足顾客的需要。

3. 企业按主要经营资源划分，可分为劳动密集型企业、资金密集型企业、技术密集型企业、知识密集型企业和综合型企业。

4. 企业按组织形式划分，可分为简单综合型企业、简单专业化企业、多元专业化企业、跨行业综合型企业、企业联合体。

5. 企业按企业规模划分，可分为大型企业、中型企业、小型企业。

6. 企业按市场类型（范围）划分，可分为内向型企业、外向型企业、跨国企业。

7. 企业按企业运用的主体技术划分，可分为传统技术型企业、高新技术企业。

二、中国企业发展简况

中国企业发展基本上可以划分为原始资本积累、主业规模化发展、多元化和国际化四个阶段。

(一) 原始资本积累阶段

这一阶段主要有以下几种发展途径：

1. 通过从事贸易、做代理和家庭作坊式的生产方式，慢慢完成企业的原始资本积累。例如，联想早期卖旱冰鞋、代理 AST 品牌 PC；TCL 与港商合作生产录音磁带；华为做香港电讯产品的代理等。

2. 在同外国企业合作或做 OEM 代工（original equipment manufacturer）[①] 过程中，积累经验的同时，完成企业资本的原始积累。例如，海尔 1984 年起同德国电冰箱公司合作生产“利勃海尔”，就为海尔后来的发展奠定了良好的基础。

3. 凭借一个新的产品，迎合并引导市场需求。如史玉柱耗费 9 个月心血研制了 M－6401桌面排版印刷系统软件，东挪西借 4000 元后给《计算机世界》打电话，提出要登一个 8400 元的广告“M－6401：历史性的突破”。惟一的要求是先发广告后付钱。13 天后，他的银行账号里收到了三笔总共 15820 元的汇款。两个月后，他赚进了 10 万元。这是他经商生涯中的“第一桶金”，他把这笔钱又一股脑全部投进了广告，4 个月后，他成了一个年轻的百万富翁。

4. 凭借一个创意、一个点子、一个机会找到了第一桶金，办起企业。例如：两名推销员一起来到某地推销鞋子，他们都惊奇的发现那里的人们都不穿鞋子。其中一名推销员认为：这里的人不需要穿鞋子，没有任何市场，失望地回去了；而另一名推销员则认为：这里的人穿不上鞋子，有一个广阔、尚未开发的市场，经过他的努力，成功地开拓了那个地方的鞋子市场。又如深圳，2004 年市政府提出了“建设创意之都”的设想，围绕深圳雄厚的制造业基础，吸引了建筑、装饰、印刷、服装等设计在内的 2 万多名技术人才。深圳嘉兰图产品设计公司就是其中的一例。这家公司设计的新款手机功能上多了一个卖点，摄像头可作 270 度旋转；新设计的滑雪救生服能让现在全球滑雪遇难者人数降低 50%。这些均给公司创造了高额利润。

（二）主业规模化发展阶段

这一阶段企业在完成资本原始积累以后，开始加大投资力度拓展国内市场，研发自主品牌，通过多种方式做大主业规模。

1. 通过兼并收购快速扩大

如海尔集团的前身——青岛电冰箱总厂，通过适时的兼并收购，输出“休克鱼疗法”，迅速扩大电冰箱主业规模。1988～1990 年兼并电镀厂，1991 年兼并青岛电冷柜总厂，1992 年兼并冷凝器厂，1995 年兼并原红星电器厂及其所属的五个厂家。

2. 利用本土化优势，在市场、渠道和终端上下工夫，扩大主业规模

如以长虹为代表的家电制造企业，开始用价格战等方法参与市场竞争，在家电市场方

① OEM 可简称为“代工生产”或贴牌生产，这种经营模式在国际上已运作多年并行之有效。

面迅速以价格优势夺回被国外跨国公司占据的市场。世界微波炉大王格兰仕集团紧紧依靠独具特色的渠道模式和终端运作手段，仅用3年左右时间便以25.1%的市场占有率成功登上中国微波炉市场第一的宝座，等等。

（三）多元化阶段

这一阶段企业在主业规模取得市场强势地位基础上，出于做大做强企业的良好愿望，开始尝试多元化经营。有的实施行业上下游产业链的整合，有的则进行相关行业甚至非相关行业多元化运作。

2002年联想集团通过四次资本运作进行业务纵横向的扩张，与厦华电子联合成立“联想厦华移动通信公司”，收购汉普咨询、广州智软、广州中望形成“三横四纵”的产业格局，从而打通IT服务基础平台、水平应用和系统外包三大横向完整价值链，全面进军电子政务、金融、保险与电信四大行业IT服务领域所实施的IT多元化尝试发展阶段；又如海尔由白色家电向黑色家电扩张，进而向金融、物流等非相关多元化扩张。但总体来说，这一阶段的中国企业非相关行业多元化普遍做得不太成功。

（四）国际化阶段

目前一小部分中国企业进入这一阶段。2004年12月8日，联想以17.5亿美元的代价收购IBM的全球PC和笔记本业务，成为全球第三大PC生产商，联想从而进一步走向国际化。这些说明国内的顶尖企业都在不约而同地谋求国际化的发展。

从全球企业运作的一般规律而言，企业的发展阶段和赢利模式可以简单扼要概括为“四步曲”：第一阶段为业务拉动增长型，也就是卖东西、开源阶段；第二阶段为内部管理效益型，指的是在市场份额较为稳定且很难再有更大上升空间时，通过优化内部组织结构和业务流程来求效益，也就是通常所说的节流阶段；第三阶段为资金运作、资本运作和品牌运作型，也就是创造企业各种要素附加值的阶段，使各种要素（如产权、产品、资本和商标等）在同等情况下能卖个好价钱；第四阶段为企业文化型，也就是创造企业整体附加值的阶段。

三、企业管理职能

（一）企业管理职能的定义

管理是人们进行的一项实践活动，是人们的一项实际工作，一种行动。

人们发现在不同的管理者的管理工作中，管理者往往采用程序具有某些类似、内容具有某些共性的管理行为，比如计划、组织、控制等，人们对这些管理行为加以系统性归纳，逐渐形成了“管理职能”这一被普遍认同的概念。

1. 企业管理职能

企业管理职能是指对企业管理的基本工作内容和工作过程所作的理论概括。依据管理的二重性原理，企业管理的职能包括一般职能和特殊职能。

一般职能是由协作劳动产生的，属于合理组织生产力的管理职能。

特殊职能是由这一劳动过程的社会性质（即生产资料所有关系）产生的、属于维护生产关系的职能。

一般职能和特殊职能是企业管理两个互相结合、不可分割的基本职能。基本职能要通过具体管理工作履行，具体管理工作可以大体划分为计划、组织、领导与控制。

2. 划分管理职能的意义

管理职能把管理过程划分为几个相对独立的部分，在理论研究上能更清楚地描述管理活动的整个过程，有助于实际的管理工作以及管理教学工作；划分管理职能，管理者在实践中有助于实现管理活动的专业化，使管理人员更容易从事管理工作；管理者可以运用职能观点去建立或改革组织机构，根据管理职能规定出组织内部的职责和权力以及它们的内部结构，从而也就可以确定管理人员的人数、素质、学历、知识结构等。

（二）计划

1. 计划的含义

计划是关于组织未来的蓝图，是确定企业目标和实现目标的途径、方法、资源配置等的管理工作，是企业管理的各项职能中的首要职能。任何计划的制定都离不开做出决策，决策是计划的先期工作，计划则是决策的逻辑延续。

2. 计划的作用

（1）为落实和协调组织活动提供保证。

（2）明确组织成员行动的方向和方式。

（3）为组织资源筹措和整合提供依据。

（4）为检查与控制组织活动奠定基础。

3. 计划的种类

（1）战略计划和战术计划。根据计划对企业经营影响范围和影响程度的不同分为战略计划和战术计划。战略计划是关于企业活动总体目标和战略方案的计划，其基本特点是：计划所包含的时间跨度长，涉及范围广；计划内容抽象、概括，不要求直接的可操作性；不具有既定的目标框架作为计划的着眼点和依据；方案往往是一次性的，很少能在未来得到再次或重复的使用；计划的前提多是不确定的，计划结果也往往带有高程度的不确定性。战术计划是有关组织活动具体如何运作的计划，是指各项业务活动开展的作业计划。战术计划的主要特点是：计划所涉及的时间跨度比较短，覆盖范围也较窄；计划内容具体、明确，并通常要求具有可操作性；计划的任务主要是规定如何在已知条件下实现根据企业总体目标分解而提出的具体行动目标；战术计划的风险程度较低。

（2）长期计划、中期计划和短期计划。根据计划跨越的时间间隔长短来划分。长期计划的时间跨度一般为五年或更长；中期计划一般为一年到五年；短期计划一般为一年或一年之内。

（3）综合性计划和专业性计划。从空间上划分，综合性计划是对业务经营过程各方面所做的全面的规划和安排；专业性计划是对某一专业领域职能工作所做的计划，它通常是对综合性计划某一方面内容的分解和落实。

（4）指向性计划和具体计划。从计划内容的详尽程度来划分，与具体计划不同，指向性计划只规定一些一般性的方针，它指出行动的重点但并不限定在具体的目标上。

4. 计划工作的程序

（1）收集资料，确定计划的基本前提条件。

（2）确定组织目标和实现目标的总体行动计划，实质就是决策。

（3）分解目标，形成合理的目标结构。

（4）综合平衡。

（5）编制并下达执行计划。

（三）组织

1. 组织的含义

是指为了实现企业的共同目标与计划，确定企业成员的分工与协作关系，建立科学合理的组织结构，保证企业内部的责、权、利相一致，并且彼此协调，以保证企业目标能够顺利实现的一系列管理工作。

（1）作为组织工作对象的“组织”（organizations）。

（2）作为组织工作或组织职能的“组织”（organizing）。

（3）作为组织工作成果的“组织”（organization）。

2. 组织设计

组织设计，就是对企业（或其他组织）开展工作、实现目标所必须的各种资源进行安排，以便在适当的时间、适当的地点把工作所需的各方面力量有效地组合到一起的一项管理活动过程。

（1）组织设计主要有三项具体任务。第一，职务分析与设计，是组织设计的最基础的工作；第二，部门划分与层次设计，根据各个职务工作性质、内容及职务间的相互联系，依照一定的原则，将各职务组合成“部门”，进而形成组织的层次；第三，结构形成，通过职责权限的分配和各种联系手段的设置，使组织的各构成部分联结成一个有机的整体，使各方面行动协调。

（2）组织设计的原则。目标至上、职能领先原则；管理幅度原则；统一指挥原则；权责对等原则；因事设职与因人设职相结合原则等。

3. 管理幅度与管理层次

（1）一个组织由最高层到基层作业人员间的管理层次越多，越倾向于高耸，管理层次较少的组织相对是扁平型的。扁平型组织配备的管理人员少于高耸型的。

（2）管理层次的影响因素是组织规模和管理幅度。在管理幅度给定的条件下，管理层次与组织规模大小成正比；在组织规模给定的条件下，管理层次与管理幅度成反比。

4. 集权与分权

（1）集权与分权用来描述组织中的职权分布。“职权”指组织设计中给某一管理职位所赋予的做出决策、发布命令和希望命令得到执行的权力。职权与组织中的一定职位有关，而与占据这个职位的人无关。职权的分散化，称为“分权”，指决策权在很大程度上分散到处于较低管理层次的职位上；职权的集中化即“集权”，指决策权在很大程度上向处于较高管理层次的职位集中的组织状态和过程。既不存在绝对的分权，也不存在绝对的集权。

（2）影响集权与分权程度的主要因素主要有：经营环境条件和业务活动性质（环境不确定，分权；环境稳定，集权）；组织的规模和空间分布广度（规模小，集权；规模大，分布广，分权）；决策的重要性和管理者的素质（重要决策宜集权；不重要决策，管理者素质普遍较高时，分权）；对方针政策一致性的要求和现代控制手段的使用情况（方针政策的一致性要求集权；现代控制手段对重大决策更加集权，次要决策更加分权）；组织的历史和领导者个性（个性较强和自信、独裁的领导者，集权）。

（3）过分集权的弊端主要是，降低决策的质量和速度，影响决策的正确性和时效性；降低组织的适应能力；致使高层管理者陷入日常管理事务中；降低组织成员的工作热情。

（4）分权最根本的标志是要看该组织中各项决策权限的分配是集中还是分散。

（5）分权的实现途径主要有，改变组织设计中对管理权限的制度分配；促成主管人员在工作中充分授权。

5. 正式组织与非正式组织

（1）正式组织的基本特征为目的性、正规性、稳定性。

（2）非正式组织是伴随着正式组织的运转而形成。组织中的某些成员，由于工作性质相近、社会地位相当，对一些具体问题的认识基本一致、观点基本相同，或者由于性格、业余爱好和感情比较相投，在平时相处中会形成一些被小群体成员所共同接受并遵守的行为规则，从而使原来松散、随机形成的群体渐渐成为趋向固定的非正式组织。任何组织，不论规模多大，都可能有非正式组织存在。非正式组织的基本特征是自发性、内聚性和不稳定性。

（3）对待非正式组织的策略。管理者不能采取简单的禁止或取缔态度，应该对它加以妥善管理。一方面，必须正视非正式组织存在的客观必然性和必要性，允许乃至鼓励非正式组织的存在，为非正式组织的形成提供条件，并努力使之与正式组织相吻合；另一方面，需要通过建立、宣传正确的组织文化，以影响与改变非正式组织的行为规范，引导非正式组织做出积极的贡献。

6. 直线与参谋

无论何种类型的组织，都有其上下等级结构，组织成员在行为上都有一致性，隐藏在这种等级和一致性后面的本质因素就是权力。权力是组织的本质特征，组织之所以是组织而不是松散的人的结合体，就是因为组织中的成员拥有权力。从政府公共管理到企业的生产经营管理，到学校的教学管理，再到军队的军事管理，凡是有组织的活动中都存在着权力问题。所以，考察组织必须研究权力。

一般来说，各组织中权力体系的结构主要是由直线关系和参谋关系两个权力关系相交织而组成的。“直线”与“参谋”原为军事术语。直线人员是指军队中各级享有军事指挥权的指挥官，参谋人员是以专家和助手的身份向军事指挥官提供多种决策咨询和工作建议的人员，本身不享有军事指挥权。军事指挥官负责带兵打仗，直接承担着军队的基本任务，而参谋没有直接指挥的权力。后来人们用这两种不同的关系分析组织中的权力结构。

（1）直线关系与参谋关系。直线关系本质上是指挥和命令的关系，直线人员拥有的是决策和行动的权力；而参谋关系则是一种服务和协助的关系，授予参谋人员的只是思考、筹划和建议的权力。将对组织目标的实现负有直接责任的部门称为直线机构，而把那些协助直线人员工作而设置的辅助于组织基本目标实现的部门称为参谋机构。

（2）参谋职权的类别主要有：建议权、强制协商权、共同决定权（常在企业必须确保某项决策得到专家判定的情况下采用）、职能职权（通常在参谋人员的专门知识和技能是开展某项工作的重要条件的情况下采用）。

（3）直线与参谋的矛盾往往是造成组织运行缺乏效率的重要原因之一。要么保持了命令的统一性，但参谋作用不能充分发挥；要么参谋作用发挥失当，破坏了统一指挥的原则。

（4）要正确发挥参谋的作用就要求明确直线与参谋的关系，分清双方的职权关系与存在价值，从而形成相互尊重、相互配合的良好基础；在必要时授予参谋机构在一定专业领域内的职能职权，以提高参谋人员的积极性；直线经理要为参谋人员提供必要的信息条件，以便从参谋人员处获得有价值的支持。

7. 几种常见的组织形式

直线制、职能制、直线职能制、事业部制、矩阵组织形式、企业集团组织形式。

（1）直线制。突出特点是企业的一切生产经营活动，均由企业的各级主管人员来直接指挥和管理，不设专门的参谋人员和机构，至多有几名助理。优点：管理结构简单，管理费用低，指挥命令关系明晰、统一，决策迅速，责任明确，反应灵活，纪律和秩序的维护较为容易。缺点：管理工作比较简单和粗放；成员之间和组织之间横向联系差；受原有胜任管理者的制约。缺点源于对管理工作没有进行专业化分工。

（2）职能制。特点是采用专业分工的职能管理者，代替直线制的全能管理者。优点：每个管理者只负责一方面的工作，有利于充分发挥专业人才的作用；对下级工作指导比较具体；职能结构作用发挥得当，可以弥补各级行政领导人员管理能力的不足。缺点：容易造成多头领导，削弱统一指挥。

（3）直线职能制。是我国大多数企业的组织形式。特点，只有各级行政负责人才有对下级进行指挥和下达命令的权力，职能结构只作为参谋发挥作用，对下级只起业务指导作用。优点，既有利于保证集中统一的指挥，又可发挥各类专家的专业管理作用。缺点，各职能单位自成体系，不重视横向沟通，狭窄的隧道视野和注重局部利益；职能部门权力过大时，干扰直线指挥系统；按职能分工的组织弹性不足，对环境变化反应迟钝；不利于培养综合型管理人才。

（4）矩阵制。在直线职能制垂直指挥链系统基础上，增设横向指挥链系统。优点，加强了横向联系；资源利用率高，组织灵活性和应变能力强；易于培养专业人员合作精神和全局观念；有利于创新。缺点，成员工作位置不固定，容易产生临时观念；组织中存在双重职权关系。

（5）事业部制。是在多个领域或地域从事多种经营的大型企业普遍采用的一种典型组织形式。事业部制是在一个企业内对具有独立产品市场并拥有独立利益和责任的部门实行分权化管理的一种组织结构形式。总公司成为投资决策中心，事业部是利润中心，下属的生产单位是成本中心，实行“集中政策下的分散经营”，事业部在不违背公司总目标、总方针和总计划的前提下，充分发挥主观能动性，自主管理其日常的生产活动。优点，多种经营的专业化管理和公司总部的集中统一领导相结合，总公司和事业部之间责、权、利划分比较明确；事业部制以利润责任为核心，能够保证公司的稳定收益，有利于调动中层经营管理人员的积极性；各事业部相对自主、独立地开展经营活动，利于培养综合型人才。缺点，对事业部经理素质要求高，需要许多素质较高的全能型管理人才来运作和领导事业部；各事业部都设立类似生产管理结构，职能重复，管理费用上升；各事业部拥有独立经济利益，易产生不良竞争，引发内耗，加重总公司协调任务；总公司和事业部之间集中分权关系处理难度较大。

(6) 集团控股型组织结构。是在非相关领域开展多种经营的企业常用的一种组织结构形式。股权可以是绝对控股、相对控股和一般参股。子公司、关联公司和母公司一道构成以母公司为核心的企业集团。集团公司或母公司与它所持股的企业单位之间不是上下级之间的行政管理关系，而是出资人对被持股企业的产权管理关系。母公司作为大股东，对持股单位进行产权管理的主要手段是，母公司凭借所掌握的股权向子公司派遣产权代表和董事、监事，通过这些人员在子公司股东会、董事会、监事会中发挥作用来影响子公司的经营决策。

(四) 领导

1. 领导的基本含义和本质

领导职能是指通过各种信息沟通影响（指挥、激励）组织成员努力向目标迈进的行为或力量。

(1) 作为名词，领导（leaders）指人，即领导者，有两种类型。居于领导职位的人和并不居于领导地位但对他人产生了影响力的人；作为动词，领导（leadership）指的是指引、引导和动员他人行为与思想的过程。并非所有的管理者都能成为领导者。

(2) 领导的本质就是影响力。领导一定要与所领导的群体或组织中的其他成员发生联系；权力在领导者和其他成员中的分配是不平等的；领导者能对被领导者产生各种影响；领导的目的是影响被领导者为实现组织的目标做出努力和贡献，而不是为了体现领导者个人权威。

2. 领导者与管理者的区别

(1) 从范围上看，管理的范围要大一些，而领导的范围相对要小一些。

(2) 从作用上看，管理是为组织活动选择方法、建立秩序、维持运转等活动，领导在组织中的作用表现在为组织活动指出方向、设置目标、创造态势、开拓局面等方面。

(3) 从功能上看，管理的主要功能是解决组织运行的效率，而领导的主要功能是解决组织活动的效果。效率涉及活动的方式，而效果涉及的是活动的结果。

3. 领导的内容和作用

(1) 领导工作包含与人的因素相关的活动内容，如激励、沟通、营造组织气氛和建设组织文化等内容。

(2) 领导的作用首先是谋断、决策；其次是利用自身的影响力去指挥、协调、激励和监督。

(五) 控制

1. 控制的含义

控制是指按照既定计划和其他标准对企业的生产经营活动进行监督、检查，对发现的偏差，采取纠正措施，使工作按原定计划进行，或者改变或调整计划，以达到预期目的的管理活动。

2. 管理控制的目标和特点

（1）在现代管理活动中，管理控制的目标主要有两个：一是限制偏差的累积。一般来说，工作中出现偏差是不可避免的。但小的偏差失误在较长时间里会积累放大并最终对计划的正常实施造成威胁。因此有效的管理控制系统应当能够及时地获取偏差信息，及时采取有效矫正措施；二是适应环境的变化。制定出目标到目标实现前，总是需要相当一段时间。在这段时间，组织内部的条件和外部环境可能会发生一些变化。需要构建有效的控制系统，帮助管理人员预测和把握内外环境的变化，并对由此带来的机会和威胁做出正确、有力的反应。

（2）管理控制的特点主要有：目的性，管理控制无论是着眼于纠正执行中的偏差还是适应环境的变化，都是紧紧围绕组织目标的；整体性，包括两层意思，一是从控制的主体看，完成计划和实现目标是组织全体成员的职责，二是从控制的对象看，管理控制覆盖组织活动的各个方面；动态性，组织不是静态的，决定了控制标准和方法不可能固定不变，应是动态的，以提高适应性及灵活性；人性，管理控制本质上是由人来执行而且主要是对人的行为的控制。

3. 管理控制的基本类型

（1）前馈控制（预先控制）。在工作正式开始前对工作中可能产生的偏差进行预测和估计并采取防范措施（如规章制度的制定）。优点：可防患于未然；针对计划行动所依赖的条件进行控制，不针对具体人员，易于被员工接受并付诸实施。缺点：需要及时和准确信息；要求管理人员能充分了解前馈控制因素与计划工作的影响关系。

（2）现场控制（同步或同期控制）。工作进行中所实施的控制（如管理者亲临现场），主要有监督和指导两项职能：监督，按预定标准检查工作；指导，针对工作中出现的问题，根据自己经验指导下属改进工作，或与下属共同商讨矫正偏差的措施。优点：有指导职能，有助于提高工作人员的工作能力及自我控制能力；缺点：受管理者时间、精力、业务水平的制约；现场控制的应用范围较窄；容易在控制者和被控制者之间形成对立情绪。

（3）反馈控制（事后控制）。在工作结束或行为发生之后进行的控制（不合格产品进行修理），注意力集中于工作或行为结果上，纠正今后活动。这是实际管理工作中最常用的控制类型。优点：在周期性重复活动中，可以避免下次活动发生类似问题；消除偏差对后续活动过程的影响；可以提供员工奖惩的依据。最大弊端：实施矫正措施前，偏差、损失已产生。

4. 管理控制的过程与要素

(1) 制定控制目标，建立控制标准。这是控制工作得以开展的前提，是检查和衡量实际工作的依据和尺度。

(2) 衡量实际工作，获取偏差信息。偏差信息是实际工作情况或结果与控制标准要求偏离的信息。了解和掌握偏差信息，是控制工作的重要环节；信息是控制的前提和基础。

(3) 分析偏差原因，采取矫正措施。控制措施、对策、办法的提出必须建立在对偏差原因进行正确分析的基础上。控制标准、偏差信息、矫正措施是控制工作的三项基本要素。

5. 控制标准的实质和要求

标准是一种作为规范而建立起来的测量标尺或尺度。控制标准是控制目标的表现形式，是测定实际工作绩效的基础。制定控制标准是控制工作的起点。对有效控制标准基本特征的要求：

(1) 简明性。

(2) 适用性。

(3) 一致性。

(4) 可行性。

(5) 可操作性。

(6) 相对稳定性。

(7) 前瞻性。

四、管理要素

(一) 管理要素的含义

管理作为动态过程，它包括组织环境、组织目的、管理主体和管理客体四个要素，离开任何一个要素，管理行为便无法产生。这四个要素决定管理行为的发生，它们就是管理要素。

(二) 管理要素的构成

1. 组织环境

(1) 组织环境是组织生存发展的土壤，它既为组织活动提供必要的条件，同时也对组织起着制约的作用。

(2) 组织的一般环境主要是：政治、法律环境；社会、文化环境；经济环境；技术环境：自然环境等。

(3) 具体组织的任务环境研究的内容：供应商；顾客；竞争对手；政府机构及特殊利益团体。

2. 组织目的

组织目的是一种社会赋予组织的使命、职责，目标是组织的目的和使命的具体化，是组织在一定时期内所追求的最终成果和组织奋力争取达到的所希望的未来状况。因此，在实践中，组织目的往往具体表现为组织目标。但组织目的和组织目标并不完全相同：首先，组织目的是组织的构成要素，一般是不变的，所有组织的组织目的都是为了实现组织所有者的利益；而组织目标是管理主体为了实现组织目的制定的标准，是人类思维的产物，是管理者根据组织目的而提出的组织在一定时期内要达到的预期成果。其次，组织目的决定组织目标，组织目标由管理主体根据组织目的而制定的，组织目的需要通过具体化为一定的目标才能成为组织行动的指南。

组织目标为组织的前进指明了方向，从而也为组织的活动确定了发展路线。确定目标是组织的战略、计划和其他各项工作安排的基础，只有把笼统的目的化为具体的目标，组织实现预期的效益才有比较大的希望。对管理者来说，目标就好比路标，它指明了组织努力的方向，确定了组织应在哪些领域取得成就的标准，管理者在管理实践中要想得到满意的效益，就不能停留在目的性阶段，而应上升到自觉追求目标的阶段。

一个组织必须有明确的既定的目标。任何管理系统都应有明确的目标，目标不确定，或者混淆了不同的目标，都必然会导致管理的混乱。任何管理活动都必须把制定目标作为首要任务。

3. 管理主体

管理要素对管理行为的影响，管理主体是起主导作用的。管理主体的作用表现为对管理客体的领导、组织、控制和协调，使管理客体能够按照管理主体的要求和目标进行工作，管理客体工作成绩的好坏，在很大程度上取决于管理主体的领导水平及素质。管理主体的另一个作用，表现为对组织环境的掌握和适应，使环境有利于管理工作的进行。虽然，组织环境是客观形成的，不因管理主体主观愿望而改变。

(1) 管理主体的类型。在管理实践中，管理主体基本上是由参加管理活动的人或人群组成的，这些人或人群具有一定的管理能力，拥有相应的权威和责任，从事现实管理活动。从不同的角度，管理主体可以划分为不同的类型。

第一，从管理者的角度划分可以分为领导者和参谋。领导者，是指在组织中拥有一定的职务和权力，肩负一定的责任，直接指挥下属，实现既定目标的人。我们平时所见的有董事会主席、首席执行官、总裁、总经理、厂长、部门经理、车间主任等这些都是领导者；而参谋人员是指在管理活动中从事协助领导者管理工作的人员，在军队中可以看到军事参谋，在企业中可以看到各种专家、智囊人员，在政府中可以看到辅助政府决策的顾问、学者等。这些参谋人员担负着大量的具体管理工作，通过这些具体工作，帮助领导者更加有效地管理组织。参谋有个人参谋和专业参谋之分。个人参谋又可分为个人参谋助理和个人直线助理两类。个人参谋中，只限于辅佐上级的部分职能的人员叫个人参谋助理。个人参谋助理只是从事一些非经常性的工作，而且常以其上司的名义，执行其任务。一个私人的助理，对其上司的思想和行动，经常是熟悉的。个人直线助理，常以副经理等副职职衔出现，他们的工作主要是帮助经理人员策划全面的管理工作。只在专门领域进行辅佐的管理人员则称作专门参谋，如企业中的市场研究、工业工程、劳资人事、技术质量和财务审计等部门。专门参谋人员应当具有所辅佐专门领域的知识、能力和技术。随着现代社会分工的不断细化，参谋所起的作用也越来越重要。

领导者和参谋人员都从事管理工作，他们的差别在于，领导者对下级拥有直线权力，参谋人员只拥有建议权力，领导者对组织目标负有直接责任，而参谋人员一般不负有直接责任。

第二，按管理者在组织中所处的位置和层次，可以分为高层管理者、中层管理者和基层管理者。高层管理人员，他们处于组织的最高层，主要负责组织的战略规划、重大方针的决定。通常他们的头衔为公司董事会主席、首席执行官、总裁、总经理或副总经理及其他高级资深经理人员等。高层管理人员只对整个组织的所有者负责，并不关注于每一细小的工作和基层组织的活动，高层管理者最突出和最重要的职责是决策。在组织管理过程中，决策是整个管理工作的前提和关键，是其他管理职能的基础。管理者所处的企业规模越大，地位越高，决策的作用和影响也越大。中层管理人员，他们是直接负责或者协助管理基层管理人员及其工作的人，通常享有部门或办事处主任、科室主管、项目经理、地区经理、产品事业部经理或分公司经理等头衔。主要负责日常管理工作或某一部门的工作，在组织中起承上启下的作用。在管理过程中，高层管理者的决策一旦做出，中层管理者就要对决策目标进一步展开和具体化，对整体目标进行分解、计算，根据要求的目标，做出计划，负责将高层管理者的决策化为行动。中层管理人员应具有综合协调能力，熟悉本职工作，善于激励下属。基层管理人员，亦称第一线管理者，他们处于作业人员之上的组织层次中，负责管理作业人员及其工作。在制造工厂中，基层管理者可能被称为工头、生产线组长或者工段长等，这些人员一般都不脱产，多数人既是劳动者又是管理者。基层管理者的职责主要是负责分管基层部门的具体工作。他们执行中层管理者要求的任务，各自带领下属作业人员按时、按质、按量完成所承担的作业任务。这些管理人员几乎天天接触其下属，这就要求他们善于处理人际关系，具有与人共事的能力和一定的业务能力。

第三，从管理系统的角度划分可以分为决策系统、执行系统、监督系统和反馈系统。任何一个稍微复杂的管理活动，都是由决策系统制定方案，执行系统加以贯彻，并由监督系统监督执行，而反馈系统则将执行的情况反馈到决策系统。这样就构成了一个完整的闭合负反馈控制系统。对于每一个子系统，我们依然可以这样进行划分，直到我们完全把系统分析清楚为止。

（2）管理者的职权和责任。管理主体是管理行为过程的主体。管理主体一般由拥有相应的权力和责任，具有一定管理能力从事现实管理活动的人或人群组成的。组织中的管理主体主要是由管理者组成，管理者在组织管理中起到决定性的作用。

第一，管理者是具有职位和相应权力的人。对于管理者的权力来说，韦伯认为管理者有三种权力：传统权力，是由传统惯例或世袭得来，比如帝王的世袭制；超凡权力，来源于别人的崇拜与追随，完全依靠对于领袖人物的信仰，管理者必须以不断的奇迹和英雄之举赢得追随者。超凡权力过于带有感情色彩并且是非理性的，不是依据规章制度而是依据以往所树立的威信；法定权力，法定权力即法律规定的权力，通过合法的程序所拥有的权力，比如通过直接选举产生的总统。

第二，管理者是负有一定责任的人。责任是对管理者的基本要求。管理者被授予权力的同时，应该对组织或团体的命运负有相应的责任，对组织或团体的成员负有相应的义务。权力和责任应该同步消长，权力越大，责任越重。比较而言，责任比权力更本质，权力只是尽到责任的手段，责任才是领导真正的象征。如果一个管理者仅有职权，而没有相应的责任，那么他是做不好管理工作的。管理者的与众不同，正因为他是一位责任者。如果管理者没有尽到自己的责任，就意味着失职，等于放弃了领导。

（3）管理能力。也有人把这种能力称为概念能力，这是对管理者最重要的要求。它要求管理者具备管理的基本理论、基本原则和基本方法等管理原理性的知识。对于管理者来说，最主要的能力是管理能力。任何管理者想在变化万千的复杂环境中进行有效的管理，就必须掌握必要的管理技能。哈罗德·孔茨[①]认为管理者的能力体现在技术技能、人事技能和思想技能三种技能上。

第一，技术技能。主要指管理者从事自己管理范围内所需的技术和方法。例如，工厂里的车间主任要懂得有关操作机器设备方面的知识，要懂得各种操作技术才能正确行使自己的职责。相对来说，管理层次越低的管理者，越需要具有技术技能。

第二，人事技能。人事技能是一个人能够以小组成员的身份，有效地工作的能力，并能够在他所领导的小组中建立起合作的能力。这种技能表现在一个人对上级、同级和下级的看法，也表现在他以后的行为方面。

第三，思想技能。现代组织的高节奏使得管理者需要快速敏捷地抓住问题的实质并根据所处的形势果断地做出正确的决策。

① 哈罗德·孔茨，美国管理学家，管理过程学派的主要代表人物之一。

4. 管理客体

（1）管理客体又称为管理对象，是指管理过程中管理者所作用的对象，是管理过程中在组织中所能预测、协调和控制的对象。

（2）关于管理客体的要素组成，过去、现在都存在着不同的认识。国外较早的管理理论，认为管理的对象是人、物和财三大要素；后来有人加上了信息和时间，成了五大要素；近来又有人加上了士气和方法，发展为七大要素。这种对管理客体的要素不断增加的认识，反映了现代管理工作的内容更丰富、更复杂了，也反映了人们对管理的认识在逐步加深。传统企业认为，管理客体的要素从根本来说，只是包括人、物、财这三种要素。其实对于现在的创新型企业，智力的管理也是必不可少的要素。作为组织系统的实体结构，组成管理客体系统的应该是人、财、物、智力，它们是时间、士气、信息、方法等其他要素的物质载体，时间、士气、信息、方法等是这几个要素的表现形式，它们之间的关系应是内容和组织形式的关系。管理就是通过计划、组织和控制这一系列的活动，尽可能合理有效地利用人力、物力、财力，协调好它们之间的关系以达到组织的既定目标。

第一，“人”是管理客体系统中最重要的要素。在构成管理客体系统的诸要素中，人是核心。没有人，则财、物就失去管理客体的属性。管理客体最核心的是人，没有人就无法进行管理。

在客观世界中，只有人才具有能动性。在组织系统中，人无论是作为主体还是客体，其能动性的本质仍然保存着。一方面，任何作为管理客体的人，在他所从事的社会活动的领域内，仍然是认识和实践的主体。作为客体的人与作为客体的物和财具有本质上的区别。物和财不具有自我意识，它们只能是一种被动的客观存在。管理过程中的指挥、调节、控制等活动，首先是对人的指挥调节和控制，否则就难以实现对物和财的管理，达到预想的管理目标。因此，任何管理主体的中心工作就是做好对人的管理，并通过对人的管理来管好物力和财力。管理是以人为主体，又以人为核心客体的活动。人在管理的主客体关系中，处于举足轻重的地位。

第二，管理中的“物”，是指在组织中能被人们所利用、操作、改造的物质实体，如设备、工具、材料、仪器、能源和各种自然资源等。在组织的管理中，它主要指各种物质装备，如工厂管理中的生产设备，学校管理中的教学设施等。物是组织活动的客观物质基础，如果缺乏物质资源，一切管理活动就无法进行，其他管理因素也将无从发挥作用。

第三，“财”即资金，在市场经济的条件下，任何管理组织如果缺乏财力，其管理机器就难以运转。财是组织经济活动正常运行的基本要素，也是管理客体系统一个基本要素。对财的管理包含了预算控制、成本分析、财务管理等，这些都是管理活动的重要内容。对财的管理，应根据财力的基本情况进行正确的、有效的组织和协调，做到开源节流，合理分配和使用财力，提高经济效益。财是组织经营的武器，是进行管理的手段，也是取得管理效益的重要标志。财力的使用和分配是否合理，直接决定着物力资源、人力资源的使用和分配是否合理，对组织的财力资源的认识和运用，决定着其他资源应用的效率。

(3) 管理客体的特性。管理主体在整个管理活动中起着积极的、能动的、主导的作用，是管理活动中的决定性的因素。但是，管理主体在管理活动中的作用是受管理客体所制约的。因此，只有充分了解管理客体及其特性，因势利导，才能发挥管理主体的积极的、能动的和主导性作用。不同的管理客体有其不同的特性，但可控性和系统性是所有管理客体所共同具有的特性。

第一，可控性。管理客体的可控性，是指管理客体能对管理主体发出的信息作出反应，接受管理主体对其进行的协调和控制活动，而管理主体能够通过一定的管理手段影响和控制管理客体，使管理客体按既定的目标运行。

可控性不仅仅是管理客体的重要特征，更是管理客体的本质属性，是事物能否成为管理客体的前提条件。因为如果某种事物是客观的，却是不可控制、不可管理的，它就不能与管理主体发生管理和被管理的关系，也就不具备成为管理客体的条件。管理客体是可控的，就决定了它的存在和发展并不是完全任意、完全随机的，而是具有一定的变化规律。这样，就有可能使管理主体遵循其发展变化规律，把握它的现状和变化趋势，运用一定手段对其进行有效控制，从而实现管理目标。

管理客体的可控性并不仅仅取决于其本身，还取决于管理主体对其认识程度和把握的能力。只有当管理主体正确地把握了客观事物的规律时，才有可能采用一定的手段和方法对这些客观事物进行管理。否则，如果管理主体由于认识水平、活动能力及物质手段的限制，对于客观事物一无所知，对管理客体的发展规律缺乏认识，那么就不能对管理客体进行有效的控制和管理，管理客体也就不会表现出一定的可控性。如果管理主体虽然有所知但限于各种条件的制约仍无法对它们进行有效的控制，那么这些事物对于特定的管理主体来说，就只能作为一种自在之物而存在，它们的规律性也只是以一种盲目自发的力量而起着作用，还不具有管理客体的属性，也就不能成为管理客体。

管理客体本身不是一成不变的，管理客体的可控性也不是一成不变的。因为人类的认识有一个由不知到知、由知之不多到知之较多、由知之不深到知之较深的发展过程，人类认识事物的能力随着时代的前进和科学技术的进步在不断提高，许多历史上不可认识、无法管理的对象，现在已经被认识、可管理了。这样，就使许多过去只能凭感性经验管理的客体，变为科学管理的对象，使原来不被认识、力所不及的客体，变为可以认识、可以管理的对象，管理的范围在不断扩大。由此可见，相对于管理主体的控制或管理能力来说，管理客体的可控性是不断发展变化的。从一定意义上说，管理主体的管理能力的增强以及由此而引起的管理客体范围的扩大与可控性的增加，也是人类历史不断前进的重要标志。

第二，系统性。管理客体作为管理的对象，首先表现为是由管理者负责控制的一个不可分割的有机整体，而不是孤立存在的单一事物。这个整体可因具体对象不同而千差万别，尽管性质不同，作为管理的对象，它总是一个不可分割的整体，在这一点上是相同的。管理客体总是以系统的方式存在的，管理客体的性质就是这个系统整体的性质，管理客体的规律就是这个系统整体的规律，任何管理客体都是作为系统而存在和运动的，管理就是对管理客体系统整体上的管理。

管理客体虽然是一个不可分割的整体，但这个整体又是由相对独立、有机结合的不同部分组成。其中的每一个组成部分都是以一定方式同其他的每一个部分相关联的，这些部分可以按人、财、物等来划分，也可由不同职能部门来划分。管理者如果看不到整体中的各个部门也就看不清整体的结构。

管理客体的系统性特征，要求在任何管理中都要树立系统观念，运用系统方法进行系统管理。因此要进行科学的管理，就必须对组织的一切方面和联系进行全面的研究和系统的分析，包括各个部分之间的关系、各个部分和整体之间的关系、整体和环境之间的关系，等等，还必须动态地把握组织的运动变化。这就是说，管理主体要把管理客体看成是一个由多种要素组成的复杂系统，要把管理客体的整体及其运动过程作为认识和管理的主要对象，着眼于发挥管理客体的整体功能和长远作用。先从整体功能出发提出目标，并以此为基础使各部分的功能目标服从于总体功能目标。如果一个方案在局部、暂时看来效益好，但从全局、长远来看并不好，那么它就是不足取的，如果一个方案在局部、暂时看来并不好，但从全局、长远来看效益好，那么它就是可取的。

第二节 组织行为基本知识

组织，一般有两种含义，一种是动词，就是有目的、有系统地集合起来，如组织群众，这种组织是管理的一种职能；另一种是名词，指按照一定的宗旨和目标建立起来的集体，如工厂、机关、学校、医院，各级政府部门、各个层次的经济实体、各个党派和政治团体，等等，这些都是组织。

从名词上说的组织可以按广义和狭义划分。从广义上说，组织是指由诸多要素按照一定方式相互联系起来的系统。系统论、控制论、信息论、耗散结构论和协同论等，都是从不同的侧面研究有组织的系统的。从这个角度来看，组织和系统是同等程度的概念。在这个定义中包含有生物学中有机体的组织，在西方原义来源于器官（organ)，因为器官是自成系统的，如皮下组织、肌肉组织等等出自细胞组成的活组织；动物的群体组织，如一窝蜜蜂就是一个以蜂王为核心、秩序井然、纪律严明的群体；还有人的组织等。

从狭义上说，组织就是指人们为着实现一定的目标，互相协作结合而成的集体或团体，如党团组织、工会组织、企业组织、军事组织，等等。狭义的组织专门指人群而言，运用于社会管理之中。在现代社会生活中，人们已普遍认识到组织是人们按照一定的目的、任务和形式编制起来的社会集团，组织不仅是社会的细胞、社会的基本单元，而且可以说是社会的基础。

组织本身是一个运动的整体，无论何种结构何种类型的组织，都有其运动的表现。这种组织运动的表现，就是组织行为。组织行为并不能简单地看作组织中人的行为，因为人不是组织的构成要素，组织行为应该是组织中要素之间以及组织要素和外部环境之间相互作用而产生的行为。下面，我们从个体与群体、沟通与协调以及激励与约束等三个方面来把握组织行为。

一、个体与群体

（一）定义

1. 个体

个体的概念是相对于群体而言的，指具有人的普遍自然属性与社会属性，并以独特方式行动的单个的人。

2. 群体

群体是人们为了达到特定的目标，满足共同的需要，以一定的方式联系在一起的人群结合体。

个体与群体的关系是相互依存的。个体离开群体，就失去了与大社会联系的结点，心理活动与行为就失去了直接的参照，就不能获得不断的社会支持与社会比较反馈，因而自我意识就失去了基点。严重时，个体离开群体甚至不能生存。

（二）组织中的个体

1. 组织中的个体是组成组织的基本单元和细胞，直接影响组织的整体素质

2. 组织中个体的态度、人格、知觉与学习

(1) 组织中个体的态度。

第一，态度。态度（attitude）是关于喜欢或不喜欢的客观事物、人和事的评价性陈述，它反映了一个人是如何感受某些事物的。一个人可以有数千种态度，但是组织行为学关注于那些非常有限的、与工作相关的态度。这些态度包括，工作满意度、工作参与度（一个人确认他的工作并积极参与的程度）、组织承诺（对组织的忠诚度及参与程度的指

标)。毫无疑问，无论如何，工作满意度得到了较高的重视。

第二，态度与工作满意度。工作满意度（job satisfaction）指个人对他所从事工作的一般态度。一个人的工作满意度高，对工作就可能持积极的态度；对工作不满意的人就可能对工作持消极态度。当人们谈论员工的态度时，更多的是指工作满意度。事实上，这两个名词经常交互使用。

决定工作满意度的重要因素是具有心理挑战性的工作、公平的奖酬、支持性的工作环境和融洽的同事关系。

员工更喜欢选择这样的工作：这些工作能够为他们提供使用自己的技术和能力的机会，能够向他们提供各种各样的任务，有一定的自由度，并能就他们工作的好坏予以反馈。这些特点使得工作更富有挑战性：挑战性低的工作使人感到厌烦，但是挑战性太强的工作也会使人产生挫败感。在中度挑战性的条件下，大多数的员工将会体验到愉快和满意。

员工希望分配制度和晋升政策能使他们觉得公正、明确，并与他们的期望一致。当奖酬公平地建立在工作要求、个人技能水平、社区工资标准的基础之上时，就会导致对工作的满意。同样，如果员工觉得晋升决策是在公正的基础上作出来的，他们更容易从工作中体验到满意感。

员工对工作环境的关心既是为了个人的舒适，也是为了更好地完成工作。员工希望工作的环境是安全的、舒适的、干净的和最小干扰的。

人们从事工作不仅仅为了挣钱和获得看得见的成就，对于大多数员工来说，工作还满足了他们社会交往的需要。毫不奇怪，友好的和支持性的同事会提高对工作满意度。相反，如果工作不能够满足他们的社会交往需要，则会削弱和降低他们对工作的满意度，并最终影响其对企业的忠诚度。

例如，贝尔登电子公司在国内和国际上都享有良好的声誉，职工们都为能在该公司工作而自豪。公司需要职工对公司绝对忠诚，包括他在业余时间的行为和表现。

第三，态度与行为关系。关于态度与行为关系（attitude－behavior relationship）的早期研究，是假设它们之间是因果关系，也就是说，人们所持的态度决定了他们所做的事情。日常的实践也表明了这种关系。人们所看的电视节目都是他们喜欢的节目，员工们都在努力逃避自己厌恶的工作，这些现象不符合逻辑吗？

然而，20 世纪 60 年代末期，一项研究结果对这种态度与行为之间的假设关系（A—B）提出了挑战。在对大量调查 A—B 关系的研究报告的评估基础上，研究者得出结论：态度与行为之间不相关，最多只是弱相关。最近更多的研究已经证明，通过考虑中介的权变变量，态度和行为关系确实存在适度的相关关系。

第一个中介变量是使用具体态度和具体行为，可以增加我们发现 A—B 间重要关系的可能性。谈论一个人的态度“对社会负责的”是一回事，但说到他“捐赠25美元给国家多发性硬化协会”又是另一回事。我们测量的态度越具体，确认的相关行为越具体，就越有可能表明态度和行为（A—B）之间的关系。

第二个中介变量是社会对行为的限制。态度和行为之间的不一致，可能是因为社会压力强迫个体按照一定的行为方式活动。例如，群体压力可以解释为什么一名持有强烈反对工会态度的员工会参加工会组织的集会。

当然，态度和行为的差异可能还有其他的原因。我们注意到，尽管在一定的时间内存在一致性的压力，个体也可能持有自相矛盾的态度。另外，除态度之外还有其他因素影响行为。但是，公平地说，尽管有一些反对意见，大多数态度与行为的研究得出了相关的结果，换一句话说，态度的确影响行为。

（2）组织中个体的人格。有些人安静而被动，有些人活跃而进取，当我们描述人们的性格时，采用诸如安静、被动、活跃、进取、雄心、忠诚与善于交际这样一些特征词，来描述人们的性格时，我们称之为人格特质（personality）。通过权衡人格特质与情境的关系，可以预测具体情境中个人的行为。但人格特质与组织行为之间的关系还非常不明确。

（3）组织中个体的知觉。知觉（perception）指的是个体为自己所在的环境赋予意义并解释感觉印象的过程。知觉研究证明不同的个体对同一件事物理解不同。事实是我们没有一个人认知真实世界，世界是人们知觉到的世界。

为什么不同的个体看到相同的事物却产生不同的知觉？很多因素影响到知觉的形成甚至有时歪曲知觉。这些因素可以归纳为知觉者、知觉目标或对象以及知觉发生的情境。

当个体看到一个目标物并试图对他所看到的东西进行解释时，这种解释受到了知觉者个人特点的明显影响。在影响知觉方面最相关的个人因素是态度、动机、兴趣、经验和期望。

观察对象的特点也能影响到知觉内容。在群体里，声音洪亮的人比安静的人更容易受到注意。很有吸引力的人和没有吸引力的人相比也是如此。我们并不是孤立看待目标的，因此目标与背景的关系也影响到知觉，并且，我们倾向于把关系密切和相似的事物组织在一起进行知觉。

我们在什么情境下认识和了解物体或事件也很重要，看见物体或事件的时间与周围的环境因素如位置、灯光、温度影响着我们的知觉。

（4）组织中个体的学习。心理学家对学习的定义显然要比外行人所做的“学习就是我们在学校里所从事的活动”的定义要宽泛得多。事实上，我们每个人都在不断地“学习”，学习发生于任何时刻。因此，学习（learning）更准确的定义是：由于经验而发生相对持久的行为改变。通过学习改变我们的行为帮助我们适应和控制变化的环境，使我们成为有责任心的市民与高效率的雇员。但是行为受结果的影响。“结果（consequence）”，是指人们做任何事都考虑奖酬（例如，钱、表扬、提升或微笑赞赏）。效果定律（lawofeffect）指出，产生好结果的行为会重复，产生不好结果的行为不会重复。如果你的老板赞赏你的销售行为，你很可能会重复这种行为。

学习有三个关键过程：一个是塑造，另一个是模仿，还有一个是创造。

管理通过系统强化、奖励来塑造员工的行为，使员工趋向于理想的行为。我们大多数学习是通过塑造来完成的。我们尝试，失败，再尝试。通过这一系列的尝试和错误，我们掌握了例如骑自行车、基本数学运算、记课堂笔记、多项选择测验等技巧。

除了塑造之外，我们的学习是观察他人并模仿（modeling）他人。因为“尝试—失败”的学习过程通常很慢，模仿可以迅速改变复杂行为。例如，我们大多数有一次或两次的体验，当我们在学校或某一特定班里遇到困难时，我们观察周围以寻找在做同样事情的人。然后我们观察那人的行为与我们的行为的区别。如果我们找到一些差异，我们就会将这些差异纳入到我们的行为中。如果我们的表现进步了（产生好的结果），我们就会永久地改变行为。这个过程与在学校中学习是一样的。一名新雇员如果想在工作中取得成功，应该寻找组织中受人尊敬并成功的人，然后模仿他们的行为。在反复学习中，我们积累经验到一定程度，认识会产生新的飞跃，也产生了新的行为，这就是创造。即通过学习生成的自主运用经验、规律，创造性联系实践的能力，并整理出全新的适合本企业新的管理方式。

（三）组织中的群体

1. 组织中群体的特征

群体是一个开放的系统，但群体的形成绝不是个体的简单相加，而是一个成员之间相互依赖、相互作用的集合体。要准确把握群体的内涵与外延，必须仔细理解群体的四个特征：

（1）群体成员目标的一致性。群体的目标是群体得以建立和维系的基础。人们组建一个群体的动力就在于群体能够更加有效地满足人们的需要，正是为了一个共同的目标，才有了群体内部各成员之间的相互影响，相互作用。

（2）群体成员的群体意识。群体之所以能够对各个成员的行为产生巨大的影响力，是因为群体中各个成员认可自己的群体身份，群体内部各成员在心理上相互认知，并且彼此意识到对方存在，感觉到他们与自己是一个群体。他们之所以感觉到他们是一个群体，是因为群体成员与非群体成员有着确实的差别。他们的群体身份不仅为自己确认，而且也为非群体成员认可。此外，他们作为群体的一个成员，无论单独还是集体一致，都与其他群体成员有着特殊的相互依存关系。群体内部各成员有“我们同属于一群”或“我们”的归属感、认同感和支持感。

（3）群体成员结合的有机性。群体不是个体的简单相加，而是一个有机的结合体。每个成员都在群体中扮演一定的角色，有自己的职责，并在成员之间的相互行为中主动配合，相互影响，使群体成为一个具有强大凝聚力的活动体。

（4）群体自身的相对独立性。群体一旦成型并正常运转，就会在群体行为规范、群体行动计划、群体价值取向等方面表现出自身的独立性，不会因为个别成员的去留而有所改变。

认识到群体的上述特征，我们就能很好地理解现实生活中的群体。事实上，从群体的个体而言，我们每一个人从一出生就生活在群体之中，在群体成员之间的交流过程中学习、工作、成长。一个人往往同时隶属于多个群体。例如：一个年轻人在正式组织中既是某大型国有企业的研究与发展中心的成员之一，同时又是该国有企业的工会委员之一，作为一名中共党员他又隶属于一个中国共产党的基层组织。在业余生活里，他可能既是某一生活小区的围棋爱好小组成员之一，又是社区篮球队队员；从群体的整体性来看，群体的规模一般不会太大，太大的群体成员之间很难相互影响、相互作用，成员之间也很难有心理上“同属一群”的认同感。例如：观看一场足球赛的数万名观众，他们人数如此之多，相互之间不会都认识，即使认识也不一定有什么交往，所以也就不存在上面提到的群体归属感。

2. 组织中群体的分类

（1）以构成群体的原则和方式为分类标准，可以把群体分为正式群体和非正式群体。

第一，正式群体是为了实现组织目标而产生的正式的官方组织结构。正式群体有完备的规章制度、固定的编制、明确的职能分工、确定的上下级关系。在正式群体中，组织目标规定了个人行为的方向并以某种严格的管理方式约束着个人的具体活动；群体的每个成员都有明确的分工，都要承担组织规定的职责和任务；群体必须严格遵守组织制定的规章制度和行为规范；群体成员对群体表现出明显的服从心理；正式群体能满足成员的归属感，加入正式群体要履行规定的手续，正式群体的结构相对比较稳定。公司的各个部门，大学的各个院系、班级、小组，工厂的车间、班组、科室都是正式群体。

第二，非正式群体是一个与正式群体相对应的概念，指那些既无正式结构也无组织分工的群体。如：公司里的小集团、小派别、足球队。非正式群体不是人们有意计划的结果，它是在工作中，在人与人的自然交往中产生出来的。非正式群体的出现并非一种偶然现象，它是为了满足组织目标以外的某些需要而产生的。由于人的需要是多层次、多方面的，而正式群体是为了完成组织目标而建立的，因而它不能满足人们的多种需要。非正式群体成员之间的交往基础是血缘上的接近、共同的兴趣、爱好、世界观、价值观以及在活动中满足彼此的需要，而不是工作任务。非正式组织既可以帮助组织实现目标，也可以阻碍组织目标的实现。非正式群体又存在两种类型：不稳定群体和有策略的群体。不稳定的群体往往无组织、无明确的目标。有策略的群体不仅有纪律，而且组织得很好，往往有自己的灵魂人物。

非正式组织常常是组织的信息交流、决策思路多样性与组织动员的重心之一，不少管理学家日益重视非正式群体，并将它看作是一种重要的管理资源。

(2) 根据群体成员交往与接触特点为分类标准，可以把群体分成初级群体和次级群体。

第一，初级群体是美国社会学家C·H. 库利提出来的。库利把那些具有面对面交往和合作特征的群体叫做初级群体，在这种群体中，成员时常直接接触，关系较亲密和多样。如：家庭、邻里、儿童游戏群体。由于初级群体是人类社会化过程中所面临的最初情境，对于个人人格的形成起着极其重要的作用。因而，库利把初级群体比作"人性的养育场"。

第二，次级群体是相对初级群体而言的另一概念，指人类经由社会契约建立的有目的、有组织的社会群体。次级群体一般有正式的结构，明确的规章，明确的社会分工。这种群体规模较大，成员接触少或者几乎没有。

(3) 按群体是否真实存在的分类标准，可以把群体分为假设群体和实际群体。

第一，假设群体也叫"统计群体"，指实际上并不存在，为了研究或统计需要而划分出来的群体。假设群体可以根据不同的特征来划分，有年龄群体、性别群体、职业群体、民族群体、文化群体。如果我们按年龄、岗位对群体进行分类，则可以分为：青年工人、中年工人、老年工人，白领工人、蓝领工人。事实上，假设群体只是具有某种共同特征而并不存在成员之间的共同活动，但这种分类对于人口学、社会学的统计研究有着重要的意义。

第二，实际群体，指现实中客观存在的群体，群体成员在群体活动过程中有直接和间接的联系。例如：公司、工厂、生产班组。实际群体成员之间由于共同活动、相互接触之缘故，形成特殊的心理上、行为上的相关性。

(4) 按群体规模的大小，可以把群体分为大型群体和小型群体。

第一，由于群体规模的大小是一个相对的概念，组织行为学把群体成员之间是否存在直接的、面对面的接触和联系作为具体的分类标准。大型群体即群体成员之间只能以间接方式进行接触和联系的群体。如：跨国公司、大型国有企业。在大型群体中，群体行为更多地受社会因素、组织目标的影响。

第二，小型群体指群体成员之间能经常面对面接触的群体，人数可以从5~6人至50~100人不等。如：班级、科室、车间就属于小群体。在小型群体中，群体成员的行为主要受感情和心理因素的影响。小型群体由于人数不多，群体各成员之间交流方便，个体之间活动频繁、接触机会多，群体意识强，群体规范对个人行为影响大，因而是组织行为学的重要研究对象。

（5）根据群体的基本目标，可以把群体分为友谊群体和工作群体。

第一，友谊群体以满足群体成员的安全、尊敬、归属需要为目的。工作群体以实现组织的目标为目的。

第二，工作群体又可根据群体成员之间的相互关系分为对抗群体、协作群体和互动群体。在现实生活中，许多群体往往能同时满足群体成员的友谊和工作的双重目标。

（6）根据群体存在时间的长短，我们可以把群体分为固定性群体和临时性群体。

第一，固定性群体是因为工作需要而长期存在的一种较为稳定的组织形式，这类群体的组织形态和群体结构比较稳定，一般多指正式群体。临时性群体是指为了完成某一临时任务而组成的群体，任务一旦完成，群体自行解散。

第二，临时性群体可能是正式群体，如正式组织中的项目小组；也可能是非正式群体，如自愿结合组成的旅游团。

（四）群体决策与个人决策

1. 决策是指组织或个人为了实现某种目标而对未来一定时期内有关活动的方向、内容及方式的选择或调整过程

2. 群体决策与个人决策相比较，在几方面表现出差异

（1）决策的正确性和速度。群体决策有许多成员参加，知识面较广，能够产生较多的可供选择的方案，又具有校正错误的机制，因而群体决策比较正确。但由于群体决策的过程是群体成员一起对问题进行分析、讨论和争议，并达成一致意见，因此，比个人决策花费时间多。当决策的正确性比决策速度重要时，群体决策较为优越。

（2）决策的创造性。个人决策通常比群体决策具有较大的创造性，个人能产生较多较好的主意，而群体决策由于受到相互不同意见和论点的约束，以及害怕被人认为愚蠢等心理制约，不容易使决策具有较大的创造性。个人决策适于工作结构不明确，需要创新的工作，而群体决策过程适合于任务结构明确，有一定执行程序的工作。

（3）决策的风险性。许多企业管理人员认为，群体决策可以抑制冒进的行为，在选择较多或较少风险性的两种行动时，将趋向于保守。然而，许多组织行为学家的研究却提出了相反的结论，认为群体决策具有更大的风险性。因为个人在群体中容易隐蔽自己的意见而附和众议，而且，群体决策由群体承担责任，其成员容易产生不负责任的倾向。也有一些研究表明，在群体决策过程中会发生保守或冒险两个极端的倾向，即群体决策的极化现象。这主要取决于占优势的群体气氛。如果群体成员大多数都比较保守，群体决策也将比个人决策更保守。如果群体成员大多数都冒险，则群体会做出更有风险的决策。

3. 群体决策过程大致可分为 3 个阶段

（1）确认群体在这个阶段所面临的问题的性质和问题产生的原因，给出满意地解决这些问题的标准。

（2）找出可供选择的解决方法。

（3）分析可选择的方法，通过群体讨论，比较并权衡各种办法的利弊，做出有可能获得最佳结果的决策。

（五）工作团队

1. 团队的涵义

（1）团队是指由两个或两个以上的人组成的一个共同体，它合理利用每一个成员的知识和技能协同工作，解决问题，达到共同的目标。企业的车间、科室可以是一个团队，车间里的工段、班组也可以是一个团队。

（2）团队与群体的关系。群体是为了实现一定的目标而存在的，群体也往往能够满足群体成员的某些共同需要。群体与团队的共同之处在于：他们都是介于组织与个人之间的人群结合体，他们都是为了共同的目标才走到一起的；某个群体或某个团队一经形成就表现出自己的相对独立性，不会因为个别人员的流动而解体；无论是群体成员还是团队队员都能清楚地意识到自己是组织中的一员，成员之间在行为上相互作用，心理上相互影响，彼此间都意识到对方的存在；群体与团队都不是个体的简单相加，而是一个有机的整体。个人在其中扮演一定的角色，担当一定的职务，负有一定的责任。团队与群体虽然有如此之多的相同之处，但是却有着一些重要的不同之处。群体往往是自发地存在于正式组织之中，团队则是在正式组织的直接参与中组建起来的。就其目的性而言，团队的目的更为集中，更为明确。团队的组建往往是以工作任务为目的，它十分重视其成员的共同努力并产生积极协同作用，而群体则不一定如此，它表明是一种人群的"结合"，群体中的成员不一定有机会参与到需要共同努力的集体工作中去。在这一点上，非正式群体表现得尤其突出，因为非正式群体的形成经常是为了满足群体成员工作以外的其他需要。两者最重要的差别还在于团队有着强烈的竞争意识和充分尊重游戏规则的精神，这使得团队的总体绩效远远超出个人绩效的简单相加。

2. 团队的特征

（1）可知晓性。团队的规模应控制在每个成员都能彼此熟悉、相互了解、达到能够影响团队作用的程度。

（2）高度的凝聚力。团队必须围绕其文化、共同的目标理想、兴趣爱好、与人相处、帮助他人或社会解决问题或困难的愿望等因素，把大家团结和凝聚在一起。

（3）明晰的组织和方法。团队中必须具备最低程度的正式或非正式组织。全体成员希望承担责任，明确实现团队目标的方法，并能积极参与团队的决策。

（4）健全的规章。团队必须在开始就建立一套完备的规章。这种规章在批准成员加入和审核中具有选择性，有能批准和审核成员加入的具体步骤，并且为每个成员所熟知。

（5）兼容性。团队能够接受并且乐意接受有关机构，并且与之建立良好的合作关系，使该团队既可以在机构内，也可以在机构外凝聚，作为机构的代表，更好地实现机构的目标。这些特征是彼此相关、相互补充的。它们具有一定的弹性，也可以随着团队的发展不断修订和完善。

3. 团队的结构

团队结构的有关因素包括：

（1）团队目标。团队目标是团队存在的根据，它为团队队员指明了努力的方向。团队目标一般由机构目标、个人目标和团体目标三部分组成。机构目标也叫服务目标，就是在团队成立之前的机构和制度所构架的目标；个人目标是每一个团队成员个别的、公开的或者潜意识的期待、希望和目的；团体目标就是组成团队的成员共同希望达成的目的或期望。团队的主要目的就是要达成团体目标。因此，要使每一个个体对于团体目标有足够的重视和共识，积极倡导个体目标在大原则上服从团体目标，以便实现团队目标。

（2）团队契约。艾斯特与亨利提出了关于团队工作过程中五个契约的观点：个人契约，团队前期为团队成员本身设置的有个性特点的目标；互惠契约，发生于团队前期，成员与团队倡导者之间相互同意的会谈和约定；互助契约，团队成员间彼此同意，以及成员与倡导者达成的一致意见和约定；互赖契约，这是一种集体目标的表达，倡导者、成员以及机构把团队看作一个整体；独立契约，团队结束后，团队成员从团体经验中重新开始，自信掌握未来的表现。这是测量团体对个人实行有效协助的标准。

（3）团队规模。一般来讲，团队人数越多，沟通越困难，成员间的信息流通频率越低，彼此交流的机会越少；但是，此时团队的紧张程度低，团队魅力增大，团队资源更加丰富。那么，什么样规模的团队才是有效和适当的呢？不同的学者对此持不同的观点。对于企业来说，詹姆斯通过对9000例各种团体观察研究后发现，两人一组的占71%，三人一组的占21%，四人一组的占6%，而五人和五人以上一组的仅占2%。因此，他认为团队人数越少越好。

贝尔森和史丁诺认为，团体以五人最为适中，这样，每个人都可以直接发生人际关系；史拉特则认为六人的团队最为理想，这样可以鼓舞团队斗志，增强竞争力和协调性。大团队心理自由多于小团队，而小团队的自由和伸缩空间普遍大于大团队。

团队大小是团队成员满足团队经验与否的决定性因素。辛德经过实证研究发现，四五人的团队经验满足高于八九人的团队。他还发现，由奇数组成的团队具有和谐与合作的特征，而由偶数组成的团队则倾向于竞争、敌视和敌对。

尽管不同的学者对于理想团队的人数所持的态度各不相同，事实上，他们对于大团队和小团队的优劣都十分清楚。另外，有学者认为，不同目标的团队其最佳人数也有不同。例如，四人团队最适于打球、打牌这样的休闲娱乐；八人团队最有能力完成团体任务；五人团队最适于讨论；儿童团队小一些为宜，这样可以集中注意力；如果团队成员害怕暴露自己，就用大团队好些；社会控制的团队为了避免面对面可能的冲突，也可以大一些。

一般而言，评判一个团队的规模是否合理，主要依据下面几个方面：

第一，当团队成员围坐在一起，是否可以看到对方面容，并听到彼此的声音？

第二，全体成员是否都可以得到激励、平均参与和认知？

第三，是否能产生明显的工作效果，被团队领导者掌握？

第四，团队必须扩大时，次结构的小团队是否可以参与，并且团队成员是否能够容忍以领导者为中心？

（4）团队角色。为了有效地解决团队所面对的问题，实现团队目标，每一个团队成员都必须扮演不同的角色。20 世纪 70 年代，贝尔滨发展出了一套分辨团队成员角色的方法。他把团队角色分为启发者、资源调查者、协调员、塑模者、监视评估员、团队工作者、实践者、完工收尾者和专家九种。马格瑞森和买肯把团队分为创意者、开发推动者、发展评估员、组织推动者、结论者、检查监控者、维持拥护者、报告建议者、连接人。

我们根据一般团队发展的过程把团队中的角色分为团队倡导角色、团队构建与维护角色以及个人角色几种：

团队倡导角色：倡导团队组建，激发团队动力，营造温馨自然的团队环境，促进团队成员间的讨论与互动。一般包括倡导发起人、信息搜集与发布人、征求意见者、协调者、引导推动者、评估者、激励者和记录员。

团队构建与维护角色：实现团队主体的构建，维护并推动团队的健康发展。一般包括鼓动者、调和者、折衷妥协者、标准设定者、信息咨询者、团队观察与评估者、跟踪追随者。

个人角色：在团队中个人为了满足自己的需要，实现个别的目标而给自己设置的角色。掌握好这些角色便于引导和调配不同角色，实现团队目标。个人角色一般分为攻击者、阻挠者、自我表白者、寻求认同者、自由随意者、修补者、支配者、闲散过客、麻烦制造者、讥讽者、固执己见者、自我敏感者。

上述角色包括积极和消极角色，但是积极和消极角色可以在不同的团队环境下发挥各自的作用，并且可以相互转化。再组建团队时，要避免角色定位和角色分配的冲突，同时对不同的角色要积极引导，就可发挥不同角色的作用，实现团队目标。

4. 团队的类型

在现实中我们又可以根据团队目标的不同把团队分为三大类：问题解决型团队、自我管理型团队和多功能型团队。

（1）问题解决型团队。20世纪80年代，团队开始引起管理学家的重视。最初的团队往往是由来自同一部门的工人组成，他们每周聚会一次，讨论如何提高产品质量、如何提高生产效率以及如何改善工作环境，团队成员在聚会时提出自己的建议并与他人进行交流，形成解决问题的方案。我们把这种团队称为问题解决型团队。问题解决型团队人数一般在8～10人。

（2）自我管理型团队。自我管理型团队是真正独立自主的团队，他们不仅提出解决问题的方案，而且执行解决问题的方案，并对工作结果承担全部责任。自我管理型团队一般由10～15人组成，他们承担了一部分原来由上司承担的责任。他们可以自己控制工作节奏、分配工作任务、安排工间休息、检查工作程序。独立的自我管理型团队甚至可以自己挑选队员，并自己组织绩效评估；今天，在美国大约有20%的公司采用了这种管理方式，其中比较著名的公司有：通用电气公司、惠普公司和百事可乐公司。

（3）多功能型团队。多功能型团队由来自同一等级、不同工作领域的员工组成，他们以完成某项具体任务为目的。其主要的特点就在于在组织内部跨越横向部门之间的界限。多功能型团队是在20世纪80年代末大公司为完成复杂项目而组建起来的。多功能型团队的优势在于，它能够实现不同领域员工之间的信息交换，激发员工产生解决问题的新观点。世界上有名的波音公司和IBM公司组建了这种任务攻坚团队。团队的形成根据不同标准划分，还会有很多种。中国企业曾经流行过多种形式而且卓有成效的团队。例如："三结合攻关小组"、"青年突击队"、"某某项目小组"等等，它们都曾有过辉煌的时刻。当今的"学习型班组"称得上是最普遍、最基础的团队。

二、沟通与协调

（一）沟通

1. 沟通的基本概念

沟通简单地说就是信息的交流。信息交流可以有多种形式，如通讯工具之间的信息交流，人与机器之间的信息交流，以及人与人之间的信息交流。从管理学的角度来看，我们更关注的是人与人之间的信息沟通，即存在于两人或多人之间的信息交流，其对象是人而不是物体。

在日常生活中人们常常用交往、交流、意见沟通、信息传达等术语来表达沟通的含义。沟通有两个基本条件，即要有信息的传递与信息的理解。也就是说，在信息交流过程中，信息要在发送者与接收者之间传递，信息接收者接收到信息并理解信息，产生相应的反应。如上司正在与部下谈工作，但部下因家庭变故心事重重，注意力无法集中，上司所说的内容他根本没记住，虽然他似乎在听，但"心不在焉"，这就意味着有效沟通没有发生。又如，你用很专业的术语对外行讲了一通话，虽然他很认真听，但他不知所云，不清楚你要表达什么，这样也不能算是有效沟通。

特别需要强调的是，在日常生活中，一些人把有效的沟通错误地理解为沟通双方达成协议或共识，而不是准确理解信息的意义。他们把沟通看成是别人接受了我们的观点。实际上沟通并不是妥协、认同，只不过是通过最有效的方式，明白无误地表达各自的观点。我可以非常明白你的意思，但也可以不同意你的看法，这就是沟通的实质。

2. 沟通的重要性

（1）沟通是计划、组织、领导和控制等管理职能得以完成的基础。

（2）沟通是领导者最重要的日常工作，没有沟通就不能进行群体或组织的活动。

（3）沟通为组织建立起了同外部环境相互作用的开放系统。

（4）沟通是企业文化师最基本的能力之一。

3. 沟通的四个基本要素

（1）发送者（信源）。

（2）接收者或接受者（信宿）。

（3）所传递的内容（信息）。

（4）传递信息的渠道（信道）。

4. 沟通过程的具体步骤

（1）形成思想。

（2）编码。

（3）通过某种渠道把信息传递给对方。

（4）接受（包括接收、译码、理解）。

（5）反馈。

5. 人际沟通的特点

（1）主要通过语言、文字交流，同时还辅之以姿态、手势等非语言性质的语言（身体语言）。

（2）不限于纯粹的情报、消息的沟通，同时包括思想、感情、观点的沟通。

（3）人际沟通会因为受到人与人之间复杂心理过程的影响而易造成信息失真。

6. 组织中人际沟通方式

（1）书面、口头、非言语沟通及电子沟通。

第一，书面沟通是以文字为媒体的信息传递，规范、严肃，便于保存，信息传递准确性较高。

第二，口头沟通是以口语为媒体的信息传递，迅速、灵活、反馈直接。

第三，非言语沟通是指以非口头和书面语言形式所进行的信息传递，是人际沟通的一种辅助手段。

第四，电子沟通是以电子符号形式通过电子媒体进行的沟通。

（2）正式沟通和非正式沟通。

第一，正式沟通是按照组织设计中事先规定的结构系统和信息流动的路径、方向、媒体等进行的信息沟通。优点：正规、严肃，富有权威性；易保持沟通信息的准确及保密性。缺点：刻板、缺乏灵活性、信息传播范围受限制，速度慢。

第二，非正式沟通是指正式组织途径以外的信息沟通方式，主要通过个人接触进行，比较灵活方便，但也伴随随意性强、信息扭曲和失真等问题。

（3）下行、上行、横向和斜向沟通。

第一，下行沟通即自上而下的沟通，在集权式组织中突出。

第二，上行沟通即自下而上的沟通，存在于参与或民主式组织中。

第三，横向（水平方向）和斜向沟通（交叉沟通）：前者指同一层级的人员或部门间的沟通，后者指信息在处于不同组织层次的没有隶属关系的人员或单位间的沟通。具有业务协调作用。

7. 信息沟通网络

（1）信息沟通网络是由若干环节的沟通路径所组成的总体结构。它直接影响到信息沟通的有效性。

（2）在正式组织环境中，信息沟通网络的形态可以表现为五种：链式、轮式、Y式、环式和全通道式。

第一，链式，是信息在组织成员间只进行单线、顺序传递的犹如链条状的沟通网络形态。信息容易失真，严格按直线职权关系和指挥链系统而在各级主管间进行的信息传递就是链式沟通。

第二，轮式，信息经由中心人物而向四周多线传递，只有领导人物是各种信息的汇集点与传递点，其他成员之间没有相互交流关系，信息沟通准确度高，解决问题速度快，主管人员控制力强，其他成员满意度低。适用于组织接受任务，需要严密控制，同时又要争取时间和速度的情形。

第三，Y式，纵向沟通网络。适用于主管人员工作任务十分繁重，需要有人协助筛选信息和提供决策依据，同时又要对组织进行有效的控制时。组织成员士气比较低，因为增加了中间过滤和中转环节，导致信息曲解或失真，沟通准确性也受影响。

第四，环式，组织所有成员不分彼此地依次联络和传递信息。每个人都可以同时与两侧的人沟通信息，不存在信息沟通中的领导或中心人物。组织成员有较高满意度，信息沟通的速度和准确度都难保证。

第五，全通道式，全方位开放式的沟通网络系统，所有成员之间都能进行相互的不受限制的信息沟通与联系。集中化程度低，成员地位差异小，士气高，成员可以直接、自由而充分地发表意见，有利于集思广益，提高沟通准确性。但工作效率低。

8. 信息沟通的障碍

(1) 信息发送方面的障碍。有四个因素限制信息发送者生成高质量的编码信息：技能；知识；态度；社会文化。

(2) 信息传递中的障碍。信息沟通网络不完善、沟通渠道过长都会造成信息损耗、失真、失效。信息从高层传到基层的环节越多，失真的程度就越严重。

(3) 信息接收方面的障碍。信息接收者需要将收到的信息中所包含的符号，通过解码过程而译成自己理解的语言形式。同编码一样，他会受到接收者自自的技能、知识、态度和社会文化背景的影响。

(二) 协调

1. 协调的定义

协调是领导者的一项重要职责。领导者要善于协调各方面的关系，充分发挥组织成员的作用，使其产生“系统放大”效应以提高组织的整体效能。

2. 组织协调的内容

(1) 目标是协调的方向。一个组织内各个方面的目标应协调一致，否则，就会分散力量，组织目标就难以实现。领导者要教育组织的所有成员树立整体观念，形成合力。

(2) 沟通是协调的杠杆。组织内部信息传递迅速，彼此联系密切，相互了解、理解，矛盾就少，即使产生了矛盾也容易解决。

(3) 协商是协调的重要手段。协调不是强迫命令，而是感情与信息的交流。因此，协调要发扬民主，遇到问题能心平气和地坐到一起来商量解决。上级领导要主动与下级沟通联系，诚恳解决矛盾，消除误会和隔阂。

(4) 明确责任是协调的得力措施。领导者在明确各部门的工作任务和职权范围的同时，还须明确有关单位协调的责任，建立必要的协调制度并提倡主动支援、配合的精神，这样就可以减少相互推诿。

(5) 利益是协调的基础。组织的任务之一是为实现一定的利益。利益是个复杂的概念，其中物质利益是最基本的。所以，要充分注意各方面的利益，协调好利益关系，这是做好协调工作的基础。

(6) 感情是协调的润滑剂。现代化管理强调以人为本。一个组织中的员工感情融洽，会使很多工作任务越出利益、责任的制约，得以快速完成。因此，组织协调的一项重要内容就是融洽感情，培养良好的组织氛围。这是协调能够顺利进行的润滑剂。

3. 协调的主要方法

（1）职责连锁式协调。组织内部各部门之间、上下级各层次之间分工协作，明确责、权、利，使之环环相扣。现代管理中的“目标管理”就充分体现了这种协调方式。

（2）制度式协调。按规章制度、组织程序进行协调解决。若在某一环节、层次发生问题，责任者既不主动解决，又不向上级报告，则应按规章制度追究其责任。

（3）例会式协调。由一个组织的主要领导者牵头，组织有关部门以定期召开例会的方法，来协调各部门之间的关系。

（4）合署办公式协调。对于新出现的较为复杂或重大的问题，由有关部门抽调工作人员联合办公加以解决。

（5）精简合并式协调。将工作性质相近、管理业务相联的职能科室进行调整、合并，同时精简有关人员，就会减少横向摩擦、互相扯皮的现象，从而提高工作效率。

（6）情感沟通与协调。人是社会动物，马斯洛的需要层次学说认为，人的需要分为生活需要、安全需要、归属和爱的需要、自尊需要和自我实现的需要。如果团队中能有和谐的氛围，领导能让他的团队成员感到其恰如其分的需要层次可在组织中实现，并达到满足，就会让团队形成强有力的凝聚力，团队成员对团队就会有强烈的归属感。中国人常说，熟人好办事。这就在是情感沟通中发挥了作用。

三、激励与约束

（一）激励和约束的含义

1. 含义

激励和约束是一对既对立又统一的有机体：激励意味着给予代理人以物质和精神上的满足，以刺激其为委托人的利益工作，而约束则是运用法律、道德等手段抑制代理人对个人欲望的追求。

2. 激励和约束的关系

激励和约束过多，都会提高委托人的代理成本。一般来讲激励过度的管理者必然约束不足，而约束过度的管理者则激励不足，二者成此消彼长的势态，这体现了二者的对立；同时，激励离不开约束，没有约束的激励就好像没有监督的权利，必然引发代理人对其个人利益的极度追求而损害委托人的利益，而约束亦离不开激励，离开了激励的约束就会缺乏动力，其直接结果就是效率的丧失。激励和约束正如胡萝卜与大棒的关系，是一把双刃剑，时刻悬在代理人的头顶，督促其按照委托人的利益行事。

（二）激励

1. 激励工作的含义和原理

管理者激励下属，就是要激发和鼓励下属朝着组织所期望的目标表现出积极主动的、符合要求的工作行为。动机是驱使人产生某种行为的内在力量。需要是使某种结果变得有吸引力的一种心理状态，是指人们对某种目标的渴求。行为动机的形成有两个条件：一是人的内在需要和愿望；二是外部诱导和刺激。

2. 基本激励理论简介

(1) 内容型激励理论——马斯洛的需要层次理论和赫茨伯格的双因素理论。

第一，需要层次理论将人的需要分为5种：生理的、安全的、社交的、尊重的和自我实现的需要。生理需要是指人在食物、水、住所、性满足以及其他方面的需求和欲望；安全需要是保护自己免受身体和情感伤害的需求和欲望；社交需要是人在友谊、爱情、归属及接纳方面的需求和欲望；尊重需要指在受人尊重和自我尊重方面的需求和欲望；自我实现需要是人在自我成长与发展、发挥自身潜能、取得成就和实现理想抱负方面的需要。其中生理需要和安全需要称为基本的低层次的需要，社交、尊重和自我实现需要称为较高级需要。

有尚未满足的需要才能影响人的行为，已满足的需要不能起激励作用。

由于重要程度和发展顺序不同，可以形成一定的层次性。只有当较低层次的需要得到满足后，才会产生高一个层次的需要。

人的行为是由主导需要决定的。

第二，双因素理论。双因素理论由美国心理学家赫茨伯格提出。该理论认为，满意的对立面是没有满意，而不是不满意；同样，不满意的对立面是没有不满意，而不是满意。赫茨伯格认为，影响人们行为的因素主要有两类：保健因素和激励因素。保健因素是指那些与人们的不满情绪有关的因素，是同工作环境和条件相关的因素，如企业政策、工资水平、工作环境、劳动保护。这类因素处理得不好会引发工作不满情绪的产生，处理得好可预防和消除这种不满。但它不能起激励作用，只能起到保持人的积极性，维持工作现状的作用。能够促使人们产生工作满意的感言因素叫做激励因素，激励因素主要包括以下内容：工作表现机会和工作带来的愉悦；工作上的成就感；由于良好的工作成绩而得到的奖励；对未来发展的期望；职务上的责任感。

(2) 过程型激励理论。

第一，期望理论。由美国心理学家弗鲁姆提出。该理论认为人们在预期他们的行动会给个人带来既定的成果且该成果对个人具有吸引力时，才会被激励起来去作某些事情以达到这个目标。用公式可表示为：激励 = 效价 × 期望值。激励力指人受激励的程度，效价指个人主观作出的对某一预期成果或目标吸引力的估价，期望值指个人经主观认知估计出的通过其努力达到预期成果或目标的概率。人们对期望值的认知包括两个环节的主观判断因素：一是对努力转换为工作绩效的可能性的判断；另一是个人对工作绩效转换为预期报酬可能性的判断。期望理论认为，个人从自身利益出发，通常倾向于选择他认为能够达到他所效价的报酬结果的绩效和努力水平。

第二，公平理论。主要研究相对报酬对人们的工作积极性影响。公平理论认为，员工在自己因工作或做出成绩而取得报酬后，不仅关心所得到报酬的绝对量，还会通过自己相对于投入的报酬水平与相关他人的比较来判定其所获报酬是否公平或公正。如果感觉自己的比率与他人的相同，则产生公平感，否则会有不公平感出现。对初步比较产生不公平感后，个人会通过一些手段对其主观估计的自己及他人的所得与付出做出新的估价，然后再思考如何调整其行为，以保持公平感。个人往往会过高估计自己的投入和他人的收入，而过低估计自己的收入和他人的投入。

公平理论关于组织报酬分配对员工行为的影响有以下几方面的影响：按时间付酬时，收入超过应得报酬的员工，生产率水平将高于收入公平的员工；按时间付酬对于收入低于应得报酬的员工来说，将导致生产的数量或质量下降；按产量付酬时，收入超过应得报酬的员工与那些收入公平的员工相比，产品生产数量增加不多而可能主要是提高产品质量；按产量付酬时，收入低于应得报酬的员工与收入公平的员工相比，产量提高而质量降低。

（3）强化理论。美国心理学家斯金纳认为，人的行为是对其所获刺激的反应，当刺激对他有利的，他的行为就会重复出现；若刺激对他不利，他的行为就可能减弱。强化的具体方式有 4 种：

第一，正强化。正强化是奖励那些符合组织目标的行为，以便使这些行为得以进一步加强，重复地出现。科学有效的正强化方法是，保持强化的间断性，强化的时间和数量也尽量不要固定，管理人员根据组织需要和职工行为状况，不定期、不定量地实施强化。

第二，惩罚。当员工出现不符合组织目标的行为时，采取惩罚的办法，可以迫使行为少发生或不再发生。

第三，负强化：是一种事前的规避。通过对何种行为会不符合组织目标的要求及如果员工发生这类行为将予以何种处罚的规定，对员工形成约束力。规定本身并不一定就是负强化，只有当其使员工对自己的行为形成约束即“规避”作用时才是。

第四，忽视（自然消退）。对已出现的不符合要求的行为“冷处理”，达到“无为而治”的效果。

3. 当代激励理论的综合

个人的努力首先受个人目标的影响，管理者需要帮助个体设置适当的目标来引导其行为。而个人的努力能否取得预期的成绩并实现预期的目标，有赖于个人能力的培养和组织绩效评估系统的公正性、客观性。因此，知人善任和分配难度适合的工作任务对于引导成员行为有重要的影响。就绩效与奖酬的关系而言，若个人感到自己所得的奖酬来自自己工作的努力和绩效，则会取得更好的效果。在奖酬和个人目标之间，若组织提供的奖酬满足了个人目标，那么个人积极性会大大提高。激励工作是一件相当复杂的事，充满科学性和艺术性。

（三）约束

1. 企业的内部约束

企业的内部约束指企业体制、机制、规章制度的约束以及员工个人职业道德的约束。体制约束，例如：法人治理结构的约束和监事会的约束。企业要形成科学的法人治理结构，并明确规定股东、董事会、监事会和总经理之间的权利、责任和利益，形成相互制衡的关系，这种相互制衡关系本质上就是一种约束机制；监事会受股东大会的委托负责监督董事会和总经理的活动，并接受股东大会的监督。鉴于国有企业公司制改造的特殊性，要特别重视监事会的作用。我国《公司法》规定，监事会有行使检查公司财务，对董事会、经理执行职务违反法律、法规或者公司章程的行为进行监督，当董事和经理的行为损害公司利益时进行纠正，提议召开股东会等权力。对改制后仍为国有独资的公司，可借鉴一些欧洲国家的做法，内部不设监事会，由国家直接向这些公司外派监事。外派监事主要职责是从国有资产保值、增值的目标出发，监督企业遵守财务制度，检查企业账目的真实性、合法性，为政府提供有关企业的各种真实信息，供政府决策参考，不干预企业的决策和日常生产经营事务。企业中大量存在的是机制、制度的约束。例如：用人机制、分配机制、经营机制等等机制及其形成的各类规章制度，约束着员工的行为。员工的职业道德水平决定了员工的工作质量和效果。

2. 企业的外部约束

企业的外部约束指来自各方面的市场体制、机制的约束和国家社会体制的约束，如企业的社会责任的约束、社会实行的法律约束等等。。企业在加强内部约束的同时，还应强化经营者人才市场、股票市场和商品市场对经营者的约束。发达的、充分竞争的经营者市场可以为企业提供较大的选择空间，对在位经营者形成优胜劣汰的竞争压力。商品市场的发展，对企业形成竞争压力。特别是国有企业在建立现代企业制度的过程中，由于国有股权多重代理关系，在可能导致内部治理结构不规范的条件下，应特别注重发挥竞争对企业经营者的约束作用。企业除了本身的自然责任外，还有社会责任，如企业要对社会的环保事业、公益事业、扶贫事业等方面都要有责任。企业必须在社会认同的情况下才能健康发展，同时法律作为规范企业行为的因素也有必不可少的作用，一方面保证企业正当的经济行为和正当所得；另一方面又要制约着企业进行不正当的交易以及危害社会的一切行为。

（四）激励与约束机制的建立

1. 激励与约束机制的定义

激励与约束是管理的手段，而手段发挥作用的载体是机制。拥有手段并不等于手段的运用，如何根据事物的特点与发展规律，合理运用手段去完成所要实现的目标，正是机制的功能所在。因此，在管理实践中，只有建立、形成了一种有效的管理激励与约束机制时，激励与约束手段才具有了赖以运用的载体，才有可能将其作用持续、良好地发挥出来。

按照系统论的观点，机制就是保证系统运动有序的程序和力量的总和。管理学以复杂的管理系统为研究对象，故在管理学看来，所谓机制就是指系统内各子系统、各要素之间相互作用、相互联系、相互制约的形式及其运动原理和内在的、本质的工作方式。

激励以人为本，追求管理活动的人性化；约束以有限理性人为对象，强调人的行为的理性层面；激励与约束相辅相成，共同追求的是管理活动的高效化和制度化。由此，建立管理激励与约束机制的目的就是提高激励与约束效益并使之长期一贯地作用于被管理者的思想行为，就是用管理激励与约束这一特定的"纽带"将管理系统内各子系统、各要素联系起来，使其按一定规律要求运转。

通过激励与约束被管理者的行为，实现组织目标，是建立管理激励与约束机制的根本目的。为此，必须在分析被管理者的需求与动机基础上，研究组织管理资源的合理配置，优化对被管理者进行激励与约束的方式方法，以达到在一个动态变化的环境中，能使被管理者始终沿着组织目标方向行动的效果。如果一个组织系统内形成了相对固定化、规范化的能对被管理者产生有效作用的激励与约束手段、方式、方法、程序、标准、规则，我们可以说，该组织系统已形成了可行的管理激励与约束机制。因此，管理激励与约束机制的定义是：依据组织目标，在分析被管理者的需求与动机的基础上，通过组织管理资源的合理配置及管理方式方法的优化组合，制定必要的监控手段及可实施、执行的制度，所形成的能够长期激励与约束被管理者思想行为的相对固定化、规范化的一系列制度与工作规范。

2. 激励与约束机制的体系

激励与约束机制是一个有层次结构的机制体系。管理激励与约束机制可分为管理激励机制和管理约束机制。而不同的管理系统，管理激励与约束机制的体系是不同的。如对于企业系统而言，激励与约束机制应有理想激励机制、人才激励机制、创新激励机制、报酬激励与约束机制、工作激励与约束机制等。

按激励与约束的对象来划分，管理激励与约束机制又可分为群体管理激励与约束机制、个体管理激励与约束机制、隐蔽违规行为管理激励与约束机制及公共资源有效利用与保护的管理激励与约束机制。

如果从管理激励与约束机制的构成看，一个完整的管理激励与约束机制应该是由目标、管理主体与客体、环境与资源分析、需求分析、机制设计、原则、资源、方式、方法、运行、效果、评估、反馈等内容组成的多层次、多阶段动态运转体系。

一个有效的管理激励与约束机制必须以明确的目标为导向。目标统帅全局，处于机制的中心地位，而其他机制构成部分均是服务于目标的。目标决定激励与约束方式、方法的选择与安排，决定机制模式的设计内容，并最终影响到机制的运行效果。因此，明确目标、合理设置目标体系就成为管理激励与约束机制设计的关键环节，也是管理激励与约束机制建设的核心内容。

分析是决策的前提与依据，一个良好管理激励与约束机制的形成，必须建立在对激励与约束环境、资源要素、被管理者需求的全面科学分析基础之上。分析不仅是管理激励与约束机制设计的必要工作，也是机制运行中经常要展开的工作。设计前对激励与约束环境、资源要素、被管理者需求进行详细分析有助于提高机制设计的质量与合理性；机制运行中经常开展分析则可使管理者及时掌握环境形势、资源条件与被管理者需求的变化，有利于对管理激励与约束机制进行及时调整、改进，使其不断发展、完善。

应该指出，上述管理激励与约束机制体系是一个根据管理需要不断发展完善的体系，虽然目前有些激励与约束机制已有比较成熟的运作模式，但有关激励与约束机制的设计还往往停留在经验阶段，需要在理论上不断完善。如对企业经营代理人的激励与约束机制源于委托—代理制的出现。在社会化大生产的条件下，产权高度分散，经营规模日益扩大以及与之伴随的技术和管理过程的复杂化导致了所有权与控制权的分离，企业的经营管理只能交由专业经营人员来负责，于是代理制度应运而生。由于委托人和代理人的目标函数的差异以及信息的不对称性和经营的不确定性，代理人问题（代理人对委托人利益的侵害）普遍存在，于是从20世纪60年代以来，西方产生了激励（与约束）机制设计理论，在逐渐成为现代企业理论所关注的核心问题的同时，委托—代理关系框架下的激励与约束机制设计理论也日趋完善。按照该理论，可设计出有效的激励与约束机制，使代理成本和效率损失被控制在可以接受的范围内。该机制设计理论和思路可以借鉴其他激励与约束机制，但该机制在手段上当属物质的激励与约束机制，只是激励与约束机制体系的一个组成部分。

激励与约束机制体系内的各要素和各层次内容是相互依赖和有机统一的，只有各方面完整配套，且总的目标指向一致、协调发展，才能维护管理系统的正常秩序，促进系统的不断改进、完善、发展和有效运行。由于被管理者的需求不同，管理者拥有的激励与约束资源不同，在一个管理系统、一个时期内可能以某一种激励与约束机制模式为主进行激励与约束，另一个时期内可能以另一种激励与约束机制模式为主进行激励与约束，故激励与约束机制体系是一个动态发展和不断完善的体系。

第三节　企业文化基本知识

一、企业文化的概念

（一）企业文化的定义

1. 文化的定义

“文化”一词源于拉丁文，原意有耕作、培养、教育、发展、尊重的意思。在中国古代，“文化”是指“文治教化”。

目前为止，有影响的关于文化的定义超过160种。人类学的鼻祖泰勒是现代第一个界定文化的学者，他认为文化是复杂的整体，它包括知识、信仰、艺术、道德、法律、风俗以及其他作为社会成员所习得的任何才能与习惯。《辞海》对文化的解释是：“从广义上说，指人类社会历史实践过程中所创造的物质财富和精神财富的总和；从狭义上说，指社会的意识形态以及与之相适应的制度和组织结构。”可见，文化是一个内含深邃、外延很广的概念。从广义上看，人类有史以来，凡与人的思想、行为、人工制品相联系的都是文化；从狭义上看特指精神产品及行为方式。从宏观上看，文化可以指民族的、宗教的、社会的；从微观上看，可以指社会中的某一特定群体。

2. 企业文化的定义

自从企业文化产生以来，国内外的学者对企业文化的定义进行了深入而又广泛的研究，对企业文化的定义也多种多样。到底什么是企业文化？让我们首先看看企业文化理论形成过程中的四本经典代表作是如何论述企业文化的。

1981年2月出版的《日本企业的管理艺术》提出了著名的7S管理模式，即策略、结构、制度、人员、作风、技巧和共同价值观。认为，企业管理不仅是一门学科，还应是一种文化，即企业有一种包括自己价值观、信仰和语言的一种特定文化。

1981年4月出版的《Z理论》认为：“一个公司的文化由其传统和风气构成。此外还包括一个公司的价值观，如进取性、守势、灵活性——即确定活动、意见和行动模式的价值观。”

1982年7月出版的《企业文化》提出，企业文化是“用以规范企业人多数情况下行为的一个强有力的不成文规则体系”，而且他们还提出企业文化的五个构成要素，即企业环境、价值观、习惯仪式、文化网络和英雄人物。在这五个要素中，他们认为企业环境是形成企业文化唯一的而且是最重要的影响因素，企业管理者应该注意利用文化网络培育企业价值观，巩固企业信念，增强企业凝聚力。

1982年出版的《成功之路——美国最佳经营企业的经验》通过对43家优秀公司的调查分析，提出了优秀公司的八种文化品质。认为，所谓企业文化包含为数不多的几个基本原则，这几个原则就是文中所列优秀公司所具有的八种品质，其核心是企业价值观和传统作风。

从以上四部企业文化的开山之作的作者对企业文化的理解可以看出，美国学者对企业文化的理解基本限定在对企业文化的“软性”理解，也就是企业文化是以企业核心价值观为核心的一种管理氛围和管理观念。

1997年，美国管理协会出版了《企业文化：排除企业成功的潜在障碍》①，这是一部版本较新的企业文化专著。该书明确地概括了企业文化定义：企业文化通常指的是企业的环境或个性，以及它所有的方方面面，具体内容包括：企业员工所共有的观念、价值取向以及行为等外在表现形式；由管理作风和管理观念（管理者说的话做的事、奖励的行为）构成的管理氛围；由现存的管理制度和管理程序构成的管理氛围；书面和非书面形式的标准和程序。

梳理国外企业文化知名学者对企业文化的理解，我们可以看出，他们一般都从观念形态角度来界定企业文化，把企业的价值观念体系和员工的团队意识作为企业文化的重点和核心，都认为企业文化是一个企业在长期的生产经营中形成的特定文化观念、价值体系、道德规范、传统、风俗、习惯和与此相联系的生产经营观念，而正是这些价值观念使企业员工结成命运共同体。也可以说，他们基本上都是从狭义的角度来理解和界定企业文化的，这一点与我国学者对企业文化的理解差异甚大。

企业文化理论在20世纪80年代传到我国之后，引起了我国学者和企业管理者的关注，但是对于到底什么是企业文化，其内涵如何，我国学者提出了各种各样的观点，据说有几百种之多，把这些观点归纳起来，有代表性的观点主要有以下几大类。

第一类是“精神文化说”。认为企业文化是企业的意识形态，是企业在其生存和发展过程中所形成的思想意识、理想信念、行为习惯、价值观念和道德规范的总和，具体包括企业的经营哲学、信念、理想、作风和行为规范在内的各种精神现象，它体现在物质形态中，决定了企业员工思想沟通交流的方式和企业的精神氛围、风气、情调等。

第二类是“同心圆说”。这种学说主要有三层次说和四层次说。三层次分别是外层为物质文化，中间层为制度文化，内层为精神文化；四层次主要是在三个同心圆的基础上增加了一个同心圆，即行为文化层。对企业文化的四层次理解可以说是我国学者对企业文化

① ［美］杰克琳·谢瑞顿、詹姆斯·斯特恩著：《企业文化：排除企业成功的潜在障碍》，上海工商学院翻译，上海人民出版社，1998年，第34页。

理解的一个创造，即结合我国对文化的理解以及企业的实际来定义文化，把文化理解为物质文化和精神文化的总和，并在此之上按照可见程度以及改变的难易程度划分为从里到外的四个层次，对我国的企业文化建设有一定的指导作用。

第三类是“总和说”，即认为企业文化是企业物质财富和精神财富的总和。这类观点则认为，企业文化是组织中物质文化与精神文化两方面因素总合而成。物质文化是有形的、可见的东西。如机器、设施、产品、包装、商标、服务、厂容厂貌和各种企业的标识物等外显的东西，又称为外显文化、表层文化或硬文化。精神文化，是指无形的、不可见的、潜在的方面，如企业中企业家和员工共同信奉和坚守的价值观、信仰、传统、气氛、作风、行为准则，又称为深层文化、隐形文化或软文化。

纵观中外学者对企业文化的理解，他们理解的角度或侧重各有不同，涵盖面也不尽一致。有的从文化学的角度来理解，认为企业文化是社会文化的亚文化，企业文化作为一种微观的文化现象，其研究的核心应是企业的价值观和企业精神。有的从管理思想的发展角度来理解，即企业文化是管理思想发展的必然，是一种新兴的管理理论和管理方式。从企业物质载体的角度去观察企业文化，有的着眼于企业的精神方面，还有的则把两者统一起来考察。尽管这些考察各有不同，但从整体上看，在对企业文化的理解上，他们都认为：企业文化应以人为着眼点，是一种以人为中心的管理方式，强调特定的企业价值体系是一个企业的灵魂和旗帜，它作为一种无形的力量蕴藏在企业员工的思想和行为之中，应当把企业建成一种人人都具有共同使命感和责任心的组织。

综合国内外学者对企业文化的理解，企业文化的定义是：企业文化是指企业在一定的社会文化环境影响下，为适应外部经营环境和协调内部关系，经由企业经营者长期提倡，员工认同，在经营与创新过程中所形成的企业信念、价值观、道德规范、行为准则、经营特色、管理风格等传统和习俗的总和。①

（二）企业文化的内涵

实际上，企业文化的定义已经非常清楚地把企业文化的内涵表述清楚，但是为了更好、更深入地理解企业文化，同时为了使企业文化建设更有操作性，一般是从四个层次来理解企业文化的基本内涵，这四个层次分别是精神文化、制度文化、行为文化和物质文化，结构层次如下图所示。

1. 精神文化

企业的精神文化是企业在发展过程中形成的各种有关企业生存与发展的价值观念，是一个以企业基本价值理念和企业精神为核心的群体性思想观念体系。

① 参阅黄河涛、田利民主编：《企业文化学概论》，中国劳动社会保障出版社，2006年，第41～73页。

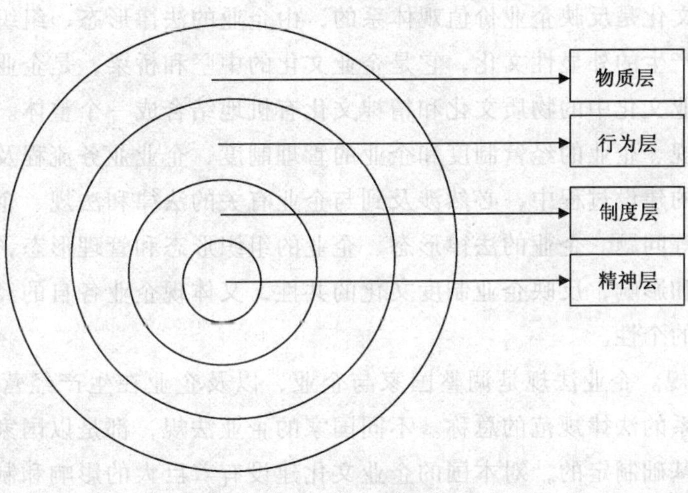

企业文化内涵层次图

企业基本价值理念、企业精神是企业精神文化的基础和核心。企业基本价值理念是企业在长期的经营管理过程中形成的关于本企业的经营宗旨、目标、使命等具有指导性的思想意识。例如，摩托罗拉把“精诚公正”作为自己的理念，要求所属企业和员工“诚信不渝——在与客户、供应商、雇员、政府以及社会大众的交往中，保持诚实、公正的最高道德标准，依照所在国家和地区的法律开展经营。无论到实际的哪个地方进行贸易或投资，必须为顾客提供最佳的服务”。这就是典型的企业基本价值理念。

企业精神是企业广大员工在长期的生产经营活动中逐步形成的，并经过企业家有意识的概括、总结、提炼而得到确立的思想成果和精神力量，它是企业优良传统的结晶，是维系企业生存发展的精神支柱。企业精神这一概念的自身就把企业人格化了，具有企业集合人格的特征，它是由企业的传统、经历、文化和企业领导人的管理哲学共同孕育的，集中体现了一个企业独特的、鲜明的经营思想和个性风格，反映着企业的信念和追求，也是企业群体意识的集中体现。企业精神具有号召力、凝聚力和向心力，是一个企业最宝贵的经营优势和精神财富，它不是可有可无，而是必不可少。正如美国 IBM 的董事长小托马斯·沃森所说：一个组织与其他组织相比较取得何等成就，主要决定于它的基本哲学、精神和内在动力，这些比技术水平、经济资源及组织机构、革新和选择时机等重要得多。企业核心价值观是企业长期生产经营中形成的评判企业内思想、发展方向、具体事务的基本思想准则，是精神文化的核心。著名的英特尔公司的核心价值观是六个。即：以结果为导向、具有冒险精神、良好的工作环境、讲求高质量、以客户为中心、严格的组织纪律。这六个核心价值观，使得英特尔的成员有了共同的语言、行为评判标准，它激发员工的干劲，也使企业成为世界顶尖的企业之一。

2. 制度文化

企业的制度文化是反映企业价值观体系的，由企业的法律形态、组织形态和管理形态及其运行结果而产生的外显性文化，它是企业文化的中坚和桥梁，是企业文化赖以产生的基本前提，把企业文化中的物质文化和精神文化有机地结合成一个整体。企业的制度文化一般包括企业法规、企业的经营制度和企业的管理制度、企业业务流程及其运行的结果。

在企业文化的建设过程中，必然涉及到与企业有关的法律和法规、企业的经营体制和企业的管理制度等问题。企业的法律形态、企业的组织形态和管理形态，既体现社会大文化对企业的制约和影响，反映企业制度文化的共性，又体现企业各自的经营管理特色，反映企业制度文化的个性。

（1）企业法规。企业法规是调整国家与企业，以及企业在生产经营或服务性活动中所发生的经济关系的法律规范的总称。不同国家的企业法规，都是以国家的性质、社会制度和文化传统为基础制定的，对本国的企业文化建设有着巨大的影响和制约作用。企业法规作为制度文化的法律形态，为企业确定了明确的行为规范，是依法管理企业的重要依据和保障。

（2）企业的经营制度。企业的经营制度是指通过划分生产权和经营权，在不改变所有权的情况下，强化企业的经营责任，促进竞争，提高企业经济效益的一种经营责任制度，是企业制度文化的组织形态。

（3）企业的管理制度和经营观念。一般来说，企业法规和企业经营制度影响和制约着企业文化发展的总趋势，同时也促使不同企业的企业文化朝着个性化的方向发展。但真正制约和影响企业文化个性的原因，是企业内部的管理制度和经营观念。企业的制度与企业的经营观念有着相互影响、相互促进的作用。科学的制度必然会促进正确的企业经营观念和员工价值观念的形成；而正确的经营观念和价值观念又会促进制度的正确贯彻，使职工形成良好的行为习惯。

3. 行为文化

企业的行为文化是指企业员工在经营管理及其他在企业举行的相关活动中形成的各种约定俗成的行为规范、习惯、礼仪等群体性行为模式，是企业精神文化的动态体现和践行，在一定程度上也是企业制度文化规范的结果。

企业行为文化有多种划分。从人员结构上划分，企业行为中又包括企业领导的行为、企业模范人物的行为、企业员工的行为等。

（1）企业的经营管理决策方式和决策行为及管理行为主要来自企业领导，企业领导是企业经营的主角，与之相关的行为可以称为企业领导文化行为。

（2）在具有优秀企业文化的企业中，最受人敬重的是那些集中体现了企业价值观的企业模范人物。这些模范人物使企业的价值观“人格化”，他们是企业员工学习的榜样，他们的行为常常被企业员工作为仿效的行为规范。

（3）企业员工是企业的主体，企业员工的群体行为决定了企业整体的精神风貌和企业文明的程度。其中，企业员工行为又可细分为企业管理层行为、企业员工（一线）行为等等。

4. 物质文化

（1）企业文化作为社会文化的一个子系统，其显著的特点是以物质为载体，物质文化是它的外部表现形式。优秀的企业文化是通过重视产品的开发、产品与服务的质量、产品的信誉和企业生产环境、生活环境、文化设施等物质现象来体现的。

（2）企业文化不仅体现在外部的企业形象、产品服务、技术进步这些物质载体上，还通过企业内部生产与办公区域环境建设方面，包括生产（管理）环境的改造、文化设施等诸多方面来体现企业的物质文化。其所代表的是企业由内到外的整体形象。

第一，生产环境的改造。生产环境的好坏直接影响员工的情绪与心理。企业如果绿化好、厂容美、环境清洁整齐，不仅可以激发员工的自豪感和凝聚力，而且可以直接影响员工的工作效率。因此，优秀的企业特别注重为员工创造优美的工作环境，并把它作为企业文化建设的重要内容，作为调动员工积极性的重要手段。

第二，文化设施建设。人有多种需要，不仅仅是物质需要，更重要的是精神需要。在物质生活水平不断提高的今天，人们对精神需要的追求愈加强烈，求知、求美、求乐等心理迅速发展，构成企业文化建设中不可忽略的课题。建立和完善员工的文化设施，积极开展健康有益的文体活动，是许多优秀企业的重要物质文化内容。

（三）企业文化的特性

1. 人本性

作为一种管理理论和管理学说，企业文化的本质特征是人本性。“以人为本”是企业文化管理的核心内容，它是伴随着西方企业管理的实践而逐渐形成的。早在西方资产阶级革命成功后工厂制的建立过程中，一些先进的西方资产阶级民主人士就开始认识到人在企业管理和企业生产中的重要作用。欧文曾提出著名的管理思想“人是环境的产物”。科学管理的创始人泰勒在自己的管理理论中也暗含有以人为本的思想。虽然他的计件工资制被工人称为血汗工资制，但是他毕竟提出了要提高劳动生产率，必须做到人尽其才，挖掘工人的劳动潜力。

随着管理学说的发展，先后出现了“社会人”、“自我实现人”以及“文化人”的观点，认为随着社会的发展进步，人的自我实现是工人成长以及工作效率提高的重要动力。因此，管理工作要创造一种适宜的工作环境，以有利于人们充分发挥自己的潜能，减少或消除职工自我实现过程中的障碍；管理工作的重点不在于使职工的基本需求得到满足，而在于考虑怎样才能使工作本身变得更富有内在意义和挑战性。这是文化管理的核心内容，即在管理中强调以人为本，注重人性化管理，从而激发工人的创造潜力，促进工人的自我发展、自我成就以及劳动生产率的提高。企业文化人本性的具体体现是：

第一，尊重人。这是以人为本的首要条件，这也是对企业文化人本性的具体化。被列为美国企业界十大名人之一的 IBM 创始人华德森常说：作为一个企业家，毫无疑问要考虑利润，但不能将利润看得太重。企业必须自始至终把人放在第一位，尊重公司的雇员并帮助他们树立自尊的信念和勇气，这便是成功的一半。

第二，关心人。关心员工，让员工在受到尊重的基础上有归宿感，这是人本管理的重要内容，也是人性化管理的具体体现。

第三，激励人。激励是激发人的动机，使人产生一种内在动力，朝着所期望的目标前进的活动过程。激励的目的是激发起人们按照管理要求，按目标要求行事。在管理手段上，必须以满足人的自尊和自我实现需要为主，采取内在激励法；在管理制度上，必须实行工作扩大化，工作内容丰富化及弹性工作时间制度等，以利于职工的自我实现。

第四，培养人。做到人本管理，最根本的还要培育人，提高员工的素质，不仅要让员工工作中增长能力，而且还要帮助员工制定职业生涯规划，帮助员工发展。

总之，企业文化的人本特征，要求企业管理者不能只见物而不见人，要把企业文化的人本特征贯穿于企业目标、企业民主、企业道德、企业制度、团体意识、文化活动、企业形象等企业生产经营管理的各个方面。

2. 系统性

企业文化是一个有机系统，是由企业内互相联系、互相依赖、互相作用的不同层次、不同部分结合而成的有机体。企业文化应该正确反映企业经营活动自身的规律。企业文化的形成和发展必须有科学的根据。只有科学、合理、正确的企业文化才能化为员工的工作动力。

3. 群体性

正如其他群体、组织文化一样，企业文化也是一种集体文化。企业文化更强调管理在组织内所实现的合力，进而推动和激励企业内的每一位员工协调一致地行动，达到预定的目的。只有企业群体性的价值观、思维模式和行为模式，才会形成一个企业的文化。

4. 开放性

企业文化是在社会文化或民族文化这一大的文化背景下形成的以约束和规范企业内个体行为、群体行为和企业行为的亚群体文化。作为一种特定组织的文化，它一般并不主动地去影响企业以外的社会成员的思维和行为，但是，蕴藏在企业文化中那些人类共同的道德意识、积极的价值观和先进的精神境界、思想修养，以及企业在生产经营中所积累的先进的科学技术、创新观点，也必将通过自己的产品、服务和员工慢慢地渗透到整个社会中，对社会文化的变革发生重大的影响。与此同时，社会文化这一大的系统也对企业文化产生强有力的制约作用。一般而言，保守、封闭的社会文化大背景会严重制约企业的创新和发展。

5. 稳定性

企业文化是长期累积、凝结而成的，具有稳定性和持续性。企业文化不同于企业行为，企业行为由于受市场环境，以及企业内外部多种因素的影响，有时具有不可控和非规律性。而企业文化是企业价值观和行为规范长期作用并累积的结果，具有稳定性和持续性。企业文化的建设，就是把企业优秀的行为发扬光大，形成习惯并成为员工约定俗成的规矩，对企业的不良不利行为自觉地进行改造和引导，使其向好的方面发展，从而塑造优秀的企业文化。

6. 渗透性

西方企业文化专家说，企业文化像空气一样而无所不在，这主要是针对企业的精神文化来说的。从形式上讲，价值观、信念、经营哲学等都是隐形的。从形成方式来说，精神认同也是潜移默化的。从存在方式来看，它存在于员工和经营者的内心。

7. 群体性

企业是一种组织，企业文化是一种组织文化，企业文化是集体文化。如果企业领导人倡导一种企业理念，但是还没有为广大员工所接受，那么可以说，这个公司的企业文化还没有最后形成。

8. 独特性

企业文化的独特性是说每一个企业文化的个性是不同的，其他企业的优秀文化虽然可以学习和借鉴，但却无法简单地仿效和克隆。因为，不同国家的企业有不同的文化，不同历史、不同规模、不同结构、不同行业、不同地域的企业有不同的文化，不同目标追求的企业有不同的企业文化，不同管理风格的企业有不同的企业文化。正如斯蒂芬·P·罗宾斯所说的“企业文化就如同一个人的个性一样”，它有自己独特的特点，而这些特点又“如同个性一样相对稳定与持久”。

(四) 企业文化的功能

美国著名历史学家戴维·兰德斯曾说过：“如果经济发展给了我们什么启示，那就是文化乃举足轻重的因素。”文化对企业经营管理的促进作用也同样如此。我国著名理论家、企业文化研究专家贾春峰教授，早在1993年10月在一次学术讨论会上的发言就提出了“文化力”的概念，指出：“21世纪的经济赛局，将在很大程度上取决于文化力的较量。”后来陆续出版了六本关于“文化力”系列著作，被业界称为“中国文化力研究第一人”。他认为，企业文化是企业生存发展过程中的一种具有神奇作用的动力。诸如IBM、松下、海尔之类的企业都证明，获得成功最重要的决窍，不在于严格的规章制度、奖金、利润指标，也不在于资金设备和市场条件，而在于真正重视人的因素，激发人的潜能，充分发挥企业员工的积极性和创造性，增强企业的凝聚力，发挥无限的创造力，对于企业的生存和发展有重大作用。

关于企业文化的功能，凡是关于企业文化的著作，都有所涉及。综合此方面研究成果，我们将企业文化的功能定位于以下几个方面：

1. 导向功能

企业文化的导向功能，是指对企业的发展方向、价值观念和行为规范的引导作用。

（1）企业文化能显示企业发展方向。企业文化以概括、精粹、富有哲理性的语言明示着企业发展的目标和方向，这些语言经过长期的教育、潜移默化，已经铭刻在广大员工心中，成为其精神世界的一部分。

（2）企业文化引导员工行为方向。企业文化以高度概括、富有哲理性的语言明示的企业崇高目标，通过有效的手段铭刻进企业全体员工的脑海里，成为他们的座右铭。无论何时何地牢记企业目标，为自己的行为树立方向。美国 IBM 公司的目标是“要为顾客提供最优秀的服务”。经过长期的努力，最优良的服务几乎成了 IBM 公司的象征，成为 IMB 员工的行动指南。他们不仅向客户提供各种机器租赁，而且提供各种机械服务；不仅提供设备本身，还提供公司人员随叫随到的咨询服务，以实际行动保证在 24 小时内对每一个顾客的意见和要求作出答复。在服务过程中，IBM 的员工也遇到过某些客户的挑剔、刁难、攻击，但他们始终设身处地考虑客户的立场，因为他们的目标是“提供最优秀的服务”。

2. 凝聚功能

美国学者凯兹·卡思认为，在社会系统中，将个体凝聚起来的主要是一种心理力量，而非生物的力量。社会系统的基础，是人类的态度、知觉、信念、动机、习惯及期望等。企业文化正是以大量微妙的方式来沟通企业内部人们的思想，使企业成员在统一的思想指导下，产生对企业目标、观念的“认同感”和作为企业一员的“使命感”。同时，在企业氛围的作用下，使企业成员通过企业文化的建立，在企业内部形成企业统一的价值观、经营哲学、精神支柱、道德伦理等意识形态，此意识形态通过企业文化的导向作用，为本企业所有员工共同遵守和奉行。企业文化通过这些共同的价值观、企业精神和思想信念，可以把全体员工凝聚成一个有机体，共同为企业目标的实现协力拼搏，团结奋进，这就是企业文化的凝聚作用。

企业文化的凝聚作用，首先表现在企业全体成员在思想上形成统一的企业群体意识，然后在行动上表现出巨大的力量，使企业的目标得以顺利实现。企业中每一个群体组织和每一个员工都有自己的价值评判标准和行为准则，都有自己物质和精神方面的需求，因此不同的组织和个人表现出不同的个性特征。这些个性特征要想凝聚成一个整体，只有依靠企业整体价值观。企业的各个群体组织和各个员工把个人的理想信念融入到企业整体的理想信念中来，形成价值观的共识，才会为企业发展提供强大的精神动力。当个人价值观与企业价值观融为一体时，企业成员才会感到自己不仅是在为企业工作，也是为自己工作。这种员工与企业和谐一致，能够激发起员工强烈的归属感和自豪感，使员工的士气保持长盛不衰。

如何发挥企业文化的凝聚功能？前苏联学者彼得罗夫斯基提出，增强企业凝聚力要从加强内部情感联系入手，而美国管理学者西蒙和马奇提出要树立良好的企业形象，强化企业目标的共享意识，扩大企业内部信息沟通与交流渠道。企业文化管理模式则把亲密情感、价值共识与目标认同作为强化企业凝聚力的关键因素。具有强烈文化的企业特别重视企业内部的情感投资，不断地满足企业职工的情感需求，加强企业对职工的吸引力及企业内部人际关系的吸引力。同时，企业文化又为企业内部职工提供统一的行为规范与准则，建立起在企业价值观基础上的行为模式，从而把职工行为吸引到实现企业目标的轨道上来。企业文化引导职工追求的崇高目标中除了要充分体现企业懂得经营理念与经营宗旨外，还要广泛地容纳企业职工的利益要求的实现。这样就能最大限度地激发企业职工为实现企业的崇高目标而勤奋工作，积极进取。

3. 激励功能

激励功能是指企业文化对强化员工的工作动机、激发员工的工作积极性、主动性和创造性所发生的作用。现代企业文化管理模式把以人为本视为企业的主要价值观念、人力资源管理中最为宝贵的资源，对激励问题极为重视。该理论认为，人的行为不仅取决于个体心理的需求与动机，而且还取决于他所在的组织的心理与需求，取决于他所在群体的文化因素，因此，要想激励员工的生产积极性、主动性和创造性，就不能把注意力完全集中于个体的需求与动机上，扩展为营造企业文化的激励机制，因此它由重视激励个体转变为重视激励群体，为提高企业职工的生产积极性、主动性与创造性提供了新型的手段和方法，为企业职工的激励问题开辟了新的途径。

激励可分为内激励和外激励。外激励主要依靠外部力量，如恐惧的压力和物质的诱惑去强化人们的工作动机。这些都不是企业文化的激励。这种激励不仅在受激励的对象方面不普遍，时间方面不持久，而且会造成人们对外力的消极依赖，从而妨碍主动性、积极性和创造性的发挥。与外激励不同的内激励，也可以叫做自我激励。它依靠企业员工的内在目标、信念、兴趣和偏好等因素去强化人们的工作动机，激励人们的工作干劲。这种激励不需要事事物质刺激，不需要时时监督。它使员工保持高度的自觉、主动，从而会极大地发挥出自己的体力、智力和聪明才干。

企业文化的激励正是这种内激励。如在企业内部创造一种相互尊重、平等、民主的气氛等，激发职工追求出色工作的愿望和在出色企业中工作的要求。正如美国著名心理学家费罗姆提出的期望理论认为，假如一个人把自己行为目标的价值看得越大，或者自我估计实现目标的可能性越大，那么这种目标对他的行为的激励作用就越大。

企业文化的激励不再满足于个体激励，而上升为一种群体激励。群体激励是一种文化激励，它应用企业文化达到激励员工的积极性、立功性和创造性的目标。如为企业职工提供统一的价值观念，树立企业崇高的目标，形成具有战斗力的团队精神等，满足职工在出色的企业中工作的愿望。而在企业文化的价值追求和崇高目标影响下形成的一整套完整的行为规范与准则，通过企业英雄人物、典礼仪式及文化网络等因素的强化，为企业员工时间价值追求提供机会，对个体行为的积极性产生了更持久，更广泛的影响。企业文化对群体精神的激励，强化了个体对群体的归属感、使命感，激发起个体为集体做出贡献的决心与信心。企业文化能使全体员工看到自己组织的特点和优点，产生对本企业强烈的归属感、荣誉感和自豪感，从而激发出巨大的工作热情。

4. 约束功能

企业文化的约束功能，是指通过精神文化、行为文化、制度文化等软硬件控制，以达到在一定意义和层面上统一思想、提高认识、规范行为的作用。企业要实行有效的管理，需要运用行政的、纪律的、经济的管理手段，使员工按照一定的程序、规则行事，实现企业的既定目标。但这些管理手段也有其自身的局限性，只能在有形的方面进行控制，其效果更多的是服从而不是认同。

企业文化的约束功能除了这些“硬”约束外，更重要的是通过精神、理念、传统等无形的因素，对企业员工形成文化上的约束力，这就是“软”约束。这种“软”约束，一方面通过企业共同的价值观、道德规范和行为准则，对企业职工形成一种无形的群体压力，包括舆论、理智、感情等方面，这种压力在无形中影响和作用着企业的经营管理活动，引导、规范、约束着企业成员的行为；另一方面，在企业文化长期的影响和熏陶下，全体员工对企业的理念、目标、宗旨有着深刻的认识和理解，从而产生心理共鸣、心理约束，产生对行为的自我控制，将个体行为从众化，使自己的思想、感情、行为与企业整体保持相同的取向。

企业文化的“软”约束，不仅可以弥补其他控制手段的不足，而且是通过员工的自我控制、自我约束来实现的，因此，具有更大的影响力和更强的持久性。

5. 辐射功能

企业文化作为一种亚文化，它的作用可以向外辐射，对企业周围的社区乃至整个社会产生积极的影响。由于企业文化的日趋成熟，必将促成企业管理工作日趋完善，真正走上科学化的管理轨道；企业整体素质提高，产品及时更新换代，为创造名优产品做出贡献。如若企业的产品在社会上享有广泛信誉，那么企业的声誉就会不胫而走。由于优秀企业文化的辐射作用能得到广泛的社会信誉，所以，它应被视为办好现代企业的一笔巨大的无形资产。

企业文化的辐射功能体现在多种途径：一是产品辐射，即通过产品这种物质载体向社会展示满足社会需求的功能；二是“软件”辐射，即把先进的企业精神、企业价值观、企业道德向社会扩散，形成某种共识；三是人员辐射，即通过企业员工的思想行为、参政议政活动而影响社会公众；观念辐射，即在企业中形成的创新观念向社会传播和扩散，进而引导社会的发展和变迁。

为了发挥企业文化的辐射功能，企业必须努力提高职工的现代科学文化素质，使他们树立与市场经济相适应的思想观念，进而提高企业整体素质，塑造良好的企业形象。此外，强化职工的公关意识，加强企业与社会各方面的联系，努力回报社会，如果这样的话，企业文化的辐射作用就会在更大的范围发挥作用。

6. 和谐功能

企业文化能够协调企业与社会的关系，使社会与企业和谐一致。因为无论中国或外国的企业文化，其精神内容都是要使企业自觉地为社会服务。具体地说，通过文化建设，企业尽可能调整自己，以便适应公众的情绪，满足顾客不断变化着的需要，跟上政府新法规的实施。这样，企业与社会之间就不会出现裂痕，即使出现了也会很快弥合。

企业文化的和谐功能是通过建设和谐文化来实现的。2005 年 10 月，中央党校邓小平理论和“三个代表”重要思想研究中心秦刚等人在题为《构建和谐社会必须着力建设和谐文化》称：和谐文化是以和谐为思想内涵、以文化为表现方式的一种文化。2006 年 10 月《中共中央关于构建社会主义和谐社会若干问题的决定》指出：“社会主义核心价值体系是建设和谐文化的根本。”

刘云山部长在《建设和谐文化巩固社会和谐思想道德基础》中称：和谐文化以崇尚和谐、追求和谐为价值取向，融思想观念、思维方式、行为规范、社会风尚为一体，反映着人们对和谐社会的总体认识、基本理念和理想追求，是中国特色社会主义文化的重要组成部分。

和谐文化的形成，是一定的社会主体对历史的、现实的和未来的社会生活的自觉认识和向往，代表了一定社会主体的利益，同时也体现了一定社会主体对社会发展的认识水平。

和谐文化既是和谐社会的重要特征，也是实现社会和谐的精神动力。建设和谐文化是构建社会主义和谐社会的重要任务。企业文化是和谐文化的重要组成部分。对企业而言，建设和谐文化首先应当建设好企业文化。

企业文化的协调功能体现在如下几个方面：

（1）和谐具有剧烈竞争关系的企业。企业之间往往存在着既相互依赖又剧烈竞争的关系，企业文化给竞争加上了必须“文明”的限制，使得企业之间不致发生“过火的”、

“越轨”的行为。

（2）和谐人际关系。企业群体活动总是在相互联系、互相信赖、互相协作的氛围中进行的。企业文化所具有的共同价值观，润滑着每个员工之间的关系，使企业员工具有共同信念、共同价值取向，有利于克服矛盾、减少摩擦、互通信息、互相体谅、密切合作、建立良好的人际关系、形成团结和谐的气氛。

（3）和谐企业物质文明和精神文明协调发展。企业文化建设与精神文明建设紧密结合，实质上也是企业文化本质的必然要求。企业文化作为以文化取胜的群体竞争意识，不可能脱离物质文明和精神文明而独立生长。

（4）和谐企业文化和社会文明。企业文化把企业内部的文化建设同整个社会的文明建设衔接起来，从而进入更高的文明程度。

7. 经济功能

美国哈佛商学院著名教授、企业文化研究的重要奠基人约翰·科特在《企业文化与经营业绩》一书中指出：“企业文化对于企业经营业绩的重要意义是毋庸置疑的、显而易见的。那些有助于激励企业员工主动性、积极性和协调员工行为方式的企业文化，在市场环境发生变化的时候，能够促进企业经营战略和行为方式进行有效变革，从而推动企业经营业绩不断提高，不断增长。”对于企业来说，管理的要素有管理者、管理对象及管理手段。在管理对象中，虽然包括人、财、物、信息、技术等资源的使用，但是一切管理手段，对系统内外任何资源的使用，最终取决于现实的活动着的人，而人的行为又是受文化特别是知识文化的制约和影响的。

就企业而言，企业文化被认为是继人员、物质、资金和知识之后的第五大经营资源，不同的企业文化形成不同的企业文化环境，塑造了不同的企业形象，树立了不同的企业价值观念。良好的企业文化是一种强大的凝聚力和向心力，能调动全体员工的生产积极性及创造能力，思想和价值实现共振，使企业得以长足发展（见表2－1）。

表2－1　企业文化塑造对企业经营业绩的贡献①

企业名称	企业文化重塑时期	经营业绩
银行信托投资公司	1977～1985年	资本收益回报率平均增长 1967～1976年为－5.71% 1977～1988年为＋14.09%
美国航空公司	1982～1985年	1977～1982年亏损5.2亿英镑，1984～1989年盈利10.59亿英镑
摩纳格拉公司	1974～1978年	14年中公司股票价格上涨50倍

① 选自约翰·科特、詹姆斯·赫斯科特著：《企业文化与经营业绩》，曾中、李晓涛译，华夏出版社，1996年，第27页。

续表

企业名称	企业文化重塑时期	经营业绩
芝加哥第一银行	1981～1991年	10年中，公司股票市场价格从120亿美元上涨到600亿美元，股票价格仍呈较好的增长趋势
通用电器公司	1980～1990年	经过15年经营不振后，1988～1989年度国内市场占有份额开始回升，公司纯收入从1987年的1.65亿美元增至1990年的9.39亿美元，增长趋势继续看好
美国运输公司	1978～1983年	几年来公司平均利润增长率一直保持在18%左右
施乐公司	1983～1985年	公司资本回报率从5%增至12.4%，年收入从85亿美元增至175亿美元，复印机市场占有份额从80年代初的8.6%上升至1991年的16%

需要指出的是，任何一种文化既然有它积极的一面，那么肯定就有其消极的一面。企业文化也同样如此，只不过在一段时期内，一种文化传统成为企业优秀文化传统，促进了企业的发展，积极功能远远大于其消极功能，但是随着企业的发展以及企业内外部环境的改变，企业文化也需要不断重新调整和设计，否则将成为一种病态文化而成为企业文化的障碍。因为企业文化一旦成为传统，不论其为优秀企业文化，还是不良或病态企业文化，都可能形成阻抑和障碍功能。优秀的企业文化传统可能因其文化先进的相对性，传统发展到一定阶段所具有的僵化性和保守性，而形成一定的阻抑功能。①

（五）企业文化的类型

企业文化是一个由价值观、伦理道德规范、传统风俗习惯等若干要素所构成，并通过生产经营、管理活动、对外交往活动以及文化典礼仪式等载体反映其特征的复杂的开放系统。不同的内外环境会造就不同的企业文化。严格地说，每个企业的成长环境都有差异，因此每个企业的文化特质都不尽一致，正像自然界没有两片完全相同的树叶一样，有多少个企业就有多少种企业文化。从这个意义上讲，对企业文化进行科学分类是一件困难的事。

但是，如果我们对不同的企业文化构成要素和影响要素进行必要的抽象，就可以对千差万别的企业文化进行大致的分类。当然，从不同的角度考察企业文化，就会形成不同的分类。比如按照企业文化的内容作为划分类型标准的话，企业文化可以分为精神文化、制度文化和物质文化；如果从企业文化的地位和层次看，企业文化分为主文化和亚文化；当然也可以按照企业的成长周期作为划分企业文化的标准，等等。总之，不同的划分标准会得出不同的分类结果。关于企业文化的类型，国内外也有大量的研究结果。

---

①　参阅黄河涛、田利民主编：《企业文化学概论》，中国劳动社会保障出版社，2006。

1. 国外学者对企业文化类型的划分

国外学者在对企业文化研究的时候也对企业文化进行了分类，典型的类型有以下几种：

第一，约翰·科特和詹姆斯·赫斯科特的三种文化类型。科特和赫斯科特根据企业文化与经营业绩的关系，把企业文化划分为强力型等三种类型。[①] 强力型企业文化。强力型的企业文化，会将一些主要的价值观通过规则、职责、规范公诸于众，而且，组织的核心价值越能得到组织成员强烈的和广泛的认同，接受这种价值观的组织成员越多，他们对这种价值观的认同度就越强，信仰越坚定。每位经理都具有一系列的价值观念、行为体系和经营方法，企业的新成员会很快接受和认同这种观念、方法。新任的高级管理人员如果不具备企业的这种价值观念和行为规范，他的上司和下级都会纠正他的偏差。即使是新的总经理到任，强力型的企业文化也不会随之改变，这种价值观念和行为规范已经扎根于组织的内部。高度的文化强度在组织内部创造了一种很强的行为控制氛围。

策略合理型企业文化。这种文化观念认为，只有当企业文化适应企业环境和企业经营策略，这种文化才是有效的和好的文化。企业文化的适应性越强，企业经营业绩和成效就越大。如果企业存在策略合理型企业文化，企业经营的业绩就会良好；而当市场竞争加剧以及各种经济和社会性因素的影响，企业的经营环境发生了变化，而此时新型的企业经营策略还没有制定出来或贯彻执行还不到位，企业文化的不适应性就会日益凸现出来，从而导致企业经营业绩情况的恶化。对于经营多种项目的企业而言，单一的企业文化就有可能无法满足企业发展的需求，对于不同特性的组织业务，企业文化必须做出相应的变化，才能适应特定的行业对企业文化的要求。

灵活适应型企业文化。这种企业文化的观点认为：只有那些能够使企业适应市场经营环境变化并在这一适应的过程中领先于其他组织的企业文化才会在较长时期内与企业的经营业绩相互联系。灵活适应型企业文化在员工个人生活中和组织生活中都提倡信心和信赖感，提倡不畏风险的精神，并要求员工之间互相支持，勇于发现问题，解决问题。员工队伍具有排除一切困难、迎接各种挑战和机遇的能力。员工有高度的工作热情，愿意为企业做出牺牲，对改革持积极的态度。

美国管理行为学权威约翰·科特和詹姆斯·赫斯科特的三种类型划分，其阐述的重点在于阐述各种企业文化类型与企业经营业绩的关系。他们通过对一些世界著名企业的成败案例分析，说明了企业文化对企业长期经营业绩有着重要的影响。其理论的价值在于用大量有力的数据证明了企业文化的影响不仅仅停留在看不见摸不着的观念之中，它对实现企

---

① ［美］约翰·P·科特和詹姆斯·L·赫斯科特著：《企业文化与经营业绩》，李晓涛译，中国人民大学出版社，2004年，第15～51页。

业的价值和目标有着不可替代的作用。

第二，迪尔和肯尼迪的四种类型。迪尔和肯尼迪在《企业文化——现代企业的精神支柱》中指出，企业文化的类型，取决于市场的两种因素：其一是企业经营活动的风险程度；其二是企业及其雇员工作绩效的反馈程度。他主张把企业文化的风格分成强人型、猛干猛玩型、赌博型和官僚主义型。①

强人型企业文化。强人型企业文化多见于高风险、快反馈的企业中，如建筑、整容、广告、影视、出版、体育运动等方面的企业。追求"最佳"、"最大"、"最伟大"，自信而敢于冒险是这类企业的显著特点。

工作与娱乐并重型企业文化。这种企业文化多见于那些风险小、反馈极快的企业，这类行业经营业绩的好坏很快就能知道，且实际风险并不大，即使遇到挫折，也很快就能调整过来。这种文化常见于一些活跃和宽容的销售型组织。通常，这类企业的文化特征是：工作时就拼命干，玩的时候又尽情玩，并牢固地树立"发现客户需要就要努力去满足"这一信念。在这类组织里，员工关心客户的需求并积极满足他们。这里的成功法则是：人要友好、外向、懂人情世故、能适应纷纷扰扰的环境。在这种文化里如鱼得水的人通常都有社会责任感并容易让人产生好感。这种文化中的员工很少承担风险，但反馈要快。

赌博型企业文化。赌博型企业文化亦称为攻坚文化，这种企业文化多形成于那些风险大、反馈慢的企业中，一个项目的投资动辄上百万或者上亿元，但却需要几年甚至更长的时间去研究开发和实验，最后才能判断是否真的可行，这类企业多为石油开采或是航空航天方面的企业。例如，美国电话电报公司投资几千万美元为通讯开发的 CD - MA 系统。在这类组织里，风险也是源源不断，但反馈却来得很慢。这里的财务风险大，在做决策的时候，公司高层总是在拿公司来赌明天。在这类企业中，管理者常需要决策的勇气和果断。

官僚主义型企业文化。官僚主义型企业文化注重程序和规则，员工要严格执行命令而不管对错，他们深谙办公室政治。在这种企业中，员工要恪守时间，注重细节。在这种企业文化中，管理者要表现得中规中矩，为人和气，严格按规则和程序。这类组织很难适应技术和市场的快速变化。在这类企业文化里生存需要明确的潜规则。

美国企业管理学家迪尔和肯尼迪的分类方法，侧重从企业文化与企业环境以及基于某种特定环境分析所做出的企业决策之间的关系角度来进行分类。他们重点考察了不同企业文化的两大因素：企业活动所涉及的风险有多大；企业及其员工在进行组织决策后，获取决策结果反馈的速度有多快。这种分类的意义在于研究群体互动与企业文化的内在联系和

① ［美］特雷斯·E·迪尔和阿伦·A·肯尼迪著：《企业文化——现代企业的精神支柱》，李晓涛译，上海科学技术文献出版社，1989 年，第 99 ~ 100 页。

企业文化对企业环境的不同适应方式。

第三，河野丰弘的五种类型。日本企业文化研究专家河野丰弘根据自己对上百家企业的调查，将企业文化分为活力型等五种类型。①

活力型企业文化。这种类型的企业文化具有活力，挑战精神较为旺盛。新的点子源源不断地产生，顾客导向，充分收集外部的信息，自发地产出构想，具有自由豁达的风气；无畏失败；上下级距离短，沟通良好，集思广益；对工作的责任感强。

独裁活力型企业文化。具有这种企业文化类型的企业政策卓越，尊重人性。这种形态的文化多发生在企业初创时期，领导者具有革新取向，全体员工有活力，并且信赖领导者。

官僚型企业文化。具有这种企业文化类型的企业固执、保守、谨慎。在信息收集方面，注意理论，内部导向；构想的产生是技术导向和领导导向；本位主义强烈；派系思想严重。

僵化型企业文化。成员只做习惯性的事情；崇尚惯例；具有"安全第一"的价值倾向；信息收集内部导向，有创意的建议少。

独裁僵化型企业文化。由于独裁者政策决定不符合环境要求，成员丧失士气，成为僵化的风气；上层有逢迎奉承的人围绕着，成员都仰赖上层，行为平庸，缺乏自我思考（见表2-2）。

表2-2　日本河野丰弘的五种企业文化类型

类型 要素	五种企业文化类型				
	活力型	独裁活力型	官僚型	僵化型	独裁僵化型
基本特征	富有创新价值且具有革命性的构想不断产生	追随独裁者，但却充满着活力	行事重视固定的规则与流程	对于创造性的思维不关心，习惯满足已有的模式	不做创新的事情，只会逢迎奉承，以追求自身利益为主
对企业的忠诚度	两极化	终身雇佣	终身雇佣	有机会就换工作	有机会就换工作
实例	较为年轻的企业	年轻的企业	老化企业，大型的机械性组织产业	老化产业，独占企业，强大的企业	旧企业

第四，海能的十六种类型。德国慕尼黑大学教授海能用三个标准把企业文化分成十六种类型，这三个标准是：企业作为一个系统的强弱、企业文化本身在企业中的牢固程度和一致程度以及企业文化和企业现有领导系统的关系。海能通过三条标准来对企业文化进行分类，试图区分强作用力的企业文化和弱作用力的企业文化、统一的企业文化和分裂的企

① 参阅陈维政等著：《转型时期的中国企业文化研究》，大连理工大学出版社，2005年，第16页。

业文化、对领导系统支持的企业文化和对领导系统不支持的企业文化，以及它们对经营业绩发生的影响。这种分类有助于区分不同的企业文化类型对企业经营业绩的贡献，但是这种分类过于繁琐，在实际操作中困难也较大。①

以上介绍的四种分类方法在世界企业文化研究领域中具有广泛的影响力，它们从不同的角度和侧面对企业文化进行了必要的抽象，从千差万别的企业文化实践中，探索了企业文化某些相似或相同的特质，发现了成功企业所具有的某些特定的文化特质组合，通过对这些规律的探索，为世界各国的企业文化建设提供了可资参照的特质组合模式和衡量标准。

2. 国内学者对企业文化的分类

企业文化研究进入中国以后，我国许多学者根据中国企业的特点归纳出了许多企业文化分类方法，下面是其中比较有代表性的几种分类方法：

第一，以企业发育形态为分类标准。可分为成长型、成熟型和衰退型文化。

成长型文化。成长型文化是一种年青的、充满活力的企业文化类型。企业文化的发育状态一般是和企业的发展状态相适应的。在企业创业的初期，企业经营迅速发展时期，企业中各种文化相互抗衡，表现出新文化不断上升的态势，在内外经营环境的作用下，企业被注入了很多新的观念、新的意识和新的精神。新文化对员工表现出很大的吸引力和感召力。

成熟型文化。是一种个性突出且相对稳定的文化类型。一般来说，企业发展进入成熟期，经营规模稳定，人员流动率降低，内部管理运营状态良好，企业与社会公众的关系调试到正常状态，与之相适应的企业文化也进入稳定阶段，并且经过企业成长期文化的冲突与整合，个性特征越来越鲜明，企业的主导文化已经深入人心，形成了诸多的非正式规则和强烈的文化氛围，此时企业规章制度顺理成章，企业文化进入了黄金时期。

衰退型文化。是一种不合时宜、阻碍企业文化进步的类型。②

第二，以企业性质为分类标准。这种分类方法主要根据我国的实际来划分的。国有企业文化。长期以来，我国国有企业在整个国民经济中一直占统治地位，国有企业文化呈现出典型的政治责任感和社会责任感较强、政策性较强、计划性较强、全局意识和奉献精神较强。这种企业文化类型在我国国有企业中非常典型。

合资企业文化。这种企业文化是随着我国改革开放的进程以及大量合资企业的建立而出现的。合资企业文化的形成受合资双方文化背景和经营管理方式的影响，是双方文化优势的嫁接，因此具有综合性和优化性的特点，在这种文化中渗透着比较浓重的科学、理性以及创新和追求卓越的意识。但合资企业文化也容易出现文化冲突、貌合神离，这是导致合资失败的主要原因之一。

---

① 参阅陈维政等著：《转型时期的中国企业文化研究》，大连理工大学出版社，2005 年，第 19 ~ 20 页。

② 王成荣编著：《企业文化学教程》，中国人民大学出版社，2003 年，第 29 页。

乡镇企业文化。乡镇企业文化是随着我国市场经济的进程以及乡镇企业的异军突起而出现的。乡镇企业文化因受农耕文化和传统家族文化影响较深，带有明显的农村社区文化和泛家族文化的特征；又由于乡镇企业一开始就没有靠山，因此养成了强烈的自主意识、市场竞争意识和创业精神。这一点在我国的江浙地带表现得尤为明显。

民营企业文化。当前，民营企业在我国是极具潜力和前景的企业。我国的民营企业大多经历了艰苦的创业历程，企业家在企业成长中起了关键作用，有些民营企业发展的起点比较高，在科技上、人才上又占据优势，因此民营企业文化中不乏创新精神、冒险精神和强烈的市场意识，也有现代企业的科技意识和人才观，其中较多地体现了创业者——企业家个人的品格，企业家精神成为企业文化的主导力量。因此使民营企业文化具备鲜明的个性特征，是具有生命力和发展前景的文化。

第三，以企业文化内容特质为分类标准。从内容性质上划分：目标型文化、竞争型文化、创新型文化、务实型文化、团队型文化和传统型文化。

目标型文化。是以企业的最高目标为核心理念的企业文化类型，在产品开发、市场营销、内部管理上都追求最高、最强、最佳，力争卓越、创造一流是企业最高精神境界、基本经营宗旨和管理哲学。

竞争型文化。是以竞争为核心理念的企业文化类型。处于竞争异常激烈行业中的企业，往往注重外部市场环境对企业的影响，经常与竞争对手进行比较，在改进产品和服务上殚精竭虑，拓宽市场，扩大市场占有率。把增强企业的竞争意识和竞争能力作为建设企业文化的重点，从企业精神的表述到企业经营管理方式方法等，到处都渗透着竞争精神，体现企业追求卓越、赢得优势的价值追求。

创新型文化。是以创新为核心理念的企业文化类型，蕴含着强烈的创新意识、变革意识和风险意识，求新求变，一般在高科技企业中具有明显的文化特征。

务实型文化。是以求真务实为核心理念的企业文化类型。在务实成为文化主流的企业中，表现出浓厚的办实事、重实效，一切惟实，反对浮夸和虚假作风。

团队型文化。是以团队精神为核心理念的企业文化类型。强调以人为中心，倡导集体主义精神与团结协作精神。其特征是，一般采用集体决策方式，在工作中强调个人目标与集体目标的一致性，鼓励员工和亲一致、爱厂如家、精诚团结。

传统型文化。突出民族优良传统、党的优良传统以及企业历史传统特征的企业文化类型。一般在历史悠久的老字号企业，以战争年代公营企业为基础发展起来的企业，具有强烈的社会责任感和自力更生、艰苦奋斗、勇于奉献、爱岗敬业、仔细认真、对人民负责的高度责任感。①

① 王成荣编著：《企业文化学教程》，中国人民大学出版社，2003年，第31页。

以上是国内较为有代表性的对企业文化的分类，其他还有很多分类标准和方法。实际上，以上三种较为典型的分类本身就有缺陷，比如按照企业性质来划分企业文化类型，似乎是有道理的，但是在性质不同的企业里，有时表现出来的文化特征大多又是相同的。这就要很好研究一个企业的企业文化到底是如何形成的。

纵观中外学者对企业文化的分类，不同的学者依据不同的标准得出不同的企业文化类型，这对于拓展对企业文化的研究、扩展企业文化的视野有十分重要的价值和意义。但是，企业文化作为一种新兴管理学说，其分类的标准应该有一定之规，也就是说我们应该追溯一个企业的企业文化的形成过程来进行分析，这样得出的分类标准可能才是科学的。一般来说，一个企业的企业文化形成，主要是在企业领导人的倡导下，通过自己的身体力行以及企业经营管理的具体实践而逐渐形成的文化氛围。《企业文化与经营业绩》一书的作者哈佛商学院教授科特也认同一个企业的企业文化是这样形成的（见图2－1）。

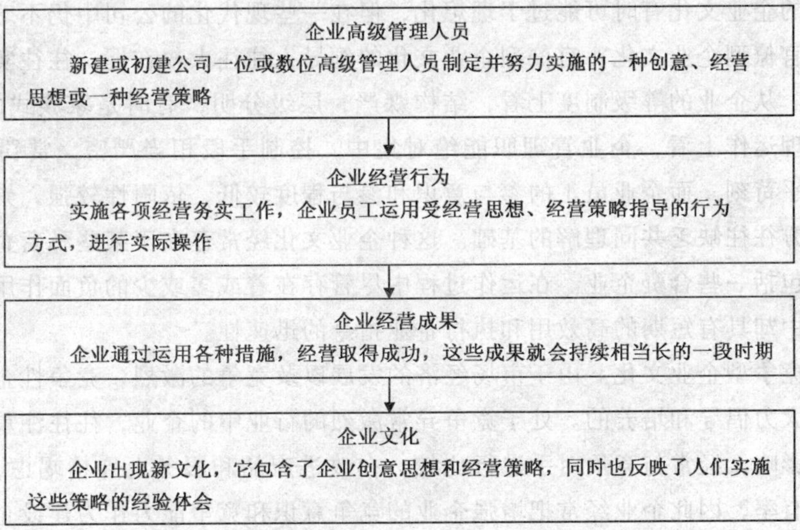

图2－1　科特的企业文化产生的一般模式

根据以上分析，企业文化的分类标准更多要从企业文化形成的关键因素上去找，这个关键因素就是企业领导者。因此企业领导者的风格、价值观等就是企业文化类型的划分标准。正如没有张瑞敏就没有海尔文化一样，如果没有韦尔奇就没有通用的韦尔奇式企业文化。从这点来看，以上国内外关于企业文化类型的划分，最符合这个标准的是迪尔和肯尼迪对企业文化的分类，他们把企业文化分为强人型、猛干猛玩型、赌博型和官僚主义型四种，这恰恰是企业领导人个人风格的一种体现和延续。

根据这里确定的企业文化划分标准以及我国企业的实际，企业文化可分为以下几种类型：

第一，强人型企业文化。所谓“强人型企业文化”，有点类似科特教授的“强力型企业文化”，即企业在一个强有力的企业领导人的带领之下，企业稳步发展，员工也逐渐认同这个领导者，甚至认为企业的发展没有这个领导者就会迷失方向。在这种企业文化中，全体员工目标一致，方向明确，步调一致，容易产生自愿工作或献身企业的心态，形成了夺取经营业绩的强大合力，企业甚至可以获得跨越式的发展。这种企业文化经常出现在企业初创时期，或出现在小型企业中。

第二，民主型企业文化。民主型企业文化一般会出现在企业领导比较平易近人、开明公正的企业里。在有这种企业文化的企业里，员工能够知晓企业的重大事情、参与讨论企业的重大措施、共同计划企业的重大决策；责任层层分解落实到每一位员工，形成一种横向到边、纵向到底的责任网络；员工和企业面对客观环境的复杂多样与各种不确定性，科学地进行风险分析、认真地提出风险对策、勇敢地接受风险考验、积极地承担风险后果。这种民主型的企业文化有时可能过于理想化，但在一些现代化的公司中仍不乏存在。

第三，官僚型企业文化。官僚型企业文化的领导人往往大权在握，往往实施家长式的指挥和决策。从企业的等级制度上看，结构森严，层级分明，有时是家族式的组织形态。从企业的管理运作上看，企业管理职能绝对集中，控制手段相当严密，赏罚制度极其严厉，有时近乎苛刻。而企业员工的参与意识和参与程度较低，依附性较强，崇拜权力和权威，劳资双方往往缺乏共同理解的基础。这种企业文化经常存在于某些私营企业和民营企业之中，也包括一些合资企业。在运作过程中尽管存在着或多或少的负面作用，但在企业管理的成效中却具有短期的高效用和执行企业指令的迅速性。

第四，竞争型企业文化。由于市场经济的发展以及竞争的激烈，竞争性企业文化是企业领导人所大力倡导和培养的。处于竞争异常激烈的行业中的企业，往往注重外部市场环境对企业的影响，经常与竞争对手进行比较，在改进产品和服务上殚精竭虑，拓宽市场，扩大市场占有率，因此企业经常把增强企业的竞争意识和竞争能力作为建设企业文化的重点。这种类型企业文化占主导地位的企业，从企业精神的表述到企业经营管理方式方法等，到处都渗透着竞争精神，体现企业追求卓越、赢得优势的价值追求。在这种文化背景下的生活是紧张的，人们总有要达到和超越的目标，工作任务重。这里的工作标准是追求卓越、挑战自我。

第五，务实型企业文化。务实型企业文化也可以称为稳健型企业文化。这种企业文化追求的是实干精神，以求真务实为企业核心理念，表现出浓厚的办实事、重实效，一切惟实，反对浮夸和虚假作风。我国传统中的国有企业常有这种类型的企业文化存在。

第六，创新型企业文化。创新型企业文化的企业领导，不仅自己努力创新，而且也鼓励员工不断创新，为了公司的成长，常常会在人才培养和培训方法上，投入较大的财力。以创新为核心理念的企业文化类型，蕴含着强烈的创新意识、变革意识和风险意识，求新求变，一般在高科技企业中具有明显的文化特征。创新型企业文化一般多存在于科技型企业里。

第七，家庭型企业文化。在家庭式企业文化中，人治的味道比较重，企业领导人比较推崇人与社会、人与企业、人与人之间的相互融洽、相互认同的亲和力、向心力和内聚力，强调营造大家庭的氛围，因而比较关注和关心员工的生活，着重于培养和强化忠于职守、安于本行、敬业勤业的道德信念。这种带有人治特征的企业文化往往存在于中国传统企业和具有儒家思想传统的企业中。

需要指出的是，以上几种企业文化类型并不是绝对的，一个企业经常有好几种不同的企业文化类型，特别在那些企业领导人意志不强的企业，这种情况更为明显。因此，很多情况下，一个公司的企业文化是几种不同类型的企业文化的综合，我们这种划分只不过是看主流而已。

二、企业文化理论与实践的发展历程

企业文化理论自20世纪80年代诞生以来，迅速成为企业理论与管理实践界关注的重要问题。20多年来，随着理论的演进和实践的不断深入，世界范围内对企业文化理论的研究与实践探索正呈方兴未艾之势。本部分主要对国外企业文化理论研究以及美国和日本为代表的企业文化建设实践的发展情况作简要总结与回顾。

（一）国外企业文化理论的产生与发展

与传统管理理论相比，企业文化理论是一种全新的管理思想。这一思想的产生，来源于两个方面，一是由社会发展尤其是技术进步因素导致的企业管理实践不断进步的需求；二是企业管理中人的因素日益上升的需求。同时，管理理论的不断发展，也是源于企业管理实践的迫切需求与首创精神。

1. 企业文化理论的产生

（1）从世界管理思想演变历程看企业文化理论的诞生。企业文化理论产生于现代企业管理实践，它在世界各国的兴起与现代企业管理科学发展的基本逻辑线索休戚相关，从人类社会发展的整个历程来看，企业文化的发展又与现代管理思想的产生、发展及其实践有着深厚的历史渊源。没有人类对企业管理思想的不懈探索，没有以科学管理、行为科学等为基本主线的企业管理思想的进步，也就没有企业文化理论的诞生。因此，我们就需要通过对世界管理思想史的简单回顾中，找到企业文化理论诞生的实践与理论依据。

100多年来，美国一直是西方世界管理理论的“领路人”，从泰勒的“科学管理”，到行为科学与管理科学理论的发展，再到管理丛林，都给美国带来了巨大声誉。纵观世界管理思想演变历程，大致可以分为三个阶段。

第一，古典管理（科学管理）阶段。通常，人们把西方19世纪末到20世纪30年代之间形成的较为系统的管理理论称为古典管理理论。这其中以泰勒的科学管理理论、韦伯的行政组织理论以及法约尔的管理要素和管理职能理论为主要代表。在以科学管理为主旨的管理思想发展阶段，管理理论所关注的是以群体行为为核心的组织管理尤其是管理效率问题。

泰勒的科学管理思想反映在其《科学管理原理》（1911）和《科学管理》（1912）两本著作中。科学管理的根本目的是谋求最高效率，而达到高工作效率的重要手段是用科学化的、标准化的管理方法代替日常的经验管理。为此，泰勒提出了一些基本的管理制度，比如，对工人提出科学的操作方法，以便有效利用工时，提高工效；对工人进行科学的选择、培训；制定科学的工艺规程，使工具、机器、材料标准化，并对作业环境标准化，用文件形式固定下来；实行具有激励性的计件工资报酬制度；管理和劳动分离，等等。值得注意的是，泰勒的科学管理不仅仅是将科学化、标准化引入管理，更重要的是泰勒所倡导的精神革命，在当时的许多人认为雇主和雇员的根本利益是对立的情况下，泰勒提出了双方的利益是一致的基本观点。从现代企业文化理论视角出发，这可以说科学管理理论是企业文化思想的萌芽。

韦伯的行政组织理论，主要反映在他的《社会组织与经济组织理论》一书中。韦伯认为，理想的行政组织体系是“科层制”。这种行政组织体系包括组织成员的公务分配、职权的等级原则等六个内容。韦伯的行政组织理论，实际上要实现的是组织管理的结构化，即通过组织的结构性设计，使组织中的每一个人依靠责任感和基本工作原则，客观合理地处理各项事务。正如他自己认为的，这种理想的行政组织体系能提高工作效率，但排斥感情因素，扼杀了个人的积极性和创造性。

法约尔的管理要素与管理职能理论主要体现在他1916年出版的《工业管理和一般管理》一书中。在这部著作中，法约尔以大企业的整体为研究对象，提出了经营六职能、管理五要素和十四条原则的学说。“经营六职能”是指技术活动、商业活动、财务活动、安全活动、会计活动和管理活动；“管理五因素”是指计划、组织、指挥、协调、控制；“十四条管理原则”包括分工原则、权限和责任原则、纪律原则、集权原则、等级系列原则等。法约尔的古典管理理论是在韦伯理论基础上的升华，使萌芽状态的企业管理理论得到了进一步发展。

第二，行为科学理论阶段。以泰勒和法约尔为代表的古典管理理论的重大贡献是实现了企业管理由经验到科学的转变。但是，科技进步和企业工作实践中人的要素的不断上升，古典管理理论从组织角度进行的过分强调组织效率和组织形式而忽视人的积极性问题，也日益影响了劳动生产率的提高。

因此，从20世纪20年代后期开始，一些学者引入了心理学、文化人类学的研究方法，从研究人的行为入手寻求影响劳动生产率的因素。以研究员工行为并试图探索其规律的“霍桑试验”，从人际关系研究视角，为行为科学的发展开了先河。

乔治·埃尔顿·梅奥是管理理论中人际关系学说和工业社会学的创始人。1927 年，梅奥应邀参加并指导霍桑实验，经过数年研究，取得了一系列重要成果。霍桑试验的中心问题依然是研究影响劳动生产率的决定因素问题。通过研究他发现：工人是社会人而不是经济人；提高工人的满意度与工作士气，是提高劳动生产率的关键；任何组织中都必然存在非正式组织，它与正式组织相互依存，并且通过影响工人的工作态度来影响企业的生产率和目标的实现。就此，梅奥提出了基于人际关系学说的管理设想，比如，职工参与决策、改变监督方式、建立面谈制度、掌握非正式组织的头头、提高职工的心理满足度、发展社团、美化环境、丰富工作内容等等。

梅奥之后行为科学学说的主要理论有麦格雷戈的“X-Y 理论”、马斯洛的“需求层次理论”、赫茨伯格的“双因素理论”等。

1957 年，美国管理学家麦格雷戈提出了 X-Y 理论。麦格雷戈把传统管理学称为“X 理论”，他自己的管理学说称为“Y 理论”。X 理论认为，多数人天生懒惰，尽一切可能逃避工作，没有抱负，宁愿被领导，怕负责任等，这一理论主张对多数人必须采取强迫命令、软硬兼施的管理措施。麦格雷戈的 Y 理论则认为，人的行为表现并非由固有的天性决定的，而是企业中的管理实践造成的。人们之所以会产生那种消极的、敌对的和拒绝承担责任的态度，正是由于他们被剥夺了社会需要和自我实现的需要而产生的疾病的症状。因而必须充分肯定作为企业生产主体的人，企业职工的积极性是处于主导地位的，他们乐于工作、勇于承担责任，并且多数人都具有解决问题的想象力、独创性和创造力，关键在于管理层方面如何将职工的这种潜能和积极性充分发挥出来。

马斯洛需求层次理论的基本观点是，人是有需求的，这种需求取决于他已经得到的东西；人的需求按其重要性，有等级、层次和先后顺序。在此基础上，他将人的需求按其重要性和发生的先后顺序划分为五个层次：生理的需求，是为支持生命所必需的需求，包括衣食住行等；安全的需求，是指心理和物质上的安全保障、职业稳定、工作安全、防止疾病与意外事故等方面的需求；社会的需求，即社交的需求，包括友情、归属、爱情等；尊重的需求，包括自尊和他尊的需求；自我实现的需求，即希望充分展示出自己的才干，实现他所能实现的一切欲望。

为了进一步研究人的动机激励问题，1950 年美国心理学家赫茨伯格通过对 200 名工程师、会计师和调查分析，提出了双因素理论，即管理中的“激励因素和保健因素理论”。双因素理论将影响人的工作积极性和效率的工作条件或工作环境，分成两类。其中，保健因素包括薪金、管理方式、地位、安全、工作环境、政策与行政管理、人际关系等，认为这些因素不具备时，会引起不满；而基本具备时，却不会产生很大的激励作用。激励因素包括工作本身、赏识、进步成长的可能性、责任、成就等，这些因素不具备时不会引起不满，而具备时会产生很大的激励作用。

行为科学进一步发展，也深入到人的群体研究的领域，群体理论的代表人物有霍曼斯、卢因、布雷德福等人。心理学家霍曼斯（G·C·Homans）在50年代提出了群体组成四要素理论。他认为，任何一个群体都是由活动、相互作用、思想情绪和群体规范四种要素组成的系统。在此基础上，有些行为科学家还提出包括成员的共同性等八要素理论。美国学者库尔特·卢因（Kurt·Lewin）提出了"群体动力理论"，所谓群体动力理论，就是要论述群体中的各种力量对个体的作用和影响。卢因发现了以下群体动力的存在和作用：群体领导方式动力，群体组织形式动力，群体结构性质动力，群体公约动力，群体多数动力。美国学者利兰·布雷德福（Leland·Bradford）认为，可以在类似实际工作环境的实验室中组成训练团体，提高受训者对于自己的感情和情绪，提高自己同别人的相互影响关系的敏感性，进而改变个人和团体的行为，达到提高工作效率和满足个人需要的目标。

从上面可知，在管理理论的行为科学阶段，一些研究成果已经涉及了关于人与群体行为的一些核心特征，也将管理理论的研究从对组织的研究逐步过渡到了以人群为主体的研究。

第三，管理丛林阶段。二战结束后，世界进入了一个相对缓和的时代，许多国家都把注意力转移到经济建设上来，关于经济发展的理论也因此繁荣。在管理理论方面，计算机的发展，系统论、信息论的引入，促进了研究方法的变革，又出现了许多新学说和新流派，是现代管理学派兴盛时期。这些学说和流派在历史渊源和理论内容上互相影响，不断发展与碰撞，带来了学术的空前繁荣。美国管理学家哈罗德·孔茨把它称为"管理理论的丛林"时代，并据此分为社会系统学派、决策理论学派、系统管理学派、经验主义学派、管理科学学派和权变理论学派等11个学派。

社会系统学派以美国的切斯特·欧文·巴纳德为首，从社会学视角分析各种组织，其特点是将组织看作是一种社会系统，是一种人的相互关系的协作体系，它是社会大系统中的一部分，受到社会环境各方面因素的影响。

决策理论学派代表人物有美国赫伯特·西蒙等，是吸收了行为科学、系统理论、运筹学和计算机程序等学科的内容发展起来的，认为管理过程就是决策的过程，管理的核心就是决策。如西蒙强调决策职能在管理中的重要地位，以有限理性的人代替有绝对理性的人，用"满意原则"代替"最优原则"。

系统管理学派的代表人物有美国的弗里蒙特·F·卡斯特和詹姆斯·E·罗森茨韦克等，是指将企业作为一个有机整体，把各项管理业务看成相互联系的网络的一种管理学派，重视对组织结构和模式的分析，应用一般系统理论的范畴、原理分析和研究企业及其他组织的管理活动和管理过程。

经验主义学派的代表人物有美国的德鲁克等，以向大企业的经理提供管理当代企业的经验和科学方法为目标，重点分析成功管理者实际管理的经验，概括、总结出他们成功经验中具有的共性东西，然后使之系统化、合理化，并据此向管理人员提供实际建议。

管理科学学派的代表人物有美国的伯法等，是指以系统的观点运用数学、统计学的方法和信息技术，为现代管理的决策提供科学的依据，通过计划和控制以解决企业中生产与经营问题的理论。

权变理论学派的代表人物有卢桑斯等，实际上是管理理论吸收了系统管理思想并运用于对不同环境、文化、制度下的各种管理现象进行比较研究而形成的一种学术思潮，认为企业管理要根据企业所处的内外条件随机应变，没有什么一成不变、普遍适用的“最好的”管理理论和方法，企业管理要根据企业所处的内部条件和外部环境来决定其管理手段和管理方法。

管理丛林阶段的各种理论学说，呈现“百家争鸣”之势，在客观上颠覆了一些传统的管理理论体系，同时，由于导入学科的差异性等，又使得管理理论的假设基础更加复杂化同时也更加趋向于以人为核心的研究方向。

（2）企业文化概念的提出以及企业文化理论的产生。企业文化概念的提出和研究，源自20世纪七八十年代，日本企业的崛起以及日本经济实力的强大对美国乃至西欧经济形成的威胁和挑战。人们通过关注日美企业管理模式以及文化的不同对企业管理和经营业绩的影响，进而发现了社会文化与组织管理融合的产物——企业文化。

然而，20世纪70年在东方的日本，一种更为先进与合适的管理模式使日本人在激烈的竞争和危机中安然无恙，而且在许多经济领域中已大踏步地超过了美国。日本作为一个刚刚经历了第二次世界大战的战败国，政治、经济、文化都受到了致命的打击，经济基础几乎为零，但其经济从20世纪60年代却能开始起飞，70年代又安然地度过世界石油危机，到了80年代一举而成为世界经济强国。在短短不到20年的时间里，日本不仅赶上了西方的发达国家，而且还一跃成为经济超级大国，其变化之快，令人不禁想摸清这背后的究竟。

正是在这样的背景下，受到冲击最大的美国，于20世纪70年代末以及80年代初两度派了几十位经济学家、心理学家、文化学家、管理学家前往日本考察，这其中便有著名的《Z理论》作者威廉·大内和《日本企业管理艺术》的作者理查德·帕斯卡尔和安东尼·阿索斯等。

考察的结果表明，美国经济增长速度低于日本的原因不在于科学技术不发达，也不是物力、财力匮乏，而是因为日本的管理更先进。在进行了比较研究之后，专家们发现，美国倾向于组织结构、战略计划、规章制度等硬件方面的管理，而忽视了对人的重视，因而管理比较僵化，阻碍了企业活力的发挥。反观日本，正是由于日本企业内部的一种强大的精神因素，也就是日本企业的企业文化和企业精神，在推动着日本企业的发展和国家经济的崛起。

在研究了日本经济的发展之后，美国人迅速把目光聚焦在本国企业的文化上，发动了追求卓越、重塑美国的热潮。从1981年到1982年短短两年内，在美国《日本企业管理艺术》、《Z理论—美国企业界怎样迎接日本的挑战》、《企业文化：现代企业的精神支柱》和《寻求优势—美国最成功公司的经验》四部著作相继问世。这些著作，旨在以日本企业文化为基础，结合本国文化背景、经济体制等方面的因素来调整本国的企业文化。这之后，一股传播和丰富企业文化理论的热潮便在全球范围内掀起，并直接引发企业管理思想的革命。

从上述管理理论的追述中我们不难看出，企业文化阶段或称“企业文化浪潮”兴起于20世纪80年代并不奇怪。在理论发展上，它是人类管理理论进一步发展的结果，在实践中，则是直接源于美国对日本企业的关注。20世纪六七十年代，日本企业在世界市场上的称雄令世界为之震惊，这让美国人大为尴尬。日本企业不仅仅在生产率方面大大超过了美国，并且迅速抢走了大量原属于美国的世界市场。于是，美国的管理学界对传统管理理论进行了深刻地反思，认为：

第一，传统管理忽视了人和人的感情因素。在传统管理阶段，人们普遍重视物的因素而忽视了人的因素。这个阶段上占主导地位的管理学理论，没有说明怎样才能使人感到工作有意义，未能说明如何给工作人员一定的自主权以充分调动他们的积极性，也没有让管理者懂得怎样与用户建立起真挚的感情。总之，过分强调理性因素，忽视了感情因素；崇拜逻辑与推理，贬低了直觉和热情的作用。美国一些管理学者认为这无疑是在避重就轻。

第二，传统管理忽视了社会科学的研究成果。偏重吸取自然科学研究成果而忽视吸收社会科学研究成果是这一时代管理理论的另一重大缺陷。抛开了行为科学，导致了管理科学中“重理轻文”的倾向。

第三，传统管理过分强调定量分析。定量分析本来是一种科学工具，也是企业管理所不可缺少的，但是过分强调定量分析就会走向另一个极端。因为这种倾向会滋生保守主义，由于产量、成本比较容易进行定量分析，所以自然地容易受到重视；而不太容易进行定量分析的产品定量、服务态度及尚不起眼的新产品和新业务的开发，则往往被忽视。

这种倾向也容易导致一种抽象无情的哲学。因为，数学定量分析往往把客观现实中生动活泼、人情趣味的成分抽去，总是只谈数字和重量，而很少谈到有血有肉的人。自然，会导致见物不见人的局面。

因此可以说，企业文化的实践开始于日本。日本的企业运用企业文化指导企业经营管理，并取得了成功经验。美国学者对日本的企业文化实践进行了调查、总结和研究，并进行了理论上的概括，上升到理论高度，使之成为可以指导美国企业管理改革的管理思想。随后，日本学者又从美国学者的研究出发，致力于企业文化研究，试图从本国企业的管理文化实践中提取理论。这期间，欧洲各国也纷纷致力于企业文化研究，这样，世界范围内的企业文化浪潮便掀起了。

从20世纪80年代至现在，在管理理论的发展上可称之为企业文化理论阶段，企业文化也越来越受到理论界和企业界实践的重视，其主要标志之一，就是被称为“企业文化研究四重奏”的四部著作。

1981年，美国斯坦福大学商学研究院教授理查德·帕斯卡尔和哈佛大学工商管理研究院教授安东尼·阿索斯合著出版了《日本企业管理艺术》，该书把日本企业管理方式提高到一种艺术的高度来认识，并以此来深刻反思美国企业管理中的失误，从而被美国著名的麦肯锡管理咨询公司总经理丹尼尔誉为剖析美国企业管理错误的“里程碑”和企业管理思想研究的“指南针”。因这七个变量英文名称的第一个字母都是“S”，所以被称为“7S框架”或“7S模型”。后来这一模型又被麦肯锡公司的专家们加以完善和推广，因而在国际管理学界，人们又有称其为“麦肯锡7S框架”。所谓“7S”包括：①战略（strategy），指“一个企业如何获取和分配它的有限资源的行动计划”；②结构（structure），指“一个企业的组织方式——分权还是集权，重视直线人员还是重视参谋人员，即在组织机构图上是怎样排列的”；③制度（system），指“信息在企业内部是如何传送的”。上述三“S”是硬管理要素。其余四个“S”是软管理要素，即：④人员（staff），指“企业内部整个人员的组成状况”；⑤技能（skill），指“企业和它的关键性人物的特长，他们的竞争对手所没有的卓越能力”；⑥作风（style），指“最高管理人员和高级管理人员队伍的行为”，“也可以指整个企业的作风”；⑦最高目标（super ordinate goals），指能真正激励职工、并将其个人目标和企业发展目标结合在一起的指导思想或价值目标。帕斯卡尔和阿索斯认为，这七个要素是相互关联而决不是孤立的，任何企业的成功，都必须紧紧抓住这七个要素。美国企业之所以在严酷的竞争面前显得疲软，是因为他们在管理过程中过分重视了3个硬性“S”，即战略、结构和制度；而日本企业则在不忽视3个硬性“S”的前提下，较好地兼顾了其余4个软性的“S”，即重视企业文化，因而使整个企业具有一种良好的文化氛围，更加充满生机和活力。在7S框架中，共同的价值观处于中心地位，其他6个要素粘合成一个整体，是决定企业命运的关键性要素。战略、结构、制度是硬管理要素，技能、人员、作风、最高目标是软管理要素。

1981年，美国加利福尼亚大学美籍日裔教授威廉·大内出版了他的专著《Z理论——美国企业界怎样迎接日本的挑战》，该书分析了企业管理与文化的关系，提出了“Z型文化”、“Z型组织”等概念，认为企业的控制机制是完全被文化所包容的。大内把典型的美国企业管理模式称为A（America）型，把典型的日本企业管理模式称为J（Japan）

型，而把美国少数几个企业（如IBM公司、R&G公司等）自然发展起来的、与J型具有许多相似特点的企业管理模式，称之为Z型。大内认为，这三种管理模式中，Z型管理全面吸收了日本企业和美国企业各自在管理上的长处，Z型管理突出的企业文化与管理的作用正是日本企业在美国取得成功的秘诀，美国企业需要吸收充满于日本企业的可信任感、亲密度和凝聚力这三种文化特质，从而创造出适应当今时代的企业文化。Z型文化具有一种独特的价值观，其中包括长期雇佣、信任以及亲密的个人关系。Z型文化是一种人道化的组织文化，涉及到公司的所有领域，从战略到人事，甚至产品也是由这种价值观所决定的。Z型公司能在社会关系和生产率之间取得平衡，因为这两者本来就是密切相关的。社会和经济代表一个国家的两方面，社会机体不能和谐地进行工作，经济机体也会受影响。经济组织不只是经济的产物，同时也是社会的产物。工作组织中包含着人们之间的一种微妙的协作形式，企业并不要求工人或经理中的任何一方干更多的活，而是要求两者之间的协调机制把双方的关系调整得更恰当，这对于他们共同的生产率才是至关重要的。

1982年特雷斯·迪尔和艾兰·肯尼迪出版了《企业文化：现代企业的精神支柱》一书。迪尔和肯尼迪认为，企业文化是由企业环境、价值观、英雄、习俗仪式和文化网络五个因素所组成，且五因素作用各异。第一，“企业环境”并不是指企业的内部环境，而是指企业“经营所处的极为广阔的社会和业务环境”，包括市场、顾客、竞争者、政府、技术等等的状况。第二，价值观是指企业价值观，它是企业文化的核心或基石。第三，英雄人物是企业文化的人格化，是企业员工行为模仿效法的具体典范。英雄具有一定的标准，英雄是企业价值观的化身，是企业的支柱和希望，英雄有着不可动摇的个性和作风；英雄的行为虽然超乎寻常，但离常人并不遥远，他往往向人们显示“成功是人们力所能及的”；英雄的行为可以起到鼓励员工责任感的作用。第四，习俗与仪式，是企业文化的外在表现，是在企业各种日常活动中经常反复出现、人人知晓而又没有明文规定的东西。美国企业中习俗类型有游戏、聚餐、“训人”，常见仪式有问候仪式、赏识仪式、工作仪式、管理仪式、庆典研讨会或年会等，他们在一定程度上提升了企业形象，增强了员工的凝聚力，并且提高了职工技能。第五，文化网络，是指企业内部以轶事、故事机密、猜测等形式来传播消息的非正式渠道。管理者不应避免被牵连进去，而应充分灵活地掌握它，充分认识它的重要性。成功地开发文化网络，能加强管理者与职工的联系，形象地灌输企业价值观，扩大人际交流，增加友谊和企业内部凝聚力。迪尔和肯尼迪的企业文化“五因素说”也指出了企业文化建设的历程：第一，根据企业所处的环境选定企业文化建设的模式；第二，通过树立英雄人物使全体职工认同企业价值观；第三，利用仪式等巩固企业价值观；第四，通过文化网络传播企业价值观；第五，最终实现企业文化建设的目标，形成企业价值观。基于上述分析，迪尔和肯尼迪把西方企业文化分为四种类型，即强人文化、

“拼命干、尽情玩”文化、攻坚文化、过程文化。

1982年，美国著名管理专家托马斯·彼得斯与罗伯特·沃特曼合著《寻求优势——美国最成功公司的经验》，研究并总结了75家优秀的革新型公司的管理，发现这些公司都以公司文化为动力、方向和控制手段，因而取得了惊人的成就，这就是企业文化的力量。汤姆·彼得斯和罗伯特·沃特曼指出了优秀企业具有的下面八个特点：第一，侧重行动，强调组织的流动性，提倡企业的“实验精神”。优秀的企业总是如此，他们分析性地做决策，但不同于有些企业的是，分析性的决策并不使他们停步不前。第二，接近顾客，表现在对服务的执着、对质量的执着、开拓合适的市场和倾听用户的意见四个方面，结识顾客并向顾客提供质量、信誉和优质服务。第三，倡导自主精神，鼓励革新，容忍失败，企业培养出领导者和革新者并赋予他们机会。第四，以人促产，把普通职工看作提高质量和生产率的根本源泉，真正相信质量和增加生产力的基础在于普通人，他们并不口头喊“人是最重要的资产”的口号，而是通过鼓励承担义务以及运用每一个人来确实地实现它。第五，团结一致，价值驱动，以价值准则为轴心，把公司内部的各种力量凝聚于企业目标，组织的管理者尽量接近那些为他们工作的人，并保证组织的价值观被理解和执行。第六，坚守阵地，“出色的企业不搞多行业的经营，尤其不依靠购买和兼并其他企业来搞多种经营”，成功的组织不轻易放弃它们所熟知的业务领域。第七，形式简单，人员精简，组织结构简单并且员工人数保持在最小限度。许多优秀企业的管理体制，可以近似地用三根支柱来描述：①符合业务高效率需要的稳定性支柱；②符合经常性革新需要的创业精神支柱；③符合避免僵化需要的打破旧习支柱。第八，张弛有度，善于处理矛盾。出色的企业既是分散管理的，又是集中式的，尽量把决定权和自主权向下传递，直至每一个人及利益中心。但是，彼得斯及沃特曼说：“它们又是极度的集权主义者。紧紧围绕着那些它们坚持的核心价值观。但是，一些包括在这项研究中的‘优秀’的公司在这些方面并不总是做得很好。”从这八条特征中得出的结论是，这些出色公司都是以企业文化为动力、方向和控制手段的。

2. 企业文化理论的发展

20世纪80年代出现的近20部企业文化理论著作，体现了“企业文化”这股国际性管理新思潮。总体来看，这些著作大致可以分为两类：第一是理论研究形态的企业文化思想，其中既有理论家研究本国一批企业而做出的概括，也有管理学家对比几个国家典型企业的成败得失而作的经验和教训的总结，如“企业文化研究四重奏”及埃兹拉·沃格尔的《日本名列第一——对美国的教训》、爱德加·沙因的《企业文化与领导》等。第二是经验总结与体验形态的企业文化著作，即企业家本人的经验之谈，其代表人物及著作有：日本松下电气公司创始人松下幸之助的《实践经营哲学》、索尼公司创始人之一盛田昭夫的《日本造·盛田昭夫和索尼公司》、玛丽·凯化妆品公司创始人玛丽·凯·阿什的《用人之道—美国企业家谈人才管理》等。正是这些企业家专家、学者的热忱投入，促成了企业文化研究与实践的方兴未艾、蒸蒸日上。

从企业文化的研究方法看，从1980年开始就出现了两种方法的派别：一派是以美国麻省理工学院的沙因教授为代表的定性化研究。他们对企业文化的概念和深层结构进行了系统的探讨，也曾提出进行现场观察、现场访谈以及对企业文化评估的步骤等，但是，由于这种方法难以进行客观的测量，在探讨组织文化与组织行为和组织效益的关系时，难以进行比较研究，因而受到批评。另一派是以密西根大学工商管理学院的奎恩教授为代表的定量化研究。他们认为组织文化可以通过一定的特征和不同的维度进行研究，将用于分析组织内部冲突与竞争的理论模型扩展到对组织文化的测量，以探求组织文化的变化结构和特征；在内外、灵活与控制这两对维度的主导下，奎因和卡麦隆将企业文化划分为四种类型：团队型、创新型、市场型和层次型。竞争价值理论模型为后来组织文化的测量、评估和诊断提供了重要的理论基础。但是，这种方法被归为现象学的方法，认为只是研究组织文化的表层，而不能深入到组织文化的深层和结构。

时至今日，由于目前企业文化的理论著作不胜枚举，我们按照时间顺序仅选取其中主要的最具代表性的研究成果，从中反映出当代国际上关于企业文化研究的特点及发展趋势。

（1）沙因的组织文化结构说。1984年，美国麻省理工学院教授爱德加·沙因发表了“对企业文化的新认识”一文，1985年又出版了其专著《企业文化与领导》，对组织文化的概念进行了系统的阐述。他认为，企业文化是在企业成员相互作用的过程中形成的，为大多数成员所认同的，并用来教育新成员的一套价值体系。在阐释他对组织文化的理解之前，沙因首先把管理学界有关企业文化的论述中涉及的企业文化含义的关键词作了一番梳理。他列举了企业文化关键特征的10种概括，比如，主导型价值观、行为准则、组织气氛、心智模式，等等。然后，他指出，这些关于企业文化的概括都没有涉及文化的本质，他认为文化是一个特定组织在处理外部适应和内部融合问题中所学习到的，由组织自身所发明和创造并且发展起来的一些基本的假定类型。这些基本假定类型能够发挥很好的作用，并被认为是有效的，由此被新成员所接受。以上所列举的文化不过是更加深层的文化表象，真正的文化则是隐含在组织成员中的潜意识，而且文化和领导者是同一硬币的两面，当一个领导者创造了一个组织或群体的同时就创造了文化。在此基础上，沙因教授提出了关于企业文化的发展、功能和变化以及构建企业文化的基本理论。他把组织文化划分成三种水平：①表面层，指组织的明显品质和物质特征（如建筑、文件、标语等可见特征）；②应然层，位于表层下面，主要指价值观；③突然层，位于最内部，是组织用以对付环境的实际方式。沙因提出的关于企业文化的概念和理论为大多数研究者所接受，爱德因·沙因也因此成为企业文化研究的权威。

1997 年，爱德加·沙因的《组织文化与领导》第二版出版。在这一版中，沙因增加了在组织发展各个阶段如何培育、塑造组织文化，组织的主要领导如何应用文化规则去领导组织达成组织目标，完成组织使命等，他还研究了组织中的亚文化。1999 年，沙因又与沃瑞·本尼斯出版了他们的专著《企业文化生存指南》，用大量的案例说明在企业发展的不同阶段企业文化的发展变化过程。

（2）霍夫斯泰德的跨文化研究。1980 年，荷兰文化协作研究所所长霍夫斯泰德（G·Hofstede），根据他对 40 个国家的企业工作人员所作的大量问卷调查，写了《文化的结局》一书，提出了能够对企业管理产生重大影响的文化差异的四个指标，即权力差距、不确定性规避、个人主义与集体主义、男性化与女性化。霍夫斯泰德认为，这四种文化指标或因素对于管理中的领导方式、组织结构和激励内容，将产生巨大影响。之后，霍夫斯泰德又结合中国文化特点，加入了“长期、短期导向”这一指标。霍夫斯泰德认为，对企业领导方式影响最大的因素是“个人主义与集体主义”及“接受权力差距的程度”；对企业组织结构影响最大的因素，是“接受权力差距的程度”和“防止不肯定性的程度”；对企业激励内容影响最大的因素是“个人主义与集体主义”、“不确定性规避”和“男性化与女性化”。

通过大量研究，霍夫斯泰德得出了这样的结论：管理不是处理具体的东西，而是处理对人有意义的“信号”。这种信号是在家庭、学校、社会等文化背景下形成的，因此文化渗透于管理和组织的全过程。他还指出，现代管理产生于美国，二战后的所有管理文献几乎都由美国主宰，但美国有其独特的文化，它的管理理论和经验对其他国家不完全适用。霍夫斯泰德的这一系列研究成果，已经成为目前进行跨文化管理和民族文化研究的经典性著作。

（3）基于经营绩效的企业文化理论。自 20 世纪 80 年代提出以后，企业文化的理念在得到广泛传播的同时，也面临着经理人、员工和管理学界其他理论流派对企业文化的“经济能力”的质疑。有关企业文化与企业经营绩效的研究也引起了充分关注，1991 年，密西根大学工商管理学院的 Kim·S. Cameron 和 Sanah·J. Freeman 发表了“文化的和谐、力量和类型：关系与效益”的研究；他们用现场调查的方法以 334 家研究机构为样本，研究了文化整合、文化力量和文化类型与组织效益之间的关系。美国哈佛商学院的科特和赫斯克特教授 1992 年出版的《企业文化与经营业绩》是其中较为著名的作品。其他关于企业文化与企业经营业绩的研究还有 R. K. Divedi 的《组织文化与经营业绩》和 Daniel·R. Denison 的《企业文化与组织效益》等。

科特与赫斯克特从文化入手，简要探讨了企业文化的概念，接着他们通过对早期的研究企业文化的四本著作的简要回顾和当时对企业文化（批评性）的反映，识别出企业文化研究中的两个问题：企业文化与企业业绩是否存在某种关联关系；企业文化的变革问题。围绕这两个问题，两位学者从1987年开始通过调查、访问、数据文献分析等方法对美国200余家公司进行了历时四年的研究，他们认为，任何成功的企业文化都必须与特定的市场环境相结合，企业的最终行为必须与企业经营策略相一致。“企业文化在特定的公司内部环境范围中有着特定的力量……某些特定类型的企业文化肯定会促进企业经营业绩的增长，而另一些类型则会削弱企业长期经营业绩的增长。”进一步而言，如果企业试图持续保持良好的企业文化那就要求公司“既坚持其适应性强的价值核心观念，同时在对待其他一些价值观念和行为方式时又具有极大的灵活性”。

（4）公司精神和企业家精神。在企业文化著作中，杰斯帕·昆德（Jesper·Kunde）在《公司精神》一书中阐述了公司精神的要义及在企业建立共同愿景，稳固市场地位的重要意义。昆德把公司精神喻为“公司宗教”，认为它是公司的一种共同精神信仰，是能够将众多事物以共同的方式阐释并最终结合在一起的唯一方式；公司精神又是一种以公司目标为核心的模式与方法，公司精神的目标是实施“精神化”管理以强化公司的能力并将这种能力进行整合。公司精神成为企业在国际市场竞争中统合公司内外部形象的核心力量。如果公司能树立一个连贯一致的公司理念，能形成强大的公司内部精神体系，并能够相应地管理好整个组织，那么，公司内所蕴含的所有潜能就能发挥到极至。所以，在公司内部要推行“精神化管理”，以愿景、使命、共同行动、共同精神管理员工，只有当所有观念和价值观都趋于一致并与员工所具有的技能相匹配的时候，公司才能实现品牌精神，基业长青。

公司精神的塑造和引领，需要企业家，需要精神领袖。企业家推动公司之精神价值的形成和传播，并且企业领导者的企业家精神是公司精神形成的重要基础甚至是公司精神的根基。有关企业家精神的研究，管理学家德鲁克（Peter·F. Drucker）在这方面独树一帜。他于1985年写出了《创新与企业家精神》一书，系统地论述了这一理论。他的创新理论基本是围绕着创新的意义和企业家精神展开探讨，具体包括创新实践、企业家精神的实践和企业家战略几方面。他认为，企业家精神对于企业的意义至关重要，否则企业就不能够成为企业。德鲁克认为，“企业家认为变革是常规，是健康的。通常企业家们本身并不带来变革。但是企业家始终在寻求变革，对变革作出反应，并把变革作为机会来利用，这就是企业家和企业家精神的定义。”企业家通过创造新颖的事物，改变价值观。企业家的个性可以完全不同，但是都在追求变化、追求不确定性，被模式固化了的企业管理者不能再被叫做企业家。具体地说，企业家精神包括以下内容：崇尚创造、敢于冒险、容易冲动、打破常规、乐观、自信、果断、工作勤奋、精力充沛。而对成就和个人财富的高度欲望，对自己的前途和命运的高度自信，富于创新、追求卓越的雄心和敢于冒险并承担风险和失败的精神，就构成了企业家精神。

（5）文化力学说。从世界范围看，“文化力”首先出现在日本作家笔下的《经济与文化》一书中，但是该书并没有对于文化力进行理论分析与论证。美国经济学家莱斯特·崔洛（Lester · Trow）在其著作《21 世纪的角逐》中明确提出了“文化力”的影响。在我国，自贾春峰教授提出“文化力”的概念之后，经济学界、企业界均掀起了对“文化力”研究的高潮。就企业文化力而言，它的基本内容包括企业的智力、企业的精神力、企业的形象力、企业制度力、企业领导力和企业传统文化等等。贾春峰教授认为，总的来说，文化力在企业和经济发展中有六大功能，也是六种力量：导向功能（可分解为价值导向与行为导向）、导向力；激励功能、激励力；约束功能、约束力；凝聚功能、凝聚力；纽带功能、纽带力（企业发展要有双纽带，既要有产权的纽带、物质利益的纽带；又要有文化、精神、道德的纽带）；辐射功能、辐射力。

企业文化赋予企业巨大的凝聚力，是企业生存和发展的精神支柱。企业文化从理想信念、价值取向、思想观念、行为规范、知识技术等方面，决定着员工的整体素质，是打造企业竞争力的思想基础。企业文化力是企业竞争力的源泉。企业文化的产生赋予了现代企业一次深刻的变革，一个有着成熟的文化力的企业才能在竞争中立于不败之地。

（6）学习型组织理论。组织学习的问题，在 20 世纪 70 年代之后就受到一些学者的关注，如组织行为学家罗宾斯（P · Robbins）概括出学习型组织的五个特性等。而将这一问题推到管理科学前沿的高度来认识，是 20 世纪 90 年代彼得·圣吉（Peter · M. Senge）提出“学习型组织”理念之后。企业面对动荡复杂的竞争环境如何进行学习？彼得·圣吉为组织学习的策略开出了“五项修炼”的药方，这五项修炼包括自我超越修炼、心智模式修炼、团队学习修炼、系统思考修炼和建立共同愿景的修炼。

自我超越的修炼是学习型组织的精神基础，是指突破个人能力极限的自我实现或技巧的娴熟。心智模式是根深蒂固于人们心中，影响人们如何认识周围世界，以及如何采取行动的许多假设、成见和印象。共同愿景就是组织中大家共同愿望的景象，是一个组织全体成员衷心共有的目标、价值观与使命。团体学习是发展团体成员互相配合、整体搭配与实现共同目标的能力的学习活动及其过程。系统思考的修炼要求人们能综观全局，形成系统思维模式，使人们能思考影响我们的诸种因素之间的内部关系，而不是把这些因素割裂开来。

（7）公司社会责任学说。随着社会进步和企业发展对社会的贡献与影响日益扩大，开始于 20 世纪 60 年代的公司社会责任学说，到 90 年代已经成为企业文化领域研究的又一核心问题。关于企业的社会责任，目前尚无一个得到广泛认可的定义，由不同的企业社会责任的界定所阐发的企业社会责任理论观点和责任界说也是纷繁复杂。学者们对于企业承担社会责任的本质、企业担当社会责任的动机与动因、企业社会责任的范围、企业社会责任的机制等等，都有不同的理解。

（8）企业文化与组织氛围。1990 年，本杰明·斯耐得出版了他的专著《组织气氛与文化》，其中提出了一个关于社会文化、组织文化、组织气氛与管理过程、员工的工作态度、工作行为和组织效益的关系的模型。在这个模型中，组织文化通过影响人力资源的管理实践、影响组织气氛，进而影响员工的工作态度、工作行为以及对组织的奉献精神，最终影响组织的生产效益。其中，人力资源管理对组织效益也有着直接的影响。

（9）关于企业文化测评的研究。从1990年代开始，对企业文化测评研究的成果就不断出现，如1991年英国的《组织变革与发展》刊出了“组织文化和组织发展：竞争价值的方法”等三篇文章。1997年，Pierre DuBois & Associates公司出版了一套组织文化测量和优化量表，其中包括用于组织分析的模型和用于组织文化研究的步骤等。目前，随着企业文化建设实践的推进，这一方面的研究正呈方兴未艾之势。

在进行上述列举之后，综观近30年企业文化研究的成果，可以大体归为四个方面的基本范畴，即企业文化基础理论研究、企业文化实践应用研究、跨文化研究和企业文化研究方法等。

在基础理论研究方面，自20世纪80年代企业文化理论兴起之后，学者们开始围绕企业（组织）文化概念及其延伸概念进行定义，如企业文化的概念、结构、作用、范畴、企业文化与组织气氛等等。而后，伴随着企业文化成为管理理论体系中的重要概念，更广泛的概念比较及相关性研究就此展开，如企业文化与组织承诺、企业文化与心理契约、企业文化与组织学习、企业文化与企业形象等。在这些研究中，相对来说，企业文化的构成要素研究和层次结构研究已较为成熟，而对企业文化的作用机制研究的进展还较为缓慢，难以达成广泛的共识。

在应用及衍生研究方面，企业文化的类型研究，是这一方面研究的热点，研究者根据不同的标准可以区分企业文化类型。同时，越来越多的研究致力于探讨企业文化与其他管理要素、管理过程和管理效果的关系。其中，企业文化与对组织目标、企业文化与企业环境、企业文化与企业制度等方面的研究，可以归属为管理要素方面。而涉及到管理过程关系的探讨，可以分为职能管理和经营事件两个方面，前者可能涉及到人力资源管理、战略管理、市场营销、职业生涯规划、政治思想工作等，后者可能涉及到企业并购、输出管理、劳资冲突、突发事件等。至于与管理效果关系的研究，可以分为组织层面和个体层面，前者涉及到组织有效性、企业业绩、竞争力等，后者则诸如员工满意度、认同度、忠诚度、凝聚力和效率等。关于跨文化管理的研究，可以列入这一范畴中，因为跨文化管理研究的兴起，是源于企业在跨国经营过程中遇到的文化冲突及适应问题。

在企业文化研究方法方面，主要讨论企业文化的研究范式，明确企业文化研究的前提假设，涉及研究假设、研究视角、研究方法、研究取向、利益倾向等专题。比如，将文化作为变量的文化和作为象征的文化两种视角、文化研究中的宏观分析与微观分析、文化研究方法方面上的问卷调查和实验设计法方法、基础理论支持方面人类学、组织社会学和社会心理学的贡献等等。

总之，从国外企业文化现象的发现到企业文化研究20年的迅猛发展来看，他们走的是一条理论研究与应用研究相结合，定性研究与定量研究相结合的道路。20世纪80年代中期，在对企业文化的概念和结构进行探讨之后，便马上转入对企业文化产生作用的内在机制，以及企业文化与企业领导、组织气氛、人力资源、企业环境、企业策略等企业管理过程的关系的研究，进而对企业文化与企业经营业绩的关系进行量化的追踪研究。定量化研究是在企业文化理论研究的基础上，提出用于企业文化测量、诊断和评估的模型，进而开发出一系列量表，对企业文化进行可操作化的、定量化的深入研究。

（二）国外企业文化建设实践概述

企业文化建设实践产生于日本，而其理论则诞生于美国。企业文化理论产生之后，在很大程度上成为西方企业尤其是优秀企业赖以指导企业管理的重要思想基础。多年来，西方企业在企业文化建设方面颇多建树。限于篇幅，在此我们以美国和日本企业的文化建设实践为例作简要介绍。

1. 美国企业的企业文化建设实践

前面我们已经论述到，在20世纪80年代因为日本企业在世界市场上的称雄让美国人震惊。于是，美国的管理学界对传统管理理论进行了深刻的反思，从而在美国掀起企业文化热。这之后，美国经济得到长足发展，尤其是近十几年的时间，美国经济一直呈增长之势，其持续时间之长为世人所瞩目，其中自然缺少不了企业文化这样一种全新管理理论的指导。同时，他们塑造的是与传统国家迥异的富有创新精神的生机勃勃的国家形象和民族风貌。我们可以从企业文化建设实践角度找出其经济持续增长、价值理念重塑的奥秘所在，领悟一些有益的东西。概括起来，美国企业文化建设的实践有如下特点：

（1）从重视物到重视人，尊重人的价值，发挥员工的积极作用。在传统管理中，美国企业普遍重视物的因素而忽视了人的因素，尊崇“见物不见人”的量化的刚性管理模式。在这个阶段占主导地位的管理学理论，很大程度上没有说明怎样才能使人感到工作有意义，未能说明如何给工作人员一定的自主权以充分调动他们的积极性，也没有让管理者懂得怎样与用户建立起真挚的感情。从领导—管理者与员工关系看，只注意经济指标，忽视企业的文化建设，将企业看成单纯赢利的场所，雇主和雇员纯粹是雇佣关系，老板把工人仅仅看作是机器人、经济人和获取利润的工具。从决策看，管理者在决策时很少征求下属的意见，根本不注重了解雇员的看法，常常出现上下不协调的现象，老板与工人之间关系冷漠，甚至存在严重的对立情绪。在认识到企业文化的重要作用后，美国许多企业认识到单纯依靠制度管理的弊端，把企业文化建设放在十分重要的地位。不管是历史悠久的老企业，还是在硅谷新兴的高科技公司，企业文化是企业发展之魂已成为企业管理者的共识。随着时代的进步，许多美国企业一改昔日单纯追求利润的做法，把关心员工生活、改善劳动条件、与员工平等相处放在重要地位，把关心人、尊重人看作是企业成功的关键。比如，美国最大的电子计算机公司 IBM 之所以能在激烈的竞争中不断取得成功，一个最重要的原因就是贯彻了这一经营哲学。该公司总裁小托马斯·沃森说过："尊重人、信任人是 IBM 的第一宗旨。"他认为，只有尊重职工、信任职工，充分发挥职工的聪明才智，职工才能够竭尽全力为公司服务，公司才能够长盛不衰。

（2）从注重依靠制度管理过渡到依靠文化建设。作为契约型社会，美国长期以来一直强调制度，注重法律。因而其管理模式也多以"法"为重心。在美国企业中，普遍奉行的理念是强调逻辑主义原则，尊重规则和秩序。企业管理趋向于严密化、定量化、科学化、法律化和理性化。一般企业都注重建立详细严格的规章制度，且赏罚分明，企业和员工的关系主要靠"契约"，而不是靠情感来维系，所以具有一定的不稳定性。员工对企业，合则留，不合则去，企业辞退员工也是很平常的事。这与日本实行的"年功序列"以及企业所倡导的"集团主义"和"企业家族精神"形成鲜明对比。20 世纪 80 年代之后，美国的企业管理明显带有向重视文化建设过渡的特点，重视管理哲学的构建与塑造。对内，讲求企业经营理念、价值观和员工信念；对外，讲求行为准则导致行为模式，以及企业形象塑造和传播，等等，企业文化意识都表现得很自觉很明确。美国大企业不仅有企业文化，而且这种企业文化渗透力极强，与企业的经营管理活动密切结合，达到了无处不有、无处不在的程度。

（3）注重企业理念的塑造。企业理念是构成美国企业文化的基石。企业理念中的价值观为员工设定了成功的方向和目标。美国的托马斯·J·彼得斯和小罗伯特·H·沃特曼合著的《成功之路》一书中指出，出色的公司几乎都只是以寥寥几条主要的价值观来作为驱动力，给员工们以充分施展才能的余地，使其发挥主动性，为实现这些价值而大显身手。美国企业的文化建设实践可以说明这一问题，如波音公司的"以服务顾客为经营目标"；杜邦公司的"通过化学能使美好的生活更加美好"；国际商用机器公司（IBM）创始人托马斯·沃森为公司确立了"以人为核心，并向用户提供最优质的服务"和"IBM 就是服务"的价值观念；麦当劳公司的"Q、S、C + V"，即"麦当劳为世人提供品质上乘、服务周到、地方清洁、物有所值的产品和服务"，等等。正是由于这种价值方向的确立与个人奋斗心态的价值确认相一致，与其务实精神相统一，并且将理念与企业制度在实际运作过程中密切结合，从而产生了强大的文化驱动力，激励企业员工为了个人利益和企业价值目标的实现去拼搏和奋斗。

（4）企业从单纯功利主义追求转向注重企业的社会效益。实用主义是美国工业社会竞争哲学的核心。以行动求生存，以效果定优劣，以进取求发展，这是实用主义哲学中的积极内容，也是当代美国社会的主要价值取向，它深刻影响着美国人的价值观；其消极的方面是以极端个人主义和利己主义为核心内容的资产阶级意识形态。长期以来，美国一直是讲求实际，重视效率，推崇个人价值观的，表现在企业经营管理上，往往是只以财务为导向目标，重视成本核算，注重经济效益，锱铢必较，重视对职工的考评，而这种考评是以职工个人的能力和对企业贡献的大小为依据，忽视精神因素；表现在员工身上是只讲权利，不尽义务；只要享受，不作贡献；只顾赚钱谋利，不重视社会效益；人际关系淡漠，把相互关系看成一种金钱关系，很少合作和相互支持。近年来，随着企业文化理论的传播与实践，美国一些成功的大企业开始注意克服上述偏见，不仅把企业看作是谋利场所，而且看作是社会的有机组成部分，是社会财富的创造者、群众美好生活的服务者；企业不仅要注意经济效益，还要重视社会效益。比如，IBM公司的经营哲学有三条：必须尊重每一个职工；必须为用户提供尽可能好的服务；必须寻求最优秀的成绩。在这三条中，人们几乎看不到功利主义色彩，强调的是尊重、服务和优秀。

（5）顽强的创新意识，激烈的竞争机制。美国著名的管理学家彼得·德鲁克曾经说过："企业的职能就是创新。冒险与创新是美国企业管理文化的灵魂。"美国企业的一个共同点就是，在完善竞争机制的基础上，着力培养强烈的创新意识。美国是一个典型的市场经济国家，在几百年的发展中建立健全了竞争机制，从而塑造了美国人敢于冒险、敢于创新、乐于竞争的民族性格，也培植了美国人强烈的创新意识。美国企业家总是在寻找新机会，探索新的管理方法。像通用汽车公司、IBM公司等成功的企业都有意在企业中创造机会，让职工们进行竞争，鼓励人们冒尖，鼓励勇担风险，敢为人先，培养和支持创新人才。在美国加州的"硅谷"，企业普遍推崇的理念是"允许失败，但不允许不创新"，"要奖赏敢于冒风险的人，而不是惩罚那些因冒风险而失败的人"。这在美国是很有代表性的。在这种冒险精神和创新意识的影响下，20世纪80年代后期，美国企业的大量资本投向高风险高收益的高科技领域，成为20世纪90年代美国的信息产业起飞和经济霸主地位再次确立的重要条件。正是这种强烈的求新、求变精神和激烈的竞争机制，成为美国许多成功的企业保持活力的力量源泉。在当前全球竞争空前激烈和不断变革的时代，这一精神尤为重要。

（6）崇尚英雄主义。从开创新大陆到美国资本主义革命过程中，先驱者都带有浓重的个人主义色彩、冒险精神和平等观念。美国社会崇尚个人主义，美国式的个人主义强调个人在国家和团体中是独立的分子，平等观念则要求同一团体中各个分子之间的地位相同。人与人之间的关系是客观的，较少带有感情色彩。这种社会文化和民族心态要求个人在社会生活中充分表现自我，实现自我价值。在美国人心目中，"白手起家"的人是英雄。像靠石油起家的约翰·D·洛克菲勒、汽车大王亨利·福特一世以及微软公司创始人比尔·盖茨等人都是家喻户晓的，有的知名度甚至超过了美国总统。美国企业文化学者泰伦斯·迪尔和艾伦·肯尼迪曾指出，如果价值是文化的灵魂，那么英雄就是这些价值的化身和组织机构力量的集中体现。英雄是美国企业文化的“中流砥柱”。美国的管理创新也主要依靠一些英雄人物的远见卓识，如福特的流水线、斯隆的事业部制、艾柯卡的管理方式，等等。

当然，与世界其他民族的企业文化一样，美国企业文化也存在着许多弊端，比如过分强调的个人主义使得竞争意识多于合作意识等。但是，我们应该看到，最近十年间，美国企业的企业文化建设不仅带来了美国企业管理持续改进、企业竞争力的持续提高和本国经济的飞速发展，成功塑造了富有创新精神的锐意进取、乐观向上和注重实效的“美国精神”，同时也在适应不断变化的企业内外部环境中、持续改善和创新管理理论基础上丰富和发展了企业文化理论，为世界提供了许多宝贵的经验。

2. 日本企业的企业文化建设实践

由于与中国社会与文化的相通性，多年来，我国企业管理理论和实践界对日本企业文化建设理论与实践的关注颇为盛行，产生了大量包括论文、专著、研究报告、考察报告等在内的研究成果。在充分肯定这些成果的同时，本部分我们以 2005 年 3 月份我国国资委赴日本企业文化培训团的考察报告“日本企业文化建设的六大特点”（刊于《企业文化》2006 年第 8 期）为基本蓝本，结合其他研究成果，对日本的企业文化建设实践特点进行概述。之所以选择这一报告，一是因为这一报告是近期做出的，时效性较强；二是因为这一报告是经过现场实地考察和研究作出的；三是因为培训团具有国资委的高端背景，可信度较高。

（1）积极倡导企业使命和社会责任相统一，在内外部均衡的基础上形成有效管理。企业社会责任理论是近年来世界各国企业界和理论界关注的热点问题之一。企业作为组织，必须要不断适应外部环境才能生存和发展。企业文化指导下的日本企业具有双重职能，它既是经济组织，又是社会组织，强调与外部环境保持均衡，注重履行对各方面的责任，这构成了日本企业文化外延部分的特点。许多日本企业都把履行社会责任放在非常重要的位置，在企业文化中积极倡导，把企业使命和社会责任统一起来，成为日本企业文化发展的一个趋势。日本企业把履行社会责任放在首位的原因，既有自松下幸之助开始积极倡导的历史渊源，也有西屋铁道公司的现实教训，更有政府的积极引导。

日本企业在履行社会责任时，突出强调五点：一是企业履行社会责任最主要的内容是切实实现股东和雇员（职工）的利益。从企业的价值取向看，日本企业在企业内部提倡团结和社团精神，如“产业报国、团结一致、奋发向上”的松下精神。在日本人看来，社会并非是个人竞争的场所，而是团体之间竞争的场所。日本企业不是通过职工之间，而是通过企业职工之间相互合作、援助和鼓励保持较高生产效率的；二是企业履行社会责任直接外在表现就是为社会公众提供最好的商品和服务；三是在可能的条件下最大限度地促进所在地区和国家的繁荣；四是遵守法律法规，做到及时向社会公布企业信息，保证经营活动的公开和透明；五是把企业发展同造福人类、保护环境、建立循环型社会统一起来。

日本企业把企业与整个社会、整个国家的福利联系起来，既实现组织内部的均衡，又实现组织与外部环境的均衡，以此与外界相互作用、相互促进，得到外界的支持和认可，并大大激励了员工士气，增强了集体的凝聚力，在均衡的基础上形成有效管理，形成了日本企业在适应环境方面的优势。

（2）把企业以人为本和职工以企业为家结合起来，特别重视建设“人企合一”的发展团队。日本企业在企业文化建设中把企业以人为本与员工以企为家很好地统一起来，努力构建命运共同体，实现了企业和员工的共同发展。20 世纪 90 年代以来，日本泡沫经济破灭，经济处于缓慢增长期，即使在企业面临各种困难的情况下，日本企业仍然坚持以“年功制”为主的分配模式，较好地保持了员工队伍的稳定，增强了企业的凝聚力。从企业组织看，日本人认为企业不仅仅是一个经济组织，而且还是一个社会共同体，认为企业管理应该涉及经济、技术、心理、伦理道德的层面，企业充满了大家庭的味道。在这一方面，日本企业从三个方面入手：一是坚持“终身雇用制”、“年功序列制”等企业制度基本不变，努力做到不裁员，保持员工队伍的相对稳定，保持员工福利待遇基本不变；二是通过实施国际化战略，开拓海外市场，为员工发展创造更多空间；三是不断优化员工的生产生活环境，丰富员工的文化生活。如大金工业株式会社一直坚持“力争做一个能够保证雇佣的公司”宗旨，在遭受亚洲金融危机严重冲击、经营形势日益严峻的情况下，通过限量招工、内部转岗分流、对部分员工进行再培训，尤其是通过大力开拓国际市场等措施，实现企业和员工的共同发展。再如，日本索尼公司陈列索尼公司研制的最新收录机的展览室里有醒目的大字：“没有你的杰出创造，就不可能有全世界第一次的产品”。这些激励人心的举措，使企业职工理解自身工作的意义，油然而生的一种自豪感、成熟感和使命感，从而更加努力工作。

从决策方式看，日本企业一般采用自上而下充分听取职工意见的集体会议制，而不提倡简单强硬的个人主义的领导方式。因为下级了解、参与决策的全过程，领会容易，执行迅速适度，提高了企业工作效率，这也成为日本企业文化“人本”精神的很典型体现。

（3）努力做到文化传承与文化创新相统一，培育支撑企业实现持续发展的文化力量。日本企业的平均寿命在 40 年以上，有的长达百年。如资生堂株式会社已有 133 年历史，松下电器产业株式会社已有 87 年历史。这些企业长寿的原因，很重要的一点就在于不断开发适销对路的新产品和占领市场制高点的同时，非常注重企业文化的传承与创新，使企业发展既植根于厚重的民族文化传统和深厚的文化积累之中，又能适应时代变化，不断发展创新。通过创新，把企业建成命运共同体、发展共同体和文化共同体。这主要体现在三个方面：一是很好地继承了民族文化中的优良传统，如协调配合的团队意识、注重建立和谐的人际关系等，并通过创新，把企业建成命运共同体、发展共同体和文化共同体。二是在文化的传承与创新的过程中注意形成相对稳定的“文化基因”，使之成为促进企业发展的精神财富。如松下电器产业株式会社在松下幸之助提出的理念的基础上形成了“企业作为‘社会的公器’在‘顾客第一’的基础上，实现‘日新月异’”的文化基因，又把“日新月异”转变为“坚持技术革新”的理念，以这种理念指导企业不断进行技术创新和开发新产品，使企业在激烈的市场竞争中始终处于不败之地。三是通过建立资料馆、纪念馆、展览馆等文化设施，使企业创造的文化成果得到了很好的保护。

（4）注重企业家高度文化自觉与员工自觉践行文化相统一，确立了上下同欲的文化追求。日本企业在企业文化建设中，以确立共同的文化追求为目标，把企业家的文化自觉与提高员工的文化执行力统一起来，使企业成为一个文化共同体。

日本企业家的文化自觉主要表现在五个方面：一是确立了文化主导企业发展的意识，自觉用文化创新引领企业发展。二是具有崇高的文化追求，深刻影响着企业员工的文化自觉程度。三是这些企业的企业家都是企业文化建设中的关键性人物，起着倡导、实践、推动和变革企业文化的关键作用。四是普遍把履行社会责任提升为企业的重要使命。五是具有敢领风气之先、不懈创新的可贵品质。松下公司的创始人松下幸之助是一个代表性人物。他所创立的松下文化仍然深刻影响着松下公司的发展。

企业文化建设成败的重要标志之一，是看企业文化在员工中的内化程度，是看员工自觉践行的程度。日本企业在企业文化建设上注重知行合一，企业精神、企业理念已经成为企业员工的生存方式和工作习惯，体现在员工的言行之中。这些企业主要采取如下措施来提高员工的文化执行力：一是进行企业文化培训；二是通过各种仪式，举办多种文化培育活动；三是充分调动员工积极性，做到全员构建企业文化。松下幸之助先生曾经指出：“任何员工只要认清公司的基本信念和方针，就能充分发挥每个人的自主性，可以自主发表意见。碰到问题采取什么行动，不必一一请示上司，以溶入自己体内的基本信念和尺度，决定自己的行动。”

（5）大力推进理念变革与结构重组、战略调整相统一，形成了文化与管理相融共进的良性发展。日本流行这样一句格言：“能取得优异成绩的公司是企业文化水准高的公司。”日本企业非常重视使企业文化真正成为企业发展的内在动力。一是随着企业的发展和经营理念的变化，适时变革企业的组织结构。松下公司在松下幸之助 1932 年提出企业新的使命和新的经营理念之后，随即对企业内部的组织结构和管理体系进行了调整，创建了以事业部制为主体的管理模式。二是当企业的性质、结构发生变化时，及时对企业的经营理念和核心价值观进行调整，使企业文化及时实现转型，以适应企业发生的变化。如 JR 西日本铁道公司在公司改制的同时实现企业文化转型的经验。三是企业发展战略发生改变，企业的经营理念也随之进行调整和创新。大金工业株式会社针对国内经济增长缓慢、企业发展空间狭窄的现实，大力实施国际化战略，为此，他们对公司原有的文化理念进行调整和创新，于2002年8月确立了“最高的信誉、进取的经营和明朗的人和”的公司纲领和10条经营理念。

（6）在企业日常经营过程中注意把宣传产品与经营“文化”相统一，培育了企业新的经济增长点。日本企业在宣传产品的同时开始经营“文化”。一是非常重视产品和企业形象的宣传。企业设有规模较大的宣传部门、企业文化部门或形象策划部门。二是对文化进行战略投资。资生堂早在1919年就在东京的商业中心设立画廊，免费为世界各地的未成名青年画家、摄影家提供展出作品的场所，并聘请一批艺术家到公司从事形象设计与宣传工作。目前已有5000多位艺术家在此展出并留下大批作品，资生堂也在形象宣传中创造了一大批作品，这些作品已成为资生堂的文化资产，并随着这些艺术家知名度的扩大而不断增值。

总之，日本企业文化追求的内外均衡与和谐圆融的价值理念值得我们借鉴。但是，也应该看到，这一特征直接导致了群体封闭的竞争机制，其局限性就是压抑了个体竞争，也阻碍了对外交往，如不改革，将成为日本经济发展的障碍。

3. 企业文化建设的国际新趋向

通过对世界范围内企业文化理论与实践的简要回顾，参照企业管理实践中企业文化发展趋势的预测，我们认为，未来的企业文化理论研究与实践发展呈现以管理文明的进步和人的全面发展为核心的显著特征。

从触动传统管理的思想基础、启动管理文明进程看，时至今日，企业管理的任何时候都不缺乏精巧细致的管理技术和为了让员工更好地去工作而激励他们提高效率和效果的技巧。因此，当代企业管理的困境和企业竞争的挑战最需要的，不是对员工进行“胡萝卜”式的关怀，不是用文化对员工进行“洗脑”，不是将企业文化视为新的管理手段和对员工进行控制的工具和企业利润的工具。我们的管理真正需要的，是一场新时代的“思想革命”，这场思想革命是新时代人类展现自身价值、彰显自身个性、激发主体发展、寻求个人与社会和谐共进的管理文明运动。因此，企业文化必须抓住社会文明发展和企业文明进步的主流趋势，深刻剖析和彻底抛弃传统管理思想的文明缺陷，破除传统管理范式的“硬核”，而不是如目前的企业文化停留于对传统管理范式的思想基础的“保护带”进行批判和修正上，而是要在优秀企业文化指导下创建全新的企业管理模式。唯有如此，企业才能获得成长与基业长青的永续动力。

从促进人的全面发展看，企业文化建设要始终以人的发展为起点和终点的价值观，从以物为中心、以全面追求利润最大化为目标、忽视人的因素中解放出来。企业文化建设的重要作用，绝对不是片面的发掘职工体力，更重要的是发掘职工的智力资源，更注重人的精神因素对智慧的开启。

因此，企业不能再受商业化的束缚。在企业文化建设中，要把精力投向人，大力加强“人”的建设。企业要努力培育“生死与共”的价值观，使企业全体员工增强主人翁意识，能与企业同呼吸、同成长、同发展、共生死，做到企业精神与企业价值观的人格化，实现“人企合一”。

三、中国企业文化传播及理论特色

得益于中国的改革开放的进展，中国对西方管理理论与实践的吸收与借鉴几乎到了“同步”的程度，企业文化方面也是如此。企业文化理论传入中国20余年以来，无论在理论还是实践层面上，我国的企业文化都取得了长足的进步，同时也逐渐与中国固有的文化传统相融合，形成了自己的理论与实践特色。

（一）企业文化理论在中国的传播

企业文化理论在中国的传播涉及方方面面的问题，比如文化积淀、理论研究、实践探索、媒体传播、渠道作用，等等。

1. 传播阶段的划分

企业文化理论在我国的传播，始终与中国企业的改革与发展相伴随。随着中国企业市场化和国际化经营与管理水平的持续提升，企业文化也越来越多地受到重视。纵观这一基本过程，我们可以将其大体划分为以下几个阶段：

第一阶段：文化积累阶段（封建社会—1984年）。企业文化在中国兴起是经济历史发展的必然结果。从封建社会的开始到半封建、半殖民地社会，再到社会主义时代，一批批企业在不断成长。从最早的作坊、大作坊经几代传承，最终成为百年老店，这些企业都有自己独特的企业文化积淀。如：历史上有名的百年药店同仁堂，从它的堂训“炮制虽繁必不敢省人工，品味虽贵必不敢省物力”这一内容上可以看到它重视质量的文化理念。20世纪二三十年代，军工文化开始在军工企业发扬光大，有了“把一切献给党”的吴运铎精神，直至后来形成了著名的“两弹一星”精神。此外，中国著名的鞍钢宪法、大庆精神，说明企业文化一直在中国企业发展中起着不可磨灭的作用。但是在这一阶段，中国管理界和经济界并未明确这些就是企业文化，进行系统的整理和提炼。

第二阶段：理论引进阶段（1984～1990年）。1984年前后，企业文化作为一种新的管理理论被引入到我国，迅速得到了中国企业管理理论与实践界才开始积极地进行企业文化的研究。因此，20世纪80年代中期中国企业文化传播的主旋律是积极地介绍、借鉴美国、欧洲和日本的企业文化理论。同时，由于企业文化理论也暗合于中国文化传统的许多积极因素，因此更得到中国企业界的较为广泛的认同。从1983年到1987年，我国先后翻译出版了美、日、英等国最有代表性的企业文化著作，其中包括美国企业文化“四重奏”:《日本企业管理艺术》、《Z理论——美国企业界怎样迎接日本的挑战》、《企业文化》《追求卓越——美国管理最佳公司的经验》等。与此同时，以介绍日本企业文化为主线的日本企业家松下幸之助、土光敏夫、井直熏、盛田昭夫等人的著作，以及介绍英国优秀企业文化及专著《制胜之道——英国最佳公司成功秘诀》也相继出版。

从这些作品中，中国的管理学界和实业界初步接触、认识了企业文化理论，掀起了中国企业文化研究的热潮。中国理论界的相关研究工作也很快起步，在介绍企业文化理论基础上，重点研究日本和美国企业的先进管理经验，并初步将企业文化理论与中国国情的结合进行了有益的探索。在这一阶段，一些研究与推广企业文化的研究机构和社会团体也相继成立。

第三阶段：消化、吸收、创新阶段（1990~1999年）。随着人们对企业文化认识的不断加深，中国的管理学界在消化、吸收西方企业文化理论的基础上，认真分析本国国情，迅速开展了对中国企业文化的研究，出版了中国人自己的企业文化专著，一些高等院校开设了企业文化课程和相关知识讲座，逐步形成了企业文化研究专业化队伍。

企业文化理论的传播，使国人对这个新生事物的认识进一步深入，各级政府、社会团体、研究人士、实业人士积极推动、参与，促进了企业文化建设实践活动，并取得了许多引人注目的成就。

第四阶段：发展阶段。进入21世纪，伴随着国外一些优秀著作，如《第五项修炼》、《追求卓越》、《基业常青》、《从优秀到卓越》的传入，我国的企业文化传播也进入了新的期段，得到了企业界的广泛认同。如对企业文化的存在形态、建设方法有了广泛的共识，并把企业文化理论具体应用到企业文化的建设实践中。同时，企业文化与相关科学的融合应用越来越明显。从纵向看，我国的企业把科学管理、行为科学、理性主义能够纵向和企业文化融合应用，取这几种管理的特长融合到现代文化管理中来。横向上来说，与同时代的相关的科学方法相结合，比如学习型组织的建立等。

2. 企业文化理论与实践的研究

在吸收国外企业文化理论的基础上，我国企业文化研究者深入研究如何将企业文化理论和中国的企业管理实践相结合，从而形成许多研究成果。综观相关结果，研究内容主要集中于下列主题：

（1）对企业文化理论的介绍。主要是对西方企业文化的基本理论，例如概念、作用等的介绍，例如《中国企业文化——现在和未来》、《管理之魂》、《企业文化学》、《企业文化——走出管理的困境》等著作。

（2）中国传统文化思想和中国企业文化建设的关系的研究，如孔子的人本思想对21世纪的中国企业文化建设在价值导向、组织形式、领导方式、人际关系、文化环境方面的影响问题；儒家文化对中国企业文化变革的限制性和资源支持性功能问题；中国传统文化中的精忠报国、以和为贵、注重伦理关系、中庸之道等思想对中国企业文化的积极作用和消极作用。研究者提出，传统伦理文化是中国企业文化创新和发展的根基，应继承诚信、和谐、节俭、求实、爱国的思想精华，扬弃一些消极思想，从重义轻利到义利统一，从道德主义到德治和法制的统一，从群体本位到以人为本，从中庸之道到竞争进取。一些学者还探讨了用《孙子兵法》来构建中国企业文化核心竞争力的措施：上下同欲，塑造凝聚力；求新图变，保持创新力；令文齐武，打造执行力；五德兼备，增强向心力。还有作者探讨了中国传统文化对企业文化建设的作用，等等。

中国的企业文化在与国际交流中最有生命力的还是受中国传统文化影响的这一部分。要想发展、繁荣中国的企业文化，一方面要吸收国内外企业文化的优秀部分；另一方面要把我们好的传统继承下来，在融合的过程中创新，实现两种文化的对接和超越。

（3）世纪交替时，对新世纪的中国企业文化建设的展望。如贾春峰曾在2000年发表了《21世纪中国企业文化的发展走势》一文，谈到了中国企业文化在新世纪的九大趋势：企业文化对企业兴衰、企业发展所起的作用会越来越显著、越来越大；企业文化的发展和企业的经营活动和管理创新将更加紧密地结合起来；企业结盟取胜、实施双赢战略将必然要追求“文化沟通”和“双赢思维”的发展；企业精神的概括和提炼将更加富有个性、特色和文化底蕴；在企业文化建设中，将更加注重企业精神、企业价值观的人格化和“人企合一”的境界；作为学习型组织的企业文化将更加受到关注；企业文化的独特性将越来越表现为企业差别化战略和企业的核心竞争力；作为企业文化的第一设计者，企业家的素质、决策力将越来越重要；企业文化建设和企业形象设计将更好地结合在一些。

而对于21世纪企业文化建设的策略，有学者提出三点：在中国文化背景下探讨中国企业文化的基础理论，建设有中国特色的企业文化理念；正确处理企业文化和社会文化的关系；注重企业环境变化对企业文化发展的影响。另外还有作者提出从人本精神、竞争意识、奉献意识、超强意识、宽容意识等方面入手。

（4）加入WTO曾是中国发展道路上的重要事件，许多作者探讨了入世对中国企业文化建设的影响及入世后中国企业文化发展的新动向：在企业文化建设方面，入世后应该面向改革后经济成分多元化的趋势，创新组织载体；面向市场经济的转轨需要，创新文化理念；面向加入WTO管理机制和文化融合；面向知识经济，创新人才观和价值观。入世后中国企业文化会呈现出管理方式理念化、管理手段信息化、人才争夺本土化、学习型组织普遍化、文化管理“合金化”的发展趋势；中国企业文化应该在企业文化的个性化、国际化、创新性等方面，以及实施人才战略、跨文化管理、营造创新的文化氛围等方面进行重塑。

（5）在中国企业文化建设的过程中，许多作者对发展过程中的企业文化建设状况不断进行总结：一是总结了我国企业文化建设中存在的不良倾向：如CIS式的、政治思想式的、全盘西化的企业文化；二是总结了中国企业文化建设的三大特点：中央领导高度重视企业文化、政府行政层层助推企业文化、与思想工作结合，政治亮色独特。三是总结了2005年中国企业文化建设呈现十大热点：人本文化、诚信文化、安全文化、利润文化、学习型文化、创新文化、执行力文化、形象文化、品牌文化、和谐文化。四是总结了我国企业文化建设的总体态势。总体来说，中国企业文化建设开始显露主流趋势：从局部向系统、从自发向自觉、从表层向深层、从传统向现代转变，跨国经营、重组、并购引发的企业文化融合和跨文化管理、知识经济推动的人力资源管理备受重视。企业管理从以物为中心的管理向以人为中国的管理转变，从传统管理向文化管理升级。但与国外的企业文化建设相比，还处于初级阶段，并缺乏良好的外部环境、内部共识和内在动力，发展前景堪忧。中国企业家调查系统公布了近期对2881位企业经营者的调查结果显示，除少数企业已进入企业文化建设的深化提高阶段外，多数企业的企业文化建设尚处于基本形成和酝酿、探索阶段。五是总结了我国企业文化建设与国外的企业文化建设的不同：例如在企业文化建设形式上、内容上、特色上、执行上、文化生成机制上的差异等。

（6）如何建设中国的企业文化是众多作者关心的问题，这方面的研究尤其集中在中国企业文化发展走向问题上。比如：企业应该走经济文化一体化的发展道路，中国企业既要继承中国文化的优秀文化传统，又要汇入全球文化融合之流，又必须体现社会主义的诸多特征，形成社会主义企业文化。

在建设有中国特色的企业文化途径方面，企业应该在实践中培育具有本企业特色的、能激励和鼓舞职工的企业精神；加强职工培训，提高队伍素质；加强和改进企业的思想政治工作；正确认识和处理企业文化与科学管理的关系；积极吸收国内外企业文化的优秀成果。中国企业文化发展最根本的问题是企业文化的中国化。西方文明与中国文明发展的渊源有明显的不同。我们同西方在政治上层建筑和经济基础等方面都有很大差异，所以在发展企业文化时，应把外国企业文化与中国历史传统、政治传统结合起来。比如西方企业讲以人为本，我们讲工人阶级的主人翁精神，应当把这两者结合起来。着重点放在全面提高员工的素质上，使员工树立正确的价值观。

在转型时期的企业文化建设问题探索方面，一些学者提出了克服狭隘的企业文化观念、重视无形的文化与有形的管理制度的碰撞以及企业扩张中的企业文化水土不服问题；强化忧患意识、进取意识、市场意识、竞争意识、以人为本、效率意识、效益意识、信誉意识、奉献意识。建设企业文化的基本思路包括服务战略、基于管理、面向流程、不断创新等四方面。

在企业文化建设的方法、步骤方面，一些文章和著作作了具体介绍。例如：《如何进行企业文化建设》、《企业文化教程》、《企业文化建设》、《企业文化实践》、《重塑——企业文化培训手册》等。其中许多著作是管理咨询公司在帮助企业进行企业文化建设的实践经验的总结，对企业具有很好的指导价值。

此外，还有许多作者分别探讨了企业文化与CIS、ERP、全球化、知识经济、品牌战略、企业制度、学习型组织、诚信、竞争力等方面的关系。

从总体看，中国当代的企业文化研究，经过20多年的发展，取得了一定成绩，也展现出了中国企业文化的一些基本特征。企业文化研究学者罗长海教授把这些特征概括为宏观和微观两个层次。宏观特征主要有：一是从状态上，中国当代的企业文化，明显具有“发展不平衡”的特征，这种不平衡源自企业所处地域、行业类型、企业规模大小等方面的差别；二是方法上，具有“崇尚辩证结合方法”的基本特征，强调企业文化建设与诸多内外部因素的结合；三是内容上，具有以邓小平理论为价值导向的基本特征；四是发展趋势上，具有向好、向上特征，如从雷同化向个性化发展，从抽象化向具体化发展，从形式化向实效化发展等。微观层面的特征主要有：一是从仅仅塑造企业精神，到塑造比较完整的企业文化体系；二是对企业文化的竞争力的认识更深刻、更具体；三是从笼统粗略到深入细致。

有的学者则认为我国企业文化研究现状存在以下特点：多角度切入，研究重点分散；选题具有时代性，但尚未有针对文明价值性的研究；基础研究的工具理性色彩浓厚。企业文化的基础性研究较为薄弱，研究领域还有待厘清，没有形成公认的理论范式架构，等等。

3. 企业文化的传播与普及活动

随着企业文化的广泛传播，企业文化建设得到了各社会团体、政府部门、企业、学术界的广泛参与和推动。其中，多个从事企业文化研究和交流的全国性和地方性学术组织、联谊组织先后成立，这些组织以宣传、普及和推广企业文化为使命，积极从事科学研究、实践考察、培训研讨等活动，并且建立了相关的学术队伍、网站报刊等传播途径，它们对推动企业文化研究和建设都起到了积极作用。

在众多社会团体的推动下，许多企业文化建设方面的会议得到了举办。例如，在中国企业文化研究会的组织下，中外企业文化峰会在2003～2006年，分别在青岛、龙岩、成都、昆明举办。全国企业文化年会由中国企业联合会、中国企业家协会联合北京大学、清华大学等共同举办，至2006年已连续举办了五届，每届年会都有一个会议主题，以共同探讨中国企业文化理论和实践的最新发展趋势。在中国企业文化促进会的组织下，2005年12月17日，在北京人民大会堂召开了“2005全国企业文化建设工作年会”等。

同时，有《中外企业文化》、《企业文化》、《企业文明》等专门期刊出版发行，很多经济管理类的学术期刊也开设了企业文化栏目，其中有的文章集中研究国营企业、民营企业、合资企业等不同类型企业的企业文化建设的异同，探讨企业文化和领导文化、制度、组织创新、流程改造、核心竞争力、战略规划等的关系，介绍某家企业的企业文化建设具体情况，总结个案的成败得失，或者探讨行业文化的建设问题，如电力行业、烟草行业等。从研究范围看，对企业文化的研究已经较为深入、全面，从中也可看出中国学术界及企业界对企业文化的认识已经较为全面和深入。

此外，许多企业文化相关网站也为企业文化的传播发挥了积极的作用。如21世纪企业文化网、企业文化网、世界企业文化网、中国企业文化网、中华企业文化网、中外企业文化网等。

4. 中国政府的重视

鉴于企业文化对企业发展的巨大推动作用，我国的企业文化建设工作得到了国家政府高层管理者的重视，政府的重视对企业文化建设工作具有极大的推动作用。

早在1990年5月，李瑞环代表党中央在广州举行的全国思想政治工作研究会年会上第一次公开讲企业文化。他指出，近几年社会上出现了许多新的文化现象，社区文化、企业文化、军营文化等，越来越受到广大群众的欢迎。

1992年10月18日，中共中央首次将企业文化郑重写进"党的十四大报告"。

1993年11月14日，《中共中央关于建立社会主义市场经济体制若干问题的决定》指出："加强企业文化建设，培育优良的职业道德，树立敬业爱厂，遵法守信、开拓创新的企业精神。"

1994年8月，国家经贸委主任袁宝华在"祝贺中国煤炭企业文化建设专业委员会成立大会"的亲笔题词指出："企业文化是当代崭新的管理理论，是现代企业之魂，成功之路。"

2003年12月13日，中共中央总书记、国家主席胡锦涛视察时风集团，当刘成强总经理向总书记汇报企业利用时风大学对员工进行时风文化培训时，总书记高兴地说："文化建设很重要，应认真抓好，提高企业整体竞争力。"

2000年以来，国务院国资委对中央国有企业的企业文化建设也非常重视。2003年，国资委成立企业文化处，这是中国迄今惟一以企业文化建设为主要业务的政府部门。

2004年7月6日至9日，国资委在大庆召开了"中央企业企业文化建设研讨交流会"，有力地推动了中央企业的企业文化建设。各企业通过采取一系列措施加大工作力度，初步掀起了建设企业文化的热潮。

2005年3月，国资委颁布《关于加强中央企业企业文化建设的指导意见》，要求中央企业力争用3年左右的时间基本建立企业文化体系。

2005年8月29日，国资委召开中央企业企业文化建设推进会，全面总结和交流近年来中央企业企业文化建设工作的成效和经验，研究部署下一步工作。根据对146家中央企业的调查，近95%的企业成立了文化工作的领导机构，84%的企业初步确立了企业精神、核心价值观和经营管理理念，78%的企业初步建立了理念识别系统、行为识别系统和视觉识别系统。

（二）中国企业文化建设实践的创新发展

进入新世纪，一轮新的企业文化建设热潮来临。许多企业在吸取了以前的教训后，积极提倡企业文化“落地”，积极探索企业文化建设的规律，涌现出一批具有中国特色的企业文化建设企业。

例如：联想从2001年11月开始，用了一年的时间借助外部专家进行了细致的调研，对联想文化进行了系统的检阅和疏理，大大提高了联想文化的精确性、普及性和系统性。海尔也在其国际化战略阶段（1998年至今），在企业文化建设方面突出敬业报国的理念，提出“海尔中国造”的口号。

国务院国资委也在2005年发布了《关于加强中央企业企业文化建设的指导意见》，为中国企业开展企业文化建设指明了方向，中国的企业文化建设在国有中央企业的带动下，形成了向纵深发展的良好势头。

特别是2004年以来，企业文化建设有了新的发展，具体体现在以下几个方面：

第一，企业文化和制度改革结合得更加紧密。企业制度的改革、企业体制的变化必须要有企业文化的及时跟进，先进的文化灵魂能引导制度变革的方向，保证制度变革性质的科学性；能够保证新制度条件下职工执行制度的自觉性。文化对制度在现实生活中起着决定性的作用。目前大家已经取得了一些共识，制度的变革和企业的文化建设紧密结合了。

第二，企业家文化自觉明显提高。企业文化在一定意义上说是企业家的文化。比如没有张瑞敏，海尔文化也不是这个形态；没有柳传志，联想文化也不是这样。所以企业家在企业文化建设中的地位是非常关键的。企业家是一个班子，不是指某一个人。但是这个班子中的CEO即首席执行官起的作用是极其关键的。

第三，更加重视企业文化的个性化建设。个性化是企业文化的生命力所在。因为行业不同，或同一行业处在不同的地方环境不同、历史传统不同、体制模式不同、员工素质不同、进入市场的时间不一样，因此企业文化也有不同。像北京百货大楼就概括为“一团火”服务文化，像大庆油田和机械制造业就不一样。因为行业不同。即使现在有一些垄断行业，像电力，虽然都是电力行业，但有发电的企业，有供电的企业，企业文化的内容和重点也不一样。个性化是企业文化生命力所在，这一点大家也在逐渐取得共识。

第四，企业家注重理论的提炼和理性的提升。前几年，企业家不太注重理性的思考，不太注重理论的提炼。企业家要不断地理论化，理论家要不断地了解企业实际。企业家如不能够不断提高理论的素养、不能提高理性自觉的话，企业文化建设总是处于原始状态，或者肤浅状态，结果就可能会中途夭折、浅尝辄止了。这两年进行理论研究的企业家越来越多。我们可以看到，许多日本、美国、德国的一些企业家，著作丰富，并没有影响他经营企业，它是理论与实践形成一种良性互动，会使企业家经营的企业越来越大，品位越来越高。

（三）中国企业文化建设的理论特色

文化是群体在长期的历史过程中形成的思维模式和行为模式。任何一种文化的产生与发展，都离不开特定的自然条件和社会历史条件，这种“习惯性”完全取决于人们对所生存所依赖的环境及实践活动的态度及认识。人的思想与其生活相关共生，任何思想都源于原初的生活现象，这正是各民族形成独特文化的根源，也是各种文化类型的区别之所在。

企业文化理论传入我国之后，对于中国企业管理理论与实践的发展，起到了巨大的推动作用。同时，我们也应清醒地认识到，要使企业文化理论在指导中国企业实践方面发挥更大的作用，必须将企业文化理论与中国的文化精神与社会现实相结合，创造具有中国特色的企业文化理论，实现企业文化的“中国化”。

从我国社会发展情况看，中国企业文化建设的理论特色，主要来源于文化底蕴和时代背景两个方面，即中国优秀的传统文化和我国社会转型时期的现实实践活动。

1. 对中国传统文化精华的吸收

中国优秀传统文化博大精深，并且在历经数百年后仍对中国人的思维与行为模式产生着巨大的影响。处于这样一种文化模式下的中国企业，其文化也必然收到中国传统文化的熏陶与“制约”。因此，中国企业要在企业文化建设实践中取得理想效果，必须首先要注意企业文化理论和建设实践与我国既有的道德、观念、生活习惯等文化因素的相互协调。从实践中不难看出，任何直接照搬照抄国外企业的做法，都会由于和既有的文化传统相冲突而受到抵制。

由于生活环境、生产模式和组织方式的不同，中西文化有着巨大差异。比如，在思维模式上，与西方不同的是，中国文化重整体与直觉，习惯从总体上观察事物，不作较多的分析，强调整体、偏向综合而疏于分析；长于直觉思维和内心体验，而轻视分析批判与逻辑推理，弱于抽象形式的逻辑思维。在组织形态上，由“家”文化衍生出了基于“家国一体”的群体主义组织与行为模式。中国传统文化中贯穿着“群体高于个人，义务重于权利”的精神，中国人的孝悌观念，既是一种群体高于个人的价值观，同时也是一种义务重于权利的价值观。在管理方法上，中国文化盛行包括集权管理、不愿授权、严密控制、距离感强、贬抑部属能力、教诲行为等行为在内的权威主义的领导与管理方式。在制度观念上，与西方的强调法制不同的是，中国文化沿袭着一种“情理主义”的特色，强调“情”和“理”的规范，而较为忽视“法”的观念，等等。中西文化的差异，既是中国企业吸收西方管理思想与经验的基础，也是中国企业文化建设的基本制约条件。

在此前提下，充分认识中国传统文化对现实社会的影响，就显得十分重要了。哲学家张岱年先生认为，中国几千年来文化传统的基本精神，主要包括四个方面的基本内涵，即天人合一、以人为本、刚健自强、以和为贵。天人合一，即肯定人与自然界的统一，认为人与自然界不是敌对的关系，而是具有不可割裂的联系。以人为本，是相对于宗教家以神为本而言的，如孔子认为，人生最重要的是提高道德觉悟，不必求助于鬼神。刚健自强，也是中华文化的精髓和人生准则，如《周易大传》提出“刚健”、“自强不息”和《象传》的“天行健，君子以自强不息”；等等。以和为贵，中国古代以“和”为最高价值，认为是处理人与人之间、人与社会之间和人与自然之间关系的最基本尺度。

除上述外，中国文化中的“路漫漫其修远兮，吾将上下而求索”体现的自强不息的精神，可以激励我们发奋图强；精忠报国思想可以激发我们的爱国精神，立志振兴民族产业，报效国家；以义制利思想可以指导我们如何对待物质利益，如何约束企业的道德，成为一个有社会责任感的企业；仁爱精神可以使我们具有博爱的胸怀，以人为本；气节观念可以使我们自尊、自爱、自立、自强，树立自主创业、自主发展的意识；等等。同时，一些典籍如《孙子兵法》中的战略意识、道家的无为而治、辩证法思想等，都可以为今天的企业文化提供丰富的思想源泉。

实际上，改革开放以来，我国的许多企业也在自身发展过程中，自觉地吸纳了这些中国传统文化的优秀成分，用来指导自身的企业文化建设。例如：海尔的张瑞敏不仅对中国传统文化的精华如《孙子兵法》《易经》《道德经》等了如指掌，还将其应用到企业的经营管理中，形成了许多别具特色的经营理念。又如，白沙集团的企业文化理念是“鹤为形，和为神，飞翔之道，简单管理”，从现代商业视角挖掘传统“和”文化，形成了“竞和”的理念。再如，北京韩村河建筑集团公司将《孙子兵法》中实施军事谋略的道、天、地、将、法五大要素，视为企业竞争战略的五个基本环节，“道”被看作是政治和规律，“天”被看作是机遇和时间，“地”被看作是环境和条件，“将”被看作是领导和组织，“法”被看作制度和纪律，并以此来分析和制订企业目标，培育企业精神，确定企业的管理方式，选用企业人才，提高企业素质，塑造企业形象，活学活用《孙子兵法》。

因此，中国的企业文化建设的理论特色之一就是，必须充分关注对中国文化传统的适应性问题，吸收传统文化中的精华，使之融入到企业文化建设中，既促进企业的发展，又使我国的文化传统得到了发扬光大。

2. 与我国社会主义初级阶段的发展过程相适应

中国企业文化理论的第二个特色，是与中国社会发展的“社会主义初级阶段”相适应的。

社会主义初级阶段的理论是中国共产党提出的对我国当代社会所处阶段的正确论断，正确认识我国社会现在所处的阶段，是中国共产党制定和执行正确路线和政策的根本依据。社会主义初级阶段的理论论断，包括两层含义，一是我国社会已经是社会主义社会，二是我国的社会主义社会还处在初级阶段。社会主义初级阶段理论提出的基本依据是我国现实的国情。我国的社会主义是脱胎于半殖民地半封建社会，生产力水平远远落后于发达的资本主义国家，这就决定了我们必须经历一个很长的初级阶段，去实现别的许多国家在资本主义条件下实现的工业化和生产的商品化、社会化、现代化。

世纪之交中国社会与文化的发展，处在一个独特的历史时间和空间之中。从国际角度讲，在中国刚刚开始开放和走出国门、中国经济的国际竞争力还比较脆弱之时，全球化时代的特征就已经显现；从经济发展角度讲，中国正在经历由农业社会向工业社会的转变，而西方发达国家的后工业时代和知识经济、网络经济时代已经来临；从道德与价值取向讲，中国人刚刚开始从传统的道德教化中走出，学习竞争精神、经济意识、主体意识和理性主义时，又遭遇了以反思理性、追求和谐和精神价值的20世纪人类文化精神。改革开放以后的20年，随着以现代化建设为中心基调的逐渐确立，中国社会进入了一个正常、快速和健康的推进时期，经济的发展无论是就其速度来说还是就其结构改善而言，呈现出一种相对良好的状态，同时计划经济体制逐渐地为市场经济体制所取代；对外开放全面而深入地推进；社会分化全面展开，新的社会阶层和职业群体相继出现，所有制成分呈多样化状态，社会流动日趋加剧。

就企业管理而言，西方企业在市场化的体系中已经运行了一百多年的时间，而我国的改革开放和社会主义市场经济体制的确立还只有十几年。因此，吸收与借鉴西方企业文化理论，绝对不能抛开这样一个社会发展阶段的特点。

在企业文化的模式方面，西方企业文化理论建立的时候，他们的企业发展时间已经有近一百多年的历史，管理基础比较扎实，对科学管理的认识及运作经验相当成熟。但是，就中国企业目前的管理现状来看，我们依然停留在经验管理向科学管理的过渡阶段，许多企业对于科学管理的认知比较粗浅，更谈不是文化管理的阶段。因此，中国企业文化建设的基本模式，要充分考虑中国社会主义初级阶段和社会主义市场经济的特点，并结合中国企业市场化发展的基本模式和进程来实施，不能简单照搬西方企业的经验，而必须与中国社会和企业发展的实践相结合。

在我国社会主义市场经济发展进程的每一个阶段，党和国家都提出了指导社会发展的战略方针，如科学发展观、和谐社会建设、创新型国家建设、“八荣八耻”等，作为中国企业经营管理的外部大环境，这些治国安民的基本理念，理应成为企业在发展中遵循的价值观念。比如，科学发展观是指导我们大力提倡科学的企业经营与发展理论，实施科学管理，按照企业管理的科学规律办事；和谐社会建设理论则指导我们在注重企业经济效益和企业持续发展的同时，担负起应有的社会责任，兼顾利益相关者的基本权益；创新型国家则直接提出了企业是社会创新和创新型国家建设的主力军这样一个基本理念，指导中国企业在学习和借鉴西方先进经验的同时，积极开展自主创新，不断提升中国企业的国际竞争力，为国家竞争力的提升奠定坚实的基础；而“八荣八耻”则是现在社会公民的最基本行为规范，自然也应用成为企业所有成员行为规范的指导方针。

3. 与我国经济体制和社会转型时期的基本特点相适应

有企业文化建设管理工作经验的人都会深深地体会到，中国企业的企业文化建设，面临着十分复杂的局面，其中的一个方面，就是如何考虑和解决由计划体制向市场经济体制过渡中的问题，比如企业组织结构、管理制度、工作职责与责任心、分配体制等等。这些问题的形成，既与传统相关，又与长期的计划体制下形成的不良文化密不可分。因此，关注和解决问题计划体制遗留的不良文化问题，就成为中国企业文化建设理论的又一个鲜明特色。

在企业文化引入中国伊始，我国处于从计划经济向市场经济转型时期。计划经济在人们的思想中留下了根深蒂固的烙印。当然，计划经济也留下了许多优秀的文化因素，比如集体主义精神、以企为家的主人翁精神、团结互助精神，这些都是值得在后来的发展中不断发扬的。但是，计划经济也给人们留下了许多消极的思想，例如平均主人、铁饭碗、铁交椅、小富即安、因循守旧、生产导向、“等靠要”等思想。这些思想无疑会极大地阻碍适合市场经济需要的优秀企业文化的建设。

一是由“大锅饭”的平均主义转变为“奖勤罚懒”。计划经济下，平均主义思想导致“干与不干一个样，干多干少一个样”，严重挫伤了员工的劳动热情，阻碍了生产效率的提高。在企业文化建设中，需要考虑的是通过改革收入分配制度，打破平均主义的思想禁锢，医治一部分人的“红眼病”，逐步在企业和全社会树立起多劳多得、奖勤罚懒的崭新思想。

二是由“铁饭碗”转变为优胜劣汰。计划经济下，进入国有企业就意味着端上了“铁饭碗”，企业什么都依赖国家，职工一切都靠着企业，企业办社会，企业背上了沉重的负担。而在市场经济环境中，市场法则是优胜劣汰。因此，需要我们逐步认识到“铁饭碗”造成的低效益等弊端。在企业文化建设中，通过改革用工制度，把“铁饭碗”变成了“泥饭碗”，形成了优胜劣汰的观念，使企业焕发了生机和活力。

三是由“铁交椅”转变为能上能下。“铁交椅”是人们对计划经济下企业干部制度的形象化描述，指的是能上不能下的观念和干部终身制。在市场经济中，企业发现竞争的实质是人才竞争，必须让真正有能力有本事的人进入到企业各级领导岗位上，形成素质好、能力强、作风正的干部队伍。于是，在企业文化建设中，通过竞争上岗、择优聘用的干部选拔任用机制，形成能上能下的思想观念，以适应市场经济的发展需要，就成为必然趋势。

四是由小富即安转变为自强不息。小富即安、不思进取是计划体制的企业文化特征。在市场机制下，企业需要不断给自己提出新的更高目标，不断改进产品质量、提高服务水平，塑造自强不息、追求卓越的市场体制的企业文化特征。

五是由以上级为中心转变为以顾客为中心。随着企业改革的深化，国家和政府主管部门不再干预企业的具体事务，这使得企业在从生产导向转为利润导向的同时，相应的企业文化也从过去以上级为中心、一切听命于上级主管部门，转变为以顾客为中心的市场意识。

六是等、靠、要思想转变为变、干、创思想。过去，企业遇到难题首先想到找上级排忧解难，自己似乎无能为力；现在，企业遇到难题首先应想到的是找市场，在实施科学经营和科学管理基础上，用自身的变革、实干和创新打开新局面。

四、企业文化建设

关于企业文化建设涉及的内容方方面面，在能力训练教程中，所讲到的企业文化调研、企业文化建设规划、实施乃至测评等，都是企业文化建设的范畴。这里主要指深刻领悟企业文化建设的重要意义、把握企业文化建设的基本原则、抓好企业文化建设的主要环节，并关注企业的社会责任。

（一）企业文化建设的重要意义

1. 企业文化建设是企业发展的永恒主题

企业文化作为社会大文化的一个子系统，客观地存在于每一个企业之中。优秀的企业文化，将极大地促进企业的发展，反之则将削弱企业的组织功能。

美国兰德公司、麦肯锡公司、国际管理咨询公司的专家通过对全球增长最快的30家公司的跟踪后联合撰写了《关于企业增长的研究报告》。该研究报告的最后一段话是这样写的："正如《财富》杂志评论员文章所指出，世界500强胜出其他公司的根本原因，就在于这些公司善于给他们的企业文化注入活力。这些一流公司的企业文化同普通公司的企业文化有着显著的不同，他们最注重四点：一是团体协作精神；二是以客户为中心；三是平等对待员工；四是注重激励与创新。凭着这四大支柱所形成的企业文化力，使这些一流公司长盛不衰。在大多数企业里，实际的企业文化同公司希望形成的企业文化出入很大，但对那些杰出的公司来说，实际情况同理想的企业文化之间的关联却很强，他们对公司的核心准则、企业价值观遵循始终如一，这一理念可以说是世界最受推崇的公司得以成功的一大基石"。

詹姆斯·C·柯林斯、杰里·I·彼勒斯（Jim Collins and Jerry I Porras）在《基业长青》中指出，高瞻远瞩公司的根本是什么？是公司的核心理念。这好比强力胶和指导力量，使公司在突变和演进时，精诚团结；这好比自然界的遗传密码，因为拥有这些不变的指导方针，公司才会拥有一个目标和一种精神。高瞻远瞩公司用一系列做法，围绕着核心理念，创造一种几乎像教派一样的环境。

从1988年开始，哈佛商学院把"当代影响企业发展业绩的重要因素"作为重点研究课题，通过对世界各国企业的长期分析研究，得出的结论是："一个企业本身特定的管理文化，即企业文化，是当代社会影响企业本身业绩的深层次重要原因”。美国知名管理行为和领导权威约翰·科特教授与其研究小组，用了11年的时间，对企业文化对经营业绩的影响力进行研究，结果证明：凡是重视企业文化因素特征（消费者、股东、员工）的公司，其经营业绩远远胜于那些不重视企业文化建设的公司（见下表）。他在进一步论述企业文化的力量时提出，企业文化在下一个10年内很可能成为决定企业兴衰的关键因素。应当说，决定企业兴衰的因素是多方面的，但无论如何企业文化肯定是一个具有根本意义的重要因素（见表2－3）。

表2－3　企业文化对经营业绩的影响

	重视企业文化的公司	不重视企业文化的公司
总收入平均增长率	682%	166%
员工增长	282%	36%
公司股票价格	901%	74%
公司净收入	756%	1%

资料来源：约翰·科特、詹姆斯·赫斯克特，曾中、李晓涛译，《企业文化与经营绩效》，华夏出版社，1997年1月，第15～16页。

企业文化的形成是一个渐进的过程。它一经形成，并为全体员工所掌握，就具有一定的稳定性，不因企业产品、组织制度和经营战略的改变而立即改变。在企业中，新的战略往往要求原有的文化进行配合与协调。由于组织中原有的文化变革的滞后性，往往很难马上对新战略作出反应。因此，企业文化既可以成为实施战略的动力，也可能成为阻力。

例如：埃克森公司在20世纪70年代初开始执行多元化战略，它不愿再完全依靠石油产业，而开始致力于“未来办公室”技术的开发。通过兼并高科技企业，埃克森公司获得了三项新的字处理和打印技术以建立埃克森办公室系统。作为兼并交易的一部分，埃克森继续雇用开发这些新技术的企业家。但是很不幸，这些常有令人兴奋的主意的，喜欢进行迅速的和冒很大风险决策的，以及在杂乱无章的环境里成长起来的企业家，被置于埃克森的管理人员的管理之下。这些管理人员生活在企业的政策和文件之中，习惯于经过多次会议之后才进行决策。最后，这些具有创造性但不守纪律的“孩子”离开了企业的会议和文件，在其他地方开始了新的事业。埃克森用从其他办公设备公司（如IBM和施乐等企业）雇用来的专业管理人员代替他们。这些新的人员习惯于大量的员工和充分的支持。他们用刚刚离开的企业的管理方式管理这些小企业。他们不强调研究和创新，而是强调广告和促销。结果埃克森估计损失了20亿美元，在1985年最终将埃克森办公系统公司出售。一个分析人员概括了埃克森的问题，很明显埃克森从来没有考虑管理一大群小企业的特点，仅仅是因为这不是他们文化的一部分。管理部门没有了解到冰冷的机器和过程技术在石油经营中可能工作得非常好，但是在迅速发展的办公设备行业却行不通。

约翰·科特教授通过20年的研究，得出以下结论：对企业长期经营业绩存在负面作用的企业文化并不罕见，这些企业文化容易滋生和蔓延，即使在那些汇集了许多通情达理、知识程度高的人才的公司中也是如此。那些鼓励不良经营行为、阻碍企业进行合理经营策略转变的企业文化容易在企业正处于获得较好经营业绩的时候缓慢地、不知不觉地产生。这种企业文化不易为人所察觉，同时还极力维护企业内现存的权力结构，所以一旦存在，就很难立即改变。由此可见，与环境匹配型的企业战略不相符的企业文化将阻碍企业的进一步发展。

2. 迈向新经济时代企业文化战略势在必行

（1）知识经济的发展依赖于智力资源潜能的发挥。知识经济将成为21世纪的主导型经济形态。知识经济是以知识为基础的经济，这种经济直接依据于知识和信息的生产、分配和使用。知识经济在资源配置上以智力资源——人才和知识的占有比工业经济中对稀缺自然资源——土地和石油的占有更为重要，知识经济的发展依赖于智力资源潜能的发挥。

（2）优秀的企业文化能够充分挖掘智力资源的潜能。知识经济所依赖的知识和智慧不同于传统经济所依赖的土地、劳工与资本等资源，它们是深藏在人们头脑中的资源。智慧和知识的分享都是无法捉摸的活动，上级无法监督，也无法强迫，只有让员工自愿合作，他们才会贡献智慧和知识。正如诺贝尔经济学奖获得者海耶克所说："每个人都拥有一些特殊的信息，每个人只有在愿意主动合作时，才会应用这些信息。"

企业文化是指现阶段企业员工所普遍认同并自觉遵循的一系列理念和行为方式的总和，通常表现为企业的使命、愿景、价值观、行为准则、道德规范和沿袭的传统与习惯等。在重视文化管理的企业中，员工可获得充分发挥自己聪明才智，不断实现自我的优越条件。鼓励创新，支持变革，是一切优秀企业文化的鲜明特点。员工自我发挥、自我实现和自实完善的需要，只有在强大的企业文化环境中才能获得满足。企业文化的重要特点是重视人的价值，正确认识员工在企业中的地位和作用，激发员工的整体意识，从根本上调动员工的积极性和创造性。企业文化所营造的积极向上的思想观念及行为准则，可以形成强烈的使命感和持久的驱动力。心理学研究表明，人们越能认识行为的意义，行为的社会意义越明显，越能产生行为的推动力。倡导企业理念的过程，正是帮助员工认识工作意义，建立工作动机，从而调动积极性的过程。因此，优秀的企业文化能够充分挖掘智力资源的潜能，迈向知识经济时代企业实施文化战略势在必行。正如贾春峰教授1993年在一次学术研讨会上所提出："21世纪的经济格局，将在很大程度上取决于'文化力'的较量"。

例如：华为公司在其基本法中指出，资源是会枯竭的，唯有文化才会生生不息。一切产品都是人类智慧创造的。华为没有可以依存的自然资源，唯有在人的头脑中挖掘出大油田、大森林、大煤矿。精神是可以转化为物质的，我们坚持以精神文明促进物质文明的方针。

3. 经济全球化使跨文化管理成为企业文化建设日益突出的重要课题

随着我国加入 WTO，伴随与世界经济交往的增多，特别是中外跨国公司在地域上的相互交叉与渗透，公司的跨文化管理将带来许多亟待解决的企业文化建设新课题。在国内，伴随着跨地区、跨行业、跨所有制的企业集团的组建与扩张，实际上也存在着不同程度的跨文化管理问题有待解决。还有通过兼并、联合、重组等形式形成的企业规模化扩张，对于不同的企业异质文化的整合，也将作为企业集团组建的文化纽带问题而列入企业文化建设的日程。

4. 企业文化支撑企业战略管理

（1）企业文化引导着企业的战略选择。企业文化代表组织成员所共享的价值理念和行为方式，企业使命属于企业文化的核心理念之一，企业使命为企业战略的选择提供基础性依据。

世界管理大师德鲁克曾经指出，有效的企业管理必须回答“企业存在的理由是什么？业务是什么？业务应该是什么？”这三个基本问题。这些听上去似乎很简单的问题，正是企业必须时时做出明确答复的最大难题。有时在企业刚成立时这些问题还比较清晰，但经营一段时间后，企业逐渐扩大，增加了新的产品和新的市场时，这些问题就会变得模糊起来。特别是随着新的经济时代的到来，企业需要面对各种新的变化，如转产、多元化经营、并购、合营等。在新时代、新产品、新技术、新市场等全新的环境中，企业如何选择自身存在的基础，如何树立自身存在的价值和意义，如何确立企业生存和发展的信念，是当今企业所面临的重要课题。

关于企业使命的思想是以彼得·德鲁克（Peter Drucker）于20世纪70年代中期创立的一整套思想为基础提出的。德鲁克认为，问“企业的业务是什么”就等于问：“企业的使命是什么”。定义企业使命就是阐明企业的根本性质与存在的目的或理由，说明企业的经营领域、经营思想，为企业目标的确立与战略的制定提供依据。企业使命成为使一个企业区别于其他类似企业的长期适用的对经营目标的叙述，揭示出企业要想成为什么样的组织和要服务于哪些用户这样的愿景内容。

每一组织客观上都应该有一个特别的不同于其他组织的存在理由，而不论其战略管理者是否意识到以及是否能用文字表达出这种特别的理由。清楚表达企业使命，对于企业战略管理过程来说至关重要，它能为企业资源分配提供基础与准则，从而对企业组织内部各种相互冲突的目标起到一定的缓解与协调作用；能为企业员工了解组织目标与方向提供机会，从而有助于在组织内部树立起团结奋发精神，将组织的业务宗旨转化为具体的行动目标，将战略任务落实到每一位员工身上。

从另一层面讲，每个行业都存在行业文化，而且行业之间的文化往往有着较显著的差异，比如制造业的文化就有它自身的行业特点，从管理方面来说，它可能比较严格，注重质量的管理、生产的效率、纪律性等，而一些新兴产业，如IT行业的特征则更多地注重宽松的环境、注重员工的创新性、注重相互之间的交流。因此企业在制定战略时，特别是考虑行业选择时，必须以目前本企业的文化现状为基础。每一个行业都有其文化个性，在这个行业没有革命化的变化之前，行业的基本特性是不会改变的，是必需的，因此，企业的文化特质在很大程度上决定企业总体战略中有效的行业选择。

(2) 企业文化是企业战略实施的重要手段。企业制定战略以后，就需要全体成员积极有效地贯彻实施。企业文化正是激发人们热情、统一群体成员意志的重要手段。

第一，企业文化为战略实施提供行为导向。这是由人的本性所决定的。新制度经济学认为，人是有限理性的。在企业中往往并不是所有的员工都能在同一时间对企业新的发展战略、经营思路做到完全领悟，在这种情况下，大家如何齐心协力往前走，这就需要企业文化的引导。正如贾春峰教授所指出，企业精神、企业价值观是企业行为中另一只“看不见的手”，在企业运作中作为“无形的手”在发挥作用，而这种作用可以渗透在企业行为的各个方面。

企业文化的导向功能是指它对企业行为方向所起的显示、诱导和坚定作用。首先，企业文化能显示企业发展方向。企业文化以概括、精粹、富有哲理性的语言明示着企业发展的目标和方向，这些语言经过长期的教育、潜移默化，已经铭刻在广大员工心中，成为其精神世界的一部分。其次，企业文化能诱导企业行为方向。企业文化建立的价值目标是企业员工的共同目标，它对员工有巨大的吸引力，是员工共同行为的巨大诱因，使员工自觉地把行为统一到企业所期望的方向上去。因此优秀的企业文化能有效地弥补人的有限理性的不足，将广大员工的行为引导到共同的企业发展目标和方向上来。

第二，企业文化具有双重的激励功能。这也是根据人的本性所决定。从传统经济学看，人是经济人，人人都惟利是图，希望财富最大化。但这与现实并不完全吻合，例如现实生活中，不少私营企业包括个体户也支持社会公益方面的活动。新制度经济学认为，人具有双重性，一方面追求物质利益，另一方面又追求非财富的最大化，那么文化管理就可以很好地满足这两个方面的需求。企业文化搞得好的企业很注重对员工的物质激励，如实施员工持股计划、高级管理人员的股票期权制度等，这很好地满足了人们对财富最大化的需求；另一方面，文化管理的一个最大特点是注重一种精神文化氛围的营造，通过共同使命的认定、团队的建设、情感的管理等来满足人们在非财富最大化方面的追求，使大家能认识到在企业工作的价值所在。因此，企业文化可以很好地起到一种双重激励的功能。

第三，企业文化具有全方位的约束功能。为什么企业员工需要约束？这也是因为人的基本性质所决定的。孟子认为，人之初，性本善，而荀子则认为人性本恶。但从新制度经济学角度来讲，人不可避免地有机会主义行为倾向，人在没有监督的情况下总是倾向于使自己的利益最大化，有时就可能妨碍企业和社会的利益，因此需要约束。如何约束？企业可通过制度的管理，用制度来约束。但是制度也存在不足，它很难做到完备，因为制度是人制定，人是有限理性的，因此它很难完备。退一步讲，即使制度很完备的话，制定制度的成本也会很高，而且落实制度的监督成本也往往很大。如何弥补制度的不足，这就需要一种软的约束。相对来说，制度约束是硬的约束，而文化管理就可以起到软的约束作用。就如一个国家，除了以法治国外，还要以德治国。对于企业来讲，除了企业的规章制度外，同时它需要一种文化的管理，通过共同的舆论导向，共同的行为模式，形成员工自觉的行动。

企业理念文化构成企业的主要非正式约束。其约束功能主要是从价值观念、道德规范上对员工进行软的约束。它通过将企业共同价值观、道德观向员工个人价值观、道德观的内化，使员工在观念上确立一种内在的自我约束的行为标准。一旦员工的某项行为违背了企业的信念，其本人心理上会感到内疚，并受到共同意识的压力和公共舆论的谴责，促使其自动纠正错误行为。因此优秀的企业文化可以降低企业运行的费用，达到全方位的约束功能。

（3）企业文化与企业战略必须相互适应和协调。由于一个企业的企业文化是相对稳定的，不易变革，有一定持续性。因而，企业战略的制定和实施都必须适应已有的企业文化，不能过分脱离企业文化现状。从战略实施的角度来看，企业文化既要为实施企业战略服务，又会制约企业战略的实施。当企业新的战略要求企业文化与之相配合时，企业的原有文化变革速度却非常慢，很难马上对新战略作出反应，这时企业原有文化就可能成为实施企业新战略的阻力，因此在战略管理过程中，企业内部新旧文化更替和协调是战略实施获得成功的重要保证。

第一，注重行业文化的培育。公司领导层往往知道什么人最适合从事某一类工作，并在聘用时使某人在某一岗位上取得成功。可是，令人遗憾的是，领导者很少考虑相同的问题：哪一种公司文化最适合于公司的行业特性并能自觉地推动战略目标的实现，然后用心去寻找这种文化或是建立这种文化，使公司文化的特性与产业的特质一致，以使公司获得自觉的发展。

有雄心在某一行业中树立竞争优势，就必须将这一伟大的目标，具体演化为与行业相适应的使命、精神、价值观、行为方式等，并使其员工对此有普遍的认同和自觉，使之成为文化，这样才能使公司的战略目标成为一种可操作的实现过程。

第二，企业并购要注重文化融合。企业并购是实现企业快速成长和低成本扩张的一种重要方式，因此近年来企业并购在全球范围内呈现风起云涌的势头。但纵观历史上的企业并购重组，往往以失败者居多。美国默瑟管理咨询公司对300多次企业并购进行了调查，结论是大约2/3的公司并购以失败而告终。麦肯锡咨询公司也曾对公司间并购做过一次大规模调查，得出了同样发人深省的结论，并购10年后只有近1/4的公司获得成功。究其原因，双方企业文化不能很好融合是其中一个重要的因素。并购企业与被并购企业如果在企业文化上存在很大的差异，企业并购以后，被并购企业的员工不喜欢并购企业的管理作风，并购后的企业便很难管理，这将严重影响并购后企业的有效运作和最终企业的经济效益。企业在完成并购后，原有各企业长期奉行的决策偏好和参照系统往往会发生冲突，将被并购企业在并购前形成的企业文化有效地融合进并购方的企业文化，以降低一体化经营过程中的内部摩擦成本，对于并购完成后企业最终运行效果的好坏将起着重要的作用。

（4）企业文化建设要符合企业发展战略的要求。首先，企业理念文化必须以企业发展战略为依据，离开了战略发展的理念，是盲目的、短视的。企业理念中的基本理念，如企业目标、经营理念等，与企业的发展战略所规定的产业结构、未来目标、经营方向直接相关。例如企业若采用成本领先的竞争战略，则企业理念应突出强调成本意识和成本管理。若企业实施一种人力资源的职能战略，则企业理念应突出人才理念和人本精神。其次，企业制度和行为文化也必须以企业发展战略为依据。制度建设要服务于发展战略的实施。再次，企业物质文化同样必须以企业发展战略为依据。物质文化是企业理念文化的载体，也是企业战略实施的重要条件。如近年来，全球经济增长减缓，市场竞争变得越来越激烈。如何在新的环境里维护和加强自己在市场竞争中的地位，对各个企业来说都是不得不考虑的问题。于是，许多企业纷纷调整竞争战略，收缩或者扩展业务，企业的经营理念也相应随之发生变化。为了在新的竞争环境中重新定位企业形象，展示企业新的文化理念，获得新的竞争力，许多企业纷纷进行企业品牌标识的创新和切换。

2003年4月28日，联想集团正式放弃旧的品牌标识"联想 LEGEND"，全面切换新的品牌标识，在国内正式采用"lenovo联想"作为联想集团品牌标识，在海外采用"lenovo"作为联想集团品牌标识。2003年2月18日，可口可乐（中国）饮料公司在上海对外公开宣布，正式更换包装，启用新标识，这是可口可乐公司自1979年进入中国市场以来首次改用中文新标识。从联想和可口可乐品牌标识切换的例子我们不难发现，企业在特定发展阶段有时需要进行品牌标识切换。联想舍弃使用长达19年之久的原品牌标识，是为了下一步的国际化战略目标；而可口可乐为了更好地适应中国市场竞争的需要，首次改用中文新标识。

综上所述，企业文化建设是离不开企业发展战略的，对于尚未进行发展战略规划的企业来说，企业文化建设的首要任务之一，就是要勾画出企业发展战略的轮廓，或者制定企业的发展战略，并以此作为文化建设的基本依据。

（二）企业文化建设的基本原则

建设企业文化时可遵循以下基本原则：

1. 企业文化建设要与企业战略管理相结合

企业文化由于其导向、约束、凝聚、激励等重要功能，成为企业战略实施的重要手段。但当企业战略发生较大调整，企业文化由于变革的缓慢又可能制约企业战略的实施，因此，企业文化必须与企业战略相适应。加强企业文化建设，首先必须有一个明确的企业发展战略。只有紧紧地将文化建设与战略管理相结合，企业文化建设才能有不竭的动力和明确的方向。

2. 企业文化建设要体现行业特点和企业个性

企业文化是一种亚文化，既存在于民族社会文化之中，又因各企业的类型、行业性质、规模、人员结构等方面的差异而有所不同。企业文化的共性是时代特征和社会特征的综合体，反映了社会环境对企业文化的影响。然而，企业文化又是企业基本特点的体现，是一个企业独特的精神和风格的具体反映，并以其鲜明的个性区别于其他企业，形成自己的具体特点。每个企业应根据本企业的具体情况，因地制宜地建设适合自己需要的、具有行业特点和自己特色的企业文化。

3. 企业文化建设与形象管理相互促进

企业文化是企业形象的内在根基，企业形象是企业文化的外在表现。企业形象是企业内外对企业的整体感觉、印象和认知，是企业状况的综合反映。企业形象是企业在与社会公众（包括企业员工）通过传播媒介或其他方式的接触过程中形成的。企业形象有好与不好之分，当企业在社会公众中具有良好形象时，消费者就愿意购买该企业的产品或接受其提供的服务；反之，消费者将不会购买该企业的产品，也不会接受其提供的服务。因此企业应将文化建设和形象管理有机地结合起来。

4. 注重人本和发挥企业领导群体的核心作用相结合

企业文化建设必须坚持人本主义，注意以广大员工为文化建设的主体。企业是由广大员工组成的，文化体系的最终完成与实现有赖于企业广大员工的认同、积极配合与行为上的支持，因此，文化建设必须以全体员工的整体愿望为基点。只有如此，才能确保文化建设的有效性。

企业文化是人们意识能动的产物，不是客观环境的消极反映。在客观上出现对某种文化的需要往往交织在各种相互矛盾的利益之中，羁绊于根深蒂固的传统习俗之内，因而一开始总是只有少数人首先觉悟，他们提出反映客观需要的文化主张，倡导改变旧的观念及行为方式，成为企业文化的先驱者。正是由于领导群体和先进分子的示范，启发和带动了企业的其他人，形成了企业新的文化模式。领导群体对新文化的塑造可以起到很好的倡导和总结的作用，可以起到很好的宣传和鼓动作用，可以起到很好的表率和示范作用。

5. 企业文化建设与企业生产经营、各项管理的具体活动有机结合

企业文化管理是一种特殊的企业管理，必须与企业各项管理工作有机地结合在一起才

能发挥其强大的文化力作用。企业文化建设实践告诉我们，企业文化“落地”就是将企业文化建设与企业的中心工作、生产经营紧密结合，与管理紧密结合。这也是企业文化建设必须遵循的与实际相结合的根本原则的具体体现。

6. 共识原则

“共识”，是指共同的价值判断。共识是企业文化的本质。企业文化建设强调共识原则，是由企业文化的本质所决定的。人是文化的创造者，每个人都有独立的思想和价值观，都有自己的行为方式，如果在一个企业中，任由每个人按自己的意志和方式行事，企业就可能成为一盘散沙，不能形成整体合力。企业文化不是企业中哪个人的“文化”，而是广大成员的文化。因此，只有从多样的群体及个人价值观中抽象出一些基本信念，然后再由企业在全体成员中强化这种信念，进而达成共识，才能使企业产生凝聚力。可以说，优秀企业文化本身即是“共识”的结果。因此，建设企业文化必须不折不扣地贯彻这一原则。

在企业文化建设中贯彻共识原则，应特别强调发挥文化网络的作用。企业文化的形成过程，就是企业成员对企业所倡导的价值标准不断认同、内化和自觉实践的过程。而要加速这一过程，就需要发展文化网络，通过正式或非正式的、表层的或深层的、大范围的或小范围的各种网络系统，相互传递企业所倡导的这种价值标准和反映这种价值标准的各种趣闻、故事以及习俗、习惯等，做到信息共享，以利于共识的达成。

同时，贯彻共识原则，还需要逐渐摒弃权力主义的管理文化，建立参与型的管理文化。权力主义的管理文化过分强调行政权威的作用，动辄用命令、计划、制度等手段对人们的行为实行硬性约束，在决策与管理中，往往用长官意志代替一切，这样做肯定不利于共识文化的生长。因此，打破权力至上的观念，实行必要的分权体制和授权机制，是充分体现群体意识，促使共识文化形成的重要途径。

7. 子公司文化体系的建立要与母公司的文化战略相衔接

有些公司规模较大，组织结构方面呈现出一种母子公司体制。作为母公司下属的子公司所要建立的文化体系首先必须考虑自身所处的环境特征，保证公司文化体系具有鲜明的特征的同时，还要注意与母公司的文化战略相衔接。

8. 企业文化建设要坚持继承优良传统与不断开拓创新相结合

企业文化建设必须吸收企业有史以来所形成的一切优良传统，从中寻找企业文化的根基，提炼出带有本企业特色的、已经被广大干部员工认同的文化因素，形成企业文化的果实。当然，企业不能停留在这些主观成果上，必须时刻依据企业的发展，形势的变化，进行企业文化的创新与变革。市场取向决定企业文化建设能否适应企业自身发展需要，创新性是企业文化建设必不可少的工具，它们都是企业文化建设的最基础的源泉和动力，也是企业文化建设必须遵循的基本原则。

（三）企业文化建设的主要环节

要把握好企业文化建设的主要环节，首先需要弄清企业文化的形成机制，并了解企业文化形成的过程及规律。

1. 企业文化的形成机制

企业文化通常是在一定的生产经营环境中，为适应企业生存发展的需要，首先由少数人倡导和实践，经过较长时间的传播和规范管理而逐步形成的（见图 2－2）。其过程如下图所示。

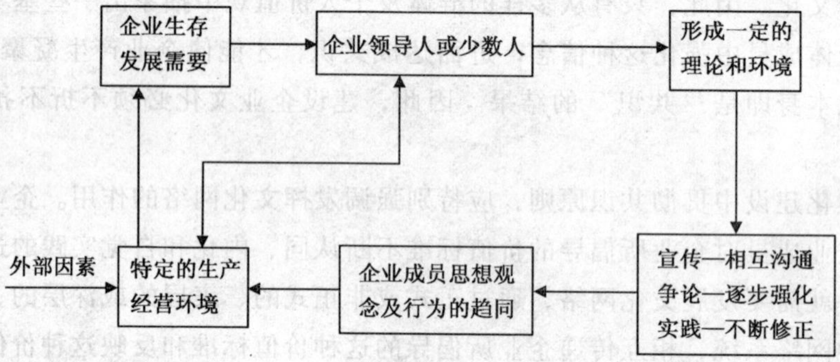

图 2－2

（1）企业文化是在一定环境中由于企业生存发展的需要而形成的。存在决定意识，企业文化的核心价值观就是在企业图生存、求发展的环境中形成的。例如用户第一，顾客至上的经营观念，是在商品经济出现买方市场，企业间激烈竞争的条件下形成的。大庆的为国分忧、艰苦创业、自力更生的精神，在很大程度上是在 20 世纪五六十年代我国面临国外封锁、国内经济困难，石油生产又具分散及一定危险性等环境下形成的。企业作为社会有机体，要生存、要发展，但是客观条件又存在某些制约和困难，为了适应和改变客观环境，就必然产生相应的价值观和行为模式。同时，也只有反映企业生存发展需要的文化，才能被多数员工所接受，才有强大的生命力。

联想公司在成长和发展过程中形成了四条核心价值观。联想是 20 世纪 80 年代成立的，那时创业者的理想是希望个人的价值得到释放，当时有一句很有名的话就是“5% 的希望变成 100% 的现实”，这奠定了联想创业创新的一种文化。联想核心价值观的另一条是服务客户。20 世纪 80 年代中至 90 年代初，中国开始向市场经济转轨，联想树立客户意识观念，真正把客户放到最重要的位置，树立起靠客户吃饭的理念。20 世纪 90 年代中期联想有一个变化，很多创业者退居二线，业务基本都是年轻人做，平均年龄在 20 多岁，换了一代人，出现了很随意性的文化。这又面临着新的问题，同时还面临着与世界接轨，需要重新树立目标导向。针对当时情况，公司提出了八字方针：严格、认真、主动、高效。这八字方针保证了公司在迅速膨胀的过程中队伍稳定，进入了规则导向。精准高效界定规则导向是这一时期的核心价值观。20 世纪 90 年代末，面对 Internet 的挑战，联想每年进大批的新员工，今天联想公司 60% 的人都是近年进来的人，他们带来了新鲜、活跃的思想，纯严格的文化受到挑战，形势要求公司更开放、更沟通、让人更主动。企业越来越大，分工越来越细，要求大家在文化上非常愿意互相共享，联想又从管理上提出相应口号。不提倡人人做螺丝钉，而要做发动机。提出了亲情文化、平等、信任、欣赏成为这一时期的核心价值观。

（2）企业文化发端于少数人的倡导与示范。文化是人们意识的能动产物，不是客观环境的消极反映。在客观上出现对某种文化需要往往交织在各种相互矛盾的利益之中，羁绊于根深蒂固的传统习俗之内，因而一开始总是只有少数人首先觉悟，他们提出反映客观需要的文化主张，倡导改变旧的观念及行为方式，成为企业文化的先驱者。正是由于少数领袖人物和先进分子的示范，启发和带动了企业的其他人，形成了企业新的文化模式。

企业文化的新要素开始往往比较集中地体现在企业少数代表人物身上（如企业的英雄、模范、标兵等）。因为任何一种积极的企业文化的形成，总是以少数人具有的先进思想意识（如王进喜的"铁人"精神、张秉贵的"一团火"精神等）为起点向外发散，通过领导者的积极倡导和身体力行，使之渗透在企业每一个员工的行为、每件产品的制造过程以及经营管理的每一个环节之中，进而逐渐成为多数人的"共识"。尤其是当企业全员的"共识"在某些方面总体处于消极落后状态时，更要善于从中发现积极的因素——"个识"，通过精心培植，使之成长壮大，形成"共识"，进而带动整体企业文化的进步与创新。

（3）企业文化是坚持宣传、不断实践和规范管理的结果。企业文化实质上是一个以新的思想观念及行为方式战胜旧的思想观念及行为方式的过程，因此，新的思想观念必须经过广泛宣传，反复灌输才能逐步被员工所接受。例如，日本经过几十年的宣传灌输，终于形成了企业员工乃至全民族的危机意识和拼命竞争的精神。

企业文化一般都要经历一个逐步完善、定型和深化的过程。一种新的思想观念需要不断实践，在长期实践中，通过吸收集体的智慧，不断补充、修正，逐步趋向明确和完善。

文化的自然演进是相当缓慢的，因此，企业文化一般都是规范管理的结果。企业领导者一旦确认新文化的合理性和必要性，在宣传教育的同时，便应制定相应的行为规范和管理制度，在实践中不断强化，努力转变员工的思想观念及行为模式，建立起新的企业文化。

2. 企业文化形成的过程及规律

从个体的微观角度来看，对于少数领袖人物和先进分子的文化愿景，员工个人是如何形成积极的态度的呢？这个态度形成过程其实就是员工认识、接受、认同、内化文化愿景并转化为个人信念的过程。

企业文化是作为企业绝大多数员工共享和自觉遵守的理念和行为方式而存在的。少数领袖人物和先进分子创建、倡导的文化理念内化为普通员工个人的信念，外化为员工的行为结果，这必然是一个渐进的过程，也是员工个人对文化愿景逐渐形成积极态度的过程。员工对少数领袖人物和先进分子倡导的文化愿景，通常要经历一个熟悉、遵从、领悟、认同、内化的过程。

（1）熟悉。企业可以构建一整套文化信息传播网络，如内刊、电视台、内部计算机互连网络、标语、制度文本、培训等。员工通过文化传播接触到这些新文化的信息，感受到文化愿景是“这样的”，从而可以了解、熟悉企业新的文化语言、符号、方式、过程、观念、规则等。

（2）遵从。员工遵守、服从领导者根据新文化要求制定的新的企业制度，并做出符合领导者要求的新行为。遵从带来奖赏，违背遭致惩罚。人们都有趋利避害、趋乐避苦的天性。员工为了维护个人利益，不管在认识上是否深入，情感上是否接受，都开始在行动上遵从企业的新制度。

（3）领悟。员工虽然广泛接受了文化愿景的信息，遵从新制度做出领导者期望的行为，但并不意味着都能领悟到文化愿景的精髓。领悟不仅意味着对信息的大量记忆、了解，而且意味着对文化理念和价值观的理解、把握。员工从接触的大量信息中真正悟出了新文化的真谛，这是员工在情感上愿意接受文化愿景的前提和基础。

（4）认同。员工不但认识到新文化的意义和重要作用，领悟到文化愿景的精髓，而且对新文化有了情感体验，对它形成积极的态度，愿意按照新文化的指引行动，那么员工就到达认同文化愿景的阶段。

（5）内化。内化也就是价值观信念化。信念是认识和情感的“合金”，少数领袖人物和先进分子倡导的价值观一旦被员工接受并转化为内心的信念，就意味着员工对这些价值观的实质有了全面深刻的理解，把握到了它们的精髓，悟出了它们的真谛，同时对它们产生和积累了丰富而又深刻的情感体验。此时，倡导的新价值观就成为员工个人的内在信念，新价值观开始成为企业的新文化。

3. 企业文化建设的主要环节

根据企业文化的形成机制、过程和国内外企业的成功经验，在企业文化建设中应抓好以下主要环节：

（1）科学地确定企业文化的内容。在确定企业文化内容的过程中，应考虑以下几点：

第一，以企业发展战略为参照，对既有文化进行梳理，并提出未来发展需要的新文化要素。企业文化要配合企业发展战略的需要，为促进企业发展服务。对既有文化进行梳理，是对本企业的历史和现状，特别是对企业实践中直接产生的观念和意识，进行系统深入的回顾、调查、分析和研究。对于已经被员工普遍认同的文化要素，要以企业发展战略为基准，将符合企业发展战略要求的文化要素保留下来，并发扬光大；将不再符合企业发展战略要求的文化要素通过文化变革抛弃掉。企业通常还需要根据未来发展战略的新要求提出某些新的文化要素，作为新文化的种子，经过精心培育，使其逐步成为新文化的一部分。

第二，根据企业的外部客观环境和内部现实条件，形成企业的共性文化和个性文化。例如社会化大生产要求协作精神、严格的纪律和雷厉风行的作风；商品经济要求与用户搞好关系，保证产品和服务质量。这些都是不以民族和企业特点为转移的。但各企业在自然资源、经济基础、人员构成等方面存在差异，客观上会产生和要求不同的文化特点。例如投资大、见效慢、风险性较大的企业，一般需要远见卓识、深思熟虑、严谨的态度和作风，而生产生活消费品的企业则要求灵活、机敏的作风。

第三，对源远流长的民族文化和现有的企业文化采取批判与继承的态度，参照企业发展战略的要求，取其精华，去其糟粕，采取辩证分析的方法，不能简单地肯定或否定。特别要善于发扬本企业的优良传统。北京同仁堂员工道德规划中注重弘扬“德、诚、信”三大优良传统，如其中“诚”包含诚实：货真价实，做到童叟无欺；诚心：周到服务，不讲份内份外；诚恳：倾听意见，不计顾客身份。

第四，以企业发展战略的要求为基准，博采众长，借鉴吸收其他民族和企业的优秀文化。日本松下电器公司就十分注重荟萃世界优秀企业文化。它规定在国外的子公司有研究各国企业文化的使命，子公司领导人回国述职或参加培训，首先要报告所在国家和地区企业文化的特点。对于外来的企业文化，也不能简单地采取“拿来主义”，而应持认真鉴别，分析研究，有选择吸收的态度。要搞清楚哪些是优秀的，哪些是适用于自己的。同时，采借别人的长处、精华，还必须进行一番改造，才能适用于自己的企业。如20世纪50年代初，美国人给日本企业家传授产品质量管理的考评和测量技术，很快被改造成世界著名的QC小组活动。

第五，重视个性发展。一个企业的文化个性，是这个企业在文化上与其他企业不同的特性。它只为这个企业所有，只适用这个企业，是这个企业生存、发展条件及其历史延续的反映。国内外的优秀企业，都是具有鲜明的文化个性的企业。同是美国文化区域内的企业，惠普公司文化便表现出许多与众不同的地方。它倡导团体主义，主张建立轻松、信赖、和谐的人际关系。公司宗旨明确写着：“组织成就乃系每位同仁共同努力之结果。”我国企业自觉的文化建设刚刚开始，一般企业还不具备自己独特的文化风格，更需要重视企业文化个性的发展。首先要认清自己的特点，发挥本企业及其文化素质的某种优势，在自己经验基础上发展本企业的文化个性。

（2）宣传倡导，贯彻落实。

第一，广泛宣传，形成共识。大庆油田1205钻井队是“铁人”王进喜生前领导的钻井队，以后虽换过不少届领导班子，员工也不断更新，但由于坚持对工人进行艰苦创业传统的宣传，“铁人精神”一直保持并发扬光大。

西安杨森的总裁经常在大小会议上讲到：“我们的工资是谁付的？我们的水费、电费是谁付的？我们的工作环境与条件是谁提供的？是顾客！是顾客掏出腰包中的钱买我们的产品，我们才得以生存。因此，顾客是上帝。而‘世上没有免费的午餐’，如果我们不能提供优质的产品和良好的服务，使顾客花钱后得以满足，他们就会离我们而去。那样我们就会失业，企业也将面临倒闭。因此，市场导向、顾客至上是我们每位员工的职责与义务，只有每位员工在每个岗位上都尽职尽责地为顾客服务，创造性地提供超值的服务，甚至连顾客都想不到的服务，我们的企业才能越办越有生机，我们的事业才会兴旺发达。”强调“世上没有免费的午餐”，提醒每位员工时刻牢记顾客至上，事事为顾客着想。无论是节假日，只要顾客要求发货，相关人员立即组织安排，及时发货。“客户的需求就是命令”成为西安杨森人的共识。

第二，领导带头，身体力行。企业领导者是企业文化的龙头，企业领导者的模范行为是一种无声的号召，对员工起着重要的示范作用。因此，要塑造和维护企业的共同价值观，领导者本身应成为这种价值观的化身，并通过自己的行动向全体成员灌输企业的价值观。首先，领导者要注重对企业文化的总结提炼、宣传倡导。其次，要表率示范，在每一项具体工作中都体现企业的价值观。

第三，完善制度，体制保证。企业文化建设过程中需要运用软硬结合的管理技巧。在建设企业文化时应“软硬”兼施，相辅相成。在培育企业员工整体价值观的同时，必须建立、健全、完善必要的规章制度，特别是相应的激励和约束机制，使员工既有价值观的导向，又有制度化的规范。同时，在建设企业文化时，要调整好企业内部的组织机构，建立和形成文化建设所要求的组织体系。

第四，树立榜样，典型引导。发挥榜样的作用是建设企业文化的一种重要而有效的方法。把那些最能体现价值观念的个人和集体树为典型，大张旗鼓地进行宣传、表彰，并根据客观形势的发展不断调整激励方法，有利于优秀企业文化的形成和发展。迪尔和肯尼迪在其合著的《公司文化》一书中，把英雄楷模人物作为企业文化五大构成要素之一，认为没有英雄人物的企业文化是不完备的文化，是难以传播和传递的文化。

第五，加强培训，提高素质。一个企业若员工的基本素质不高或缺乏良好的职业道德，生产力的健康持续发展是不可能的，企业文化建设也只能是纸上谈兵。加强培训，不断提高企业员工基本素质，是建设企业文化的基础保证。在日本松下电器公司，每一个走上工作岗位的年轻人，都必须首先接受职业道德、经营思想、集体意识、自我修养的集训，进行语言、待人接物的礼节教育，考试合格后才被录用。

（3）积极强化，持之以恒。企业员工的价值观、信念、作风、口号、习俗、礼仪等文化要素，是不断进行积极强化的产物。强化指的是人们的某种行为因受到一定刺激而获得继续或中断的过程。获得行为继续下去的结果的强化，叫做正强化或积极强化；使行为中断或中止的强化，叫做负强化或消极强化。积极强化的刺激使人们获得奖赏性情绪体验，而消极强化的刺激带给人们惩罚性情绪体验。趋乐避苦，趋利避害，是人类行为的基本法则，在建设企业文化时也应遵循这些法则，对员工的良好行为给以积极强化，对不良行为给予必要的负强化。

企业文化建设应是企业的长期行为，靠短期突击不能奏效，而且是有害的。由组织的少数人创造、倡导的某种文化质，传播到组织的每个团体，再由一个个团体传播给每一个人，使之在企业的每个角落里生根、开花、结果，这是一个长期的过程。改变企业文化的模式，不仅要长期积累新文化质，而且要同旧文化质的“惰性”作反复较量、长期斗争。学习、采借别的文化质，不仅要经过鉴别，以决定取舍，而且要经过长时间的加工制作、消化领会，才能把它吸收进自己的文化里。因此，进行企业文化建设必须长期努力，持之以恒。

1996年11月22日，西安杨森的90多名高级管理人员和销售骨干与来自中央和地方新闻单位的记者及中国扶贫基金会的代表一起由江西宁岗县茅坪镇向井冈山市所在地的茨坪镇推进，开展了步行30.8公里的“96西安杨森领导健康新长征”活动。西安杨森作为一个外商投资企业为什么要组织这样的长征活动？郑鸿董事长说的好：“死守历史的光荣和忘记光荣的历史都是不对的。我们要成为一家伟大的公司。但伟大是要全社会认可的，不会是三年五载一蹴而就的事情。远大的目标一定要落实到具体的工作中去。进行健康新长征就是要用光荣的红军长征精神激励和鞭策我们开创更加美好的未来。”西安杨森通过重走长征路的活动磨练了经理人和销售队伍的意志，培养了团队精神。

通用电器公司前总裁杰克·韦尔奇强调：“在通用，经营信条手册人手一份，存放于皮包或钱夹里，我们无时无刻不在维护它，倡导它。一旦有人违背了这些信条，那么他们必然会被淘汰”。

（4）理论研究，深化提高。社会文化的脚步是永不停歇的，是不断发展前进的。企业文化也必须运用发展的眼光，紧跟时代发展的步伐。企业文化建设必须要站在企业发展的高度，瞄准社会文化和企业文化发展的轨迹，不断地进行调整、自我完善与创新研究，深化提高。企业文化的理论研究要坚持理论联系实际的原则，结合企业自身实际发展的需要，展开全面的理论研究，推动企业文化的深入发展。

4. 企业文化建设的体系

企业文化建设过程中可以笼统地分成四大体系，即以塑造核心价值观为内核的企业文化理念体系；以提高管理者的文化自觉为牵引的企业文化组织领导体系；以文化力促进生产力为归宿的企业文化灌输渠道体系；以全面提升管理水平为标定的企业文化考核体系。

（1）理念体系。企业文化建设的标志性工作是塑造核心价值观，而价值观建设是理念体系建设的核心内容，它是企业主导的价值意识，使企业在经营管理活动中共同遵守的，为全体员工所认同的，具有企业特色的价值观念，是企业理念体系的基础和灵魂。理念体系能从员工的主观意识入手，提高企业管理层的企业文化意识，规范员工的职业行为，最终为企业文化建设创造良好的思维理念。

（2）组织领导体系。在一定意义上讲，企业文化是管理者的文化。管理者在企业文化建设中具有他人无法代替的主导作用。建立组织领导体系，要求培养管理者高度的文化自觉，建立健全强有力的组织领导体系。管理者树立正确的权力观——领导职务只是企业组织结构中的一个岗位，权力是职务的权利。这种权力只有通过带头、牵引和影响力的作用才能获得广大员工的认可和支持，才能进一步调动员工的积极性和创造性。

（3）灌输渠道体系。建立灌输渠道的实质是形成强大的文化力，进而用文化力促进生产力的发展，使企业文化建设"落地"。灌输渠道体系可指文化系统，也可指由一系列的活动平台组成。通过这些渠道的工作，使得企业文化理念体系的传播、落实。建立完善的灌输体系，能够树立起"以人为本"的管理理念，培养团队精神，用制度来规范企业文化建设的灌输渠道体系的执行，在制度与文化相辅相成的双重作用下，使企业文化建设具有极强的可操作性。

（4）考核评价体系。考核评价体系是企业文化建设的一个主要组成部分，承担着企业文化建设过程中的总结、提炼和创新的主要职责。科学化、制度化的考评是企业文化建设中承上启下、承前启后的重要环节。考核评价的过程，也是对企业文化建设的认识、实践、再认识、再实践的过程，既是认识不断提高的过程，也是实践不断成功的过程。它必须坚持科学性、客观性、系统性、时间性、有效性的原则，才能建立起企业文化建设考核评价体系。

（四）企业在文化建设过程中应关注社会责任

企业一方面为社会创造了丰富的物质财富，但另一方面，一些企业中存在的假冒伪劣问题、食品安全问题、诚信缺失问题、安全生产问题等也给社会带来了诸多的负面影响，因此企业在文化建设过程中应该关注自身的社会责任。现代社会企业应积极担负起企业社会责任，以促进企业自身和社会的可持续发展。

1. 企业担负社会责任的必要性

（1）企业必须考虑利益相关者的利益。企业并不孤立，20 世纪 90 年代以来，企业利益相关者（stakeholder）概念变得越来越具有重要意义。利益相关者是在一定企业中拥有一种或多种权益的个人或群体。

大卫·惠勒（David Wheeler）和玛丽亚·西兰帕（Maria Sillanpaa）提出了一个对利益相关者进行分类的方法。他们运用主要和次要、社会和非社会的类别划分法，把企业利益相关者分类如下：

第一，主要的社会利益相关者：股东和投资者；普通员工和管理者；顾客；当地社区；供应商和其他合作企业。

第二，次要的社会利益相关者：政府和监管机构；市政机构；社会压力群体；媒体和学术评论者；贸易团体；竞争者。

第三，主要的非社会利益相关者：自然环境；未来的几代人；非人类物种。

第四，次要的非社会利益相关者：环境保护压力群体；动物福利组织。

主要的社会利益相关者在企业中拥有直接的权益，对企业的成功起着直接的影响作用。次要的社会利益相关者也具有对企业极大的影响力，尤其在企业的声誉和社会地位等方面，他们更能代表公众的利益。

企业与利益相关者之间的互动、交叉影响的关系。利益相关者可被认为是“企业能够通过行动、决策、政策、做法或目标而影响的任何个人或群体。反过来说，这些个人或群体也能影响企业的行动、决策、政策、做法或目标。”

假如企业组织意欲取得可持续的发展，它必须迎合利益相关者合理合法的需要和期望。由于企业必须要与利益相关者打交道，所以，它就必须采取合乎伦理的做法。惠勒和西兰帕认为，落实“利益相关者之要义”是21世纪公司成功的关键。

（2）企业在社会中发挥的作用将越来越大。托马斯·佩蒂特（Thomas Petit）认为：工业社会面对着主要由于大公司的出现而带来的严峻的人文和社会问题；企业管理者在执行公司事务时要能够解决或至少是缓解这些问题。

企业为了自身的长期利益应向社会负责。佩蒂特指出，今天社会出现的许多问题与企业自身的失误有一定的关系，企业应该在解决这些问题的过程中起到自己的作用。假如企业打算在将来生存和发展，社会状况的恶化必须得到遏制。

现代社会十分关注企业履行社会责任的状况。一些知名组织和公众媒体纷纷展开了对企业社会表现的评比活动，如财富杂志对最受赞赏和最不受赞赏公司的排名；CEP（经济优先权协会）的企业良心奖，致力于鼓励在社会活动和环境保护中的积极表现；商业伦理杂志每年出版“企业公司100佳”报告专集，并颁发“商业伦理”奖。

随着我国市场化进程的推展，未来将越来越呈现出一种小政府大社会的总体格局。在小政府大社会的结构下，我国企业正在担负起先前未担负的社会责任，在社会生活中将发挥越来越大的作用。

2. 企业社会责任的内容

阿奇·卡罗尔（Archie. B. Carroll）认为，企业社会责任（corporate social responsibility，CSR）意指某一特定时期社会对组织所寄托的经济、法律、伦理和慈善的期望。

（1）经济责任。美国社会规定企业首先是一个经济机构。也就是说，企业应该是一个以生产或提供社会需要的商品和服务为目标，并以公平的价格进行销售的机构。

（2）法律责任。社会制定一些基本规则—法律，希望企业在法律的框架内开展生产经营活动。但法律涵盖不了社会对企业的所有期望行为。第一，法律应付不了企业可能面对的所有新情况和新问题，如电子商务、基因工程食品等带来的新问题不断出现；第二，法律常常滞后于新的科技进步。如当技术可对环境污染做出更精确的测量，则基于原来技术的相应法律则变得不合时宜；第三，法律总是由立法者制定的，往往体现的是立法者的个人利益和政治动机。

（3）伦理责任。法律是重要的，但永远不够用。伦理责任包括那些为社会成员所期望或禁止的、尚未形成法律条文的那些活动和做法。消费者、员工、股东和社区认为公平、正义的，同时也能尊重或保护利益相关者道德权利的，凡能反映如此信义的所有规范、标准、期望都是伦理责任所包括的。

（4）慈善责任。企业自愿的慈善活动或行为被视为责任是因为它们反映了公众对企业的新期望。这样的活动包括企业捐款、赠送产品和服务、义务工作、与当地政府和其他组织的合作，以及企业及其员工自愿参与社区或其他利益相关者活动。

虽然社会总是期望企业负起慈善责任，但总的看来，这类责任是由企业自由决定要不要承担。

用更实际或体现管理目的性的词语来说，一个对社会负责的企业应该努力做到：

盈利；遵守法律；合乎伦理地做事；成为好的企业公民。

3. 企业伦理应遵从的主要原理

20 世纪初开始的企业现代化历史，可以说是管理科学的确立和不断进步的历史。自泰勒提出科学管理法后，管理科学得到了极其迅速的发展。大规模工业生产模式的确立和大规模销售体系的扩展，使企业得到成长壮大，成为今日各先进国家经济发展的原动力。那么，使这一切成为可能的根本价值原理是什么呢？

（1）效率性原理和竞争性原理。我们认为，虽然有各种各样表达方式或归类方法，但归根结底都可归并为“效率性原理”和“竞争性原理”。

所谓“效率”就是以最小的投入获得最大的产出，就是说谋求最小开支最大效果的原理，称为“效率性原理”。企业内部采取的许多措施，如全面削减各种经费，在条件不变情况下提高生产率，以更低廉的价格购入原材料、机械材料、商品，以及提高劳动生产率等都是基于效率性原理进行的。

谋求比别人更占优势的原理就是“竞争性原理”。为使自己向市场提供的商品、服务在价格和质量上比别人好而进行的所有企业活动都是基于“竞争性原理”展开的。从

“竞争”和“效率”二者的关系看，常常是在高效的管理活动中采用竞争性手段，在竞争市场上采用高效的营业活动。而且，提高效率对市场上的价格竞争有很大作用，反过来说，市场竞争取得优势就可以大量生产，以提高制品的生产效率。由此可见，这两个原理在经营活动中是一种相互依赖的互补关系。毫无疑问，它们作为一个整体推动了迄今为止的经营管理活动。

企业伦理的出发点是要消除企业经营中的反人性、反社会行为，并尽可能地采取促进人性社会性的行动。因此，对旧有的仅以“效率性原理”和“竞争性原理”为中心的经营体系必须加以否定。从经营伦理看来，应该对以二原理为中心的体制加以改造，在各种经营活动中重新确立“人性原理”和“社会性原理”的地位，同原来的二原理一起构成四原理经营体系。这样，就必须改变利润第一主义、公司中心主义的思想。

（2）人性原理与社会性原理的确立。“人性原理”就是以尊重人的思想为基础的人性论。它主要是要求企业雇员在雇佣和待遇方面得到“真正的人”的待遇。所谓“真正的人”，除相互照顾外，还有尊重人的基本权利。尊重人的基本权利的内容包括改善过于恶劣的工作环境，消除身份、性别、种族歧视，在公司中工作气氛浓厚，让人感觉到宽松、充实。

“社会性原理”是关于作为社会存在的企业在社会中应有的存在方式的原理，其出发点在于促进企业与社会的关系成为鱼水关系。例如，消除企业的违反垄断禁止法、商法等的违法行为、遵守社会法规。企业从这些行为入手，为社会发展做出贡献。这里，“社会”一词的含义是广义的概念，主要是指作为企业行为对象的市场、顾客（消费者），也指一般的地域社会、市民社会，还可泛指国际社会以及全世界。因此，如全球环境保护问题，发达国家企业在发展中国家的社会贡献问题，当然也在此范围之内。这新的两个原理之间的关系，也与上述的“效率性原理”与“竞争性原理”之间的关系一样，存在着有机的联系。除了原生的自然存在的地球，“社会”是由人的集团组成的。新的二原理以“为他人”思想为大前提，从这一点看，尊重社会与尊重每个人的人性是一致的。也就是说，实现人性不仅是人性原理的目标，也是社会性原理的目标。这两个原理适用于企业伦理的理由在于，伦理哲学的基础在于“共同感受”，否定以个人为中心的思想。不放任人的利己之心，多为他人着想，这是伦理的基本出发点，因此，对企业来说，就必须顾及社会要求，必须能为与企业息息相关的社会所接受。

4. 我国企业应以积极的心态应对 SA8000 认证

《中国企业报》2004 年 6 月 18 日报导：“跨国公司来验厂，不喝酒，不吃饭，问工资，查税款，数数茅坑才下单。”这是浙江不少企业对新国际贸易标准 SA8000 的形象比喻。SA8000 即社会责任标准，作为近年来兴起的一个新的国际贸易标准，将使我国企业面临又一新考验。

1997年由美国的社会责任国际发起并联合欧美跨国公司和其他国际组织制定了SA8000社会责任国际标准（Social Accountability 8000 International Standard）。SA8000社会责任标准的产生，是从美国一家服装企业虐待员工的问题被曝光后引起各方关注而逐步形成的。它是依据联合国有关公约和国际劳工组织有关准则制定的，其宗旨是为了维护员工的基本权益。鉴于国际上要求制定统一的社会责任国际标准的呼声越来越高，ISO于2002年专门成立了社会责任顾问组进行研究，旨在逐步提出一种国际标准来作为社会责任的指导方针。

SA8000社会责任标准的规定具有普遍适应性，它不受地域、产业类别和公司规模的限制。它目前的重点推广领域是：零售业；跨国公司；劳动密集型产业。其主要内容有：

（1）不使用或不支持使用年龄在15周岁以下的童工。

（2）不使用或不支持使用强迫劳动。

（3）健康与安全。

（4）尊重结社自由与集体谈判权利。

（5）不从事或不支持歧视。

（6）禁止体罚、精神或肉体的压迫或言语辱骂。

（7）工作时间每周不得超过48小时，每7天至少有1天休息时间，每周加班不得超过12小时。

（8）工资报酬必须达到法律或行业规定的最低标准。

（9）建立长期贯彻执行的管理体系。

我国企业应以积极的态度应对SA8000认证。执行SA8000标准对于劳动密集型的企业来说意味着成本增加，但它有利于营造良好的社会环境，突破“劳保”壁垒，为企业赢得长远的发展空间。企业在履行社会责任上的投入不是额外的，而是和原材料、生产成本一样，是企业的一种必要支出。我国企业应将SA8000认证作为实现企业可持续发展的战略选择，致力于企业经济效益、员工利益和社会利益的多赢。

综上所述，作为21世纪的我国现代企业，在生产经营和管理过程中应自觉遵循合乎伦理原则，争当企业公民，积极担负起社会责任，为构建和谐社会做出贡献，并促进自身和社会的可持续发展。

五、企业文化管理

这里所说的企业文化管理是指对企业文化建设工作实施的管理，是企业文化师最需要熟练掌握的基本功，旨在保证企业文化建设工作有效地进行。企业文化管理涉及的内容十分丰富，我们这里主要对企业文化建设的组织管理、计划管理、制度管理、过程管理、信息管理、队伍管理和管理的协调等方面作简要介绍。

（一）组织管理

组织有两个基本含义，其一是有一定的目的、结构，相互协作并与外界相联系的人的集合；其二是设计、建立并保持一种组织结构，确定职权关系，与管理的其他职能相结合，保证组织结构的有效运转，同时根据外部变化，适时进行结构调整。这里所说的组织管理是指第二种情况。

目前，我国国有企业的组织结构有以下特点：一是规范化程度较高。组织结构、各种规章制度、工作流程、工作细则，较为健全；二是分工程度较高。职责分明，内部控制机制较为完善；三是标准化程度较高。建章立制，统一操作规范；四是非职业化程度较高。人员岗位流动普遍，专业化约束较少；五是内部关系复杂程度较高。我国民营企业的组织结构则与国有企业有所不同，其规范化、专业化、标准化程度都比国有企业低，而集权化过高，内部人际关系同样复杂，构成了民营企业的组织特点。尽管如此，无论国有企业还是民营企业，都非常重视组织管理工作。但是，开展企业文化建设是一个新生事物，大多数企业在开展企业文化建设工作的时候，都遇到了如何建立企业文化建设工作的相关管理组织的问题。

从我国大多数成功企业开展企业文化建设工作的实践看，必须高度重视企业文化组织管理工作。企业文化建设是一项复杂的系统工程，必须有人专门精心谋划，组织实施，进行推进，开展检查，促进交流。组织管理是搞好企业文化建设的基本保障。企业文化建设又是一项十分重要的战略管理，因此，必须在企业的首脑机关建立相应的组织机构。企业文化建设还是一项知识性、专业性很强的工作，因此，必须保证一定的专门人才。由于企业文化建设工作的这些特殊要求，其管理组织一般应是高层决策和矩阵管理、职能管理相结合的组织领导体系。

开展组织管理的主要任务是：确定组织构架；明确部门使命和职责、岗位设置和职责、人员编制，建立清晰的权力体系，明确组织决策和冲突解决办法的规则或制度，建立对部门、责任人的考核、激励机制，建立管理业务的工作流程和企业内部协调控制体系。

依据大多数企业的管理经验，企业文化建设的管理组织体系一般设有：企业文化建设领导小组（或：企业文化建设工作委员会）。组长由企业的行政负责人或党委书记担任，成员由党委副书记、主管管理的行政领导、市场营销、生产、计划、质量、财务、行政、宣传、办公室等相关部门领导组成。企业文化建设领导小组的主要职责是：领导企业的企业文化建设工作，确定企业文化建设的宗旨、原则、目标、管理体制和运行保障机制，制定企业文化建设战略，审定企业文化建设整体规划、年度计划、重大项目计划，策划、决策、组织、实施企业文化建设重大项目和活动，确定企业的CIS系统并宣贯实施，协调企业内部关系，保证企业文化建设所需资金，进行企业文化建设工作的检查指导，开展企业文化建设优秀单位、先进人员的表彰等。

成立企业文化部，一般是与党委宣传部一个机构两块牌子。企业文化部隶属行政管理组织系列，其主要职责是：在企业文化建设领导小组和公司行政“一把手”（或党委书记）及分管领导的领导下开展工作。负责企业文化建设的日常组织管理工作，是企业文化建设领导小组的办公机构，一般要承担企业文化建设的调研、内部诊断，企业文化建设规划、计划、重大项目计划的起草，对基层开展企业文化建设工作的指导，组织企业核心理念的提炼，设计企业的CIS系统并贯彻实施，及时发现企业文化建设中的问题，开展企业文化建设工作的检查、评比，总结、宣传，加强对外联系，开展参观学习等工作。

凡企业文化建设系统中设有的子文化系统建设项目的职能部门，应当设有专门人员进行管理。例如：某企业在整个企业文化建设系统中设有质量文化这个子文化系统，开展了质量文化建设。质量的主管部门——质量处应成为质量文化建设的管理部门，并在其部门内指定专人负责。该企业还开展了安全文化建设，则安全工作的主管部门——技安处应是安全文化建设的主管部门，也要指派专人负责安全文化建设。在开展质量文化建设的时候，其所需其他工作职能，要有企业相关部门承担，进行矩阵式管理。例如，质量文化所需要的培训，要有培训中心协助组织。

各基层单位也要成立相应的企业文化建设小组，由专人负责企业文化建设工作。这样，一个有利于企业文化建设的组织体系就建立起来了。企业文化建设工作才能更好地做到令行禁止，指挥通畅，上下一盘棋，促进企业文化建设工作的开展并取得实效。

企业在开展企业文化建设的时候，除了以上几种组织形式，还有就是建立企业文化建设某项工作的项目组，明确地开展项目管理。例如，有的企业开展VI企业识别系统建设，就专门成立了VI项目小组，其成员一般由经理部办公室、宣传部、市场处、财务处、质量处以及外部广告公司等单位的人员组成。整个项目周期就是从开始设计到领导批准，宣布实施。一旦任务完成，项目小组即宣告解散。随着企业文化建设的深入发展，这种项目小组式的管理方式将得到更多应用。此外，有些企业将临时组织长期化，作为企业文化建设委员会下的次一级的领导机构。但是，企业不把这一机构列入企业的日常组织机构系列，只是赋予了专对某个项目的管理权限。例如，有的企业在开展品牌建设的过程中成立了品牌建设委员会，下设品牌建设办公室。品牌办公室是由几个职能部门的工作人员组成，负责品牌的设立、申报、审查、监管等管理工作。品牌建设委员会和品牌办公室长期存在，却不是一个职能部门。

进行企业文化建设工作的组织管理，特别要注意企业文化建设是整个企业的事情，而不仅仅是企业文化部的事。企业的各个职能部门都必须负起责任。当然企业文化部是企业文化建设工作的主管部门，它更要在企业文化建设领导小组的领导下，协调好各职能部门之间的工作和关系，形成建设企业文化的合力。

（二）规划、计划管理

计划是一切活动的开始。企业文化建设的成功实施，离不开精心策划、用心谋划和细心计划。只有做好了预先的准备，才能在具体进行企业文化建设的过程中，有的放矢，取得理想的效果。

策划、谋划、计划是企业文化建设实施的第一个关键环节。

1. 必须充分认识企业文化建设计划的作用与功能，高度重视企业文化建设计划工作

古人云："凡事预则立，不预则废"，这里的"预"就是"预先的计划"。孙子兵法曰："夫未战而庙算胜者，得算多也；未战而庙算不胜者，得算少也。多算胜，少算不胜，而况于无算乎？"我们还有"一年之计在于春、一日之计在于晨"的谚语，这些都说明了一事当前，进行计划、策划、谋划的重要。

企业文化建设计划工作具有哪些重要作用和功能呢？

第一，它有利于明确企业文化建设工作的方向，统一思想、协调工作，加强团队建设。策划、谋划、计划的过程就是一个协调关系、统一思想、普及认识的过程。通过管理者之间，管理者和被管理者之间的互动、探讨、选择，使得所有的有关人员都了解了组织的企业文化建设目标和为达到目标他们必须开展的工作和做出的贡献，他们就能按照统一的目标、统一的思想认识，互相合作、协调活动，结成坚强的团队。

第二，它有利于预测未来，预见变化，减少变化的冲击。未来的情况是不断变化的，一切都处于变化之中。企业文化建设计划的编制过程，就是面向未来，通过预计各种变化以及各种变化带来的影响，依据历史和现状对未来变化做出预测与推断，并根据这些预测与推断制定出符合未来发展变化的行动计划，这就能大大地降低未来不确定性所带来的企业文化建设风险。

第三，它有利于减少企业文化建设工作中的盲目性、重复性、能够有效配置资源，提高建设工作效率。企业文化建设计划的一项重要工作是进行综合平衡，目的是使未来组织活动中的各个部门或个人的工作负荷与资源占有能够实现均衡或基本均衡，以消除未来活动中的许多重复、等待、冲突等各种无效活动，从而消除这些无效活动所带来的浪费；同时，有效地配置资源，合理安排活动，能较好地提高组织的工作效率。

第四，它有利于制定工作标准，加强有效控制。企业文化建设计划设立的目标和工作要求，在实施时就成为工作的标准。它有利于人们在实施过程中，清楚地判断工作效果和工作进程是否已经达到要求，将实际的绩效与目标要求进行比较，及时发现可能发生的重大偏差，采取必要的校正行动。没有计划，就没有控制。

企业文化建设计划的重要作用和功能还可以列出许多，以上这四点足可说明其重要。我们在开展企业文化建设过程中，务必对此给以高度的重视。

2. 企业文化计划的概念与分类

企业文化计划就是分析预测未来的情况与条件、确定未来企业文化建设的目标和行动方案、工作流程和相关组织责任的活动，是确定企业文化建设未来目标、进行任务分配、统筹时间安排和资源配置、选择行动方案等重要决策工作，是开展企业文化建设的具体工具之一。

企业文化建设计划一般由以下内容要素构成：

目标：一系列计划期内要实现的具体指标。

任务：组织在计划期内为实现目标要开展的具体活动内容。

步骤：计划期内各种组织活动的阶段性划分，组织各项活动的开始与结束时间的给定及其衔接关系的说明。

预算：计划期内组织的各种资源的配置方案，是对执行计划的各责任部门或个人有权支配的人、财、物等资源量的具体规定。

实施者：计划的具体执行者，即完成计划任务的部门或个人。

方针措施：组织在计划期内开展活动时所要采取的方针政策、行动方案，以及各种应急措施与备选方案。

计划的应用非常广泛。在不同的时间、不同的工作、被不同的人应用，会形成不同的计划类型。如：按照时间期限的长短，可以划分长期计划、中期计划和短期计划；按照所涉及的功能层次，可以分成战略、战术和作业计划；按照其所涉及的活动内容，计划可以分成综合、专业和项目计划；按照计划的明确性，可以将其划分指导性计划和具体性计划等。

在企业文化建设实施中，经常使用的企业文化计划有：企业文化建设的战略计划——企业文化建设规划；企业文化建设的综合性项目计划——企业文化建设项目计划；企业文化建设的年度计划——企业文化年度计划；企业文化建设的单一项目工作（作业、执行）计划——专项方案。

企业文化建设规划是长期性、方向性和指导性的战略计划，主要回答企业文化建设的长远目标与发展方向，通常以工作纲领的形式出现。企业文化年度计划，是一年内企业文化建设所要达到的目标和要采取的行动，具有短期性和具体性，是在企业文化建设规划的基础上，将总体目标和行动分解成具体化、可执行的计划。企业文化建设项目计划，则是对某个综合性的活动所制定的计划。专项方案则是在年度计划中分解出来的单一项目的工作计划，说明某一项目具体如何实施。

总体来说，企业文化建设规划、年度计划、项目计划、专项方案都属于计划的范畴，只是因为目的不同、时间阶段不同、划分标准不同，而体现出不同的特点和作用而已。同时，它们之间有着内在的相互联系与区别。企业文化建设规划是一种战略计划，对年度计划、项目计划、专项方案的制定具有总体指导作用，后三者是对建设规划总体目标的落实；年度计划、项目计划可以相互交叉，年度计划是以年度来划分企业文化建设的目标和活动，而项目计划则是从某个专门的项目来划分企业文化建设的目标和活动；项目计划可以是跨年度的，也可以是不跨年度的，年度计划是由许多项目计划或项目计划的某一部分组成的。专项方案是最基础的单元，一般包含在年度计划和项目计划中，是年度计划和项目计划的组成部分，众多的专项方案共同构成年度计划和项目计划。

3. 明确企业文化建设计划的基本要求，搞好企业文化建设计划工作

制定企业文化建设计划是开展企业文化建设工作迈出的第一步。要做好企业文化建设计划工作，除了必须了解企业的实际情况，进行深入细致的调查研究之外，还必须满足计划工作的特殊要求。这些基本要求有：

一是计划必须具有可行性。一切计划必须是在计划期内可以完成的，否则不可行的计划就会给组织带来麻烦或灾难。所谓计划的可行性是指计划至少要达到：不损害国家与公众的利益；不触犯国家的法律；有必要的人财物力资源保障；有合适的市场与环境条件前提；有对付各种变化的措施和方案，等等。任何计划只有具备了可行性，才能很好地起到计划应有的作用。

二是计划要有明确的指导性。计划既然是人们行动的依据，它就必须明确肯定地告诉人们何时、何地、由何人去如何完成什么事，从而真正成为指导人们行动的“妙计”。计划要能够具有明确的指导性的要求，就必须做到目标明确、任务明确、时间明确、措施明确、责任明确、权限明确、行动方案明确、重点明确。这就要求计划有可度量的目标、可考核的任务、可采取的措施、可指挥调度奖惩的授权、可遵循的行动方案与方针政策，等等。

三是计划应有足够的预见性。未来是变化的，为使计划在变化的情况下仍然能够成为人们行动的依据，计划就必须具有足够的预见性。这就要求在计划编制时必须充分考虑未来情况可能的变化和变化的幅度，全面预见未来可能出现的困难与风险，安排好各种应对措施和方案，从而使计划具有足够的预见性。为使计划具有预见性，在计划编制中还要全面分析组织内部与外部的各种环境与条件，以及他们是否会发生变化和可能变化的幅度。

四是计划要有突出的目的性。计划要起到激励员工士气和指导人们行动的作用就必须具有突出的目的性，即计划中必须首先明确执行计划要达到什么样的目标，要解决什么样的问题，最终要获得什么样的成果，等等。一项计划若只有人和物的安排、没有目标描述，不但不能起到激励作用，而且会引起思想混乱，所以为了突出计划的目的性，一般要求在计划编制中首先要详细给出由一系列指针表示的计划目标。

我们必须在企业主要领导者的关注、指导下，组织企业文化建设工作者们认真搞好企业文化计划的制定。磨刀不误砍柴工。一个好的企业文化建设计划，可以达到企业文化建

设实践事半功倍的效果。

（三）制度管理

制度是要求大家在企业的活动中必须遵守的共同的行为准则。制度管理有二方面的内容，其一是制定新的制度和修改原有的制度；其二是维护、执行制度，对不遵守共同的行为规范的人或事进行批评、教育，纠正违反者的行为，使其回到大家共同遵守的准则上来。

企业文化建设工作的一个重头戏就是开展制度管理。制度文化是企业文化的一种重要的表现形式。企业在长期的生产经营中形成了许多行之有效的工作流程和规范，将这些工作流程和规范用文字、图表等形式固化下来，就成为企业强制推行的管理制度。企业文化的核心价值观是形成这些制度的前提和条件，制度一旦形成，就会强有力地推动这些价值观的实践，因此，制度管理是企业文化“落地”的重要手段之一。

企业文化制度管理的主要工作是：

1. 审查、修订原有企业的制度。在开展企业文化建设的过程中，我们会发现许多制度在贯彻执行中的问题，这些问题可能会与企业的文化发生对抗或冲突。例如：某集团企业，提出了建设大集团的发展战略，要求实行整合的统一文化，要求提升全体员工的集团整体意识。在建设大集团战略的指引下，干部要能够服从集团工作的需要，从甲地的下属企业调到乙地的企业。但是集团现有的薪酬制度却是各自为政，企业之间不统一，阻碍了大集团建设。为此，集团决定，建立薪酬管理委员会，修订薪酬制度，全集团实行统一工资标准，对不同地区、国别实施地区差补助。这种薪酬制度的改革有如秦始皇统一中国实行的统一度量衡，极大地巩固了大集团战略的实施和大企业文化的建设。

2. 依据实际情况，建立企业文化建设工作的相关制度。例如，企业推行 VI 战略，就必须十分明确：企业的标志在什么情况下可以使用，什么情况下不能使用，使用的程序是什么等。比如，市场部在开展对外宣传，参加有关展览的时候要使用企业标志。那么，谁来批准？批准后的实施情况谁来审查？等等，都要在制度中加以明确。又如，海尔进军海外，在美国建立公司并推行海尔文化管理。在现场管理中有一个“6S”大脚印的制度，是要求员工每天“三省吾身”，在执行“6S”中有突出问题的员工，要站在“大脚印”上向大家说出自己的问题，提醒其他员工注意，并且提出自己的改进方向，请大家加以监督。这在中国员工看来是非常正常的，对该制度不会提出异议。但是美国员工却极力反对这种做法，认为是侵犯人权，但是他们却习惯说出自己表现好的地方。于是，海尔的美国公司对“大脚印”制度进行了因地制宜的修改，变成做的最好的员工站在上面介绍自己成功的经验。这样的改变，使得“大脚印”制度更有力地促进了“6S”现场管理的推进。

为推进企业文化建设，一般情况下要建立如下制度：企业文化建设工作的组织制度、企业文化建设工作的计划执行制度或目标管理制度、信息沟通制度、单项活动和整体建设情况的检查制度、表彰奖励制度和有关建设项目工作开展的管理制度（如CIS贯彻执行制度），等等。

3. 依据有关制度，开展制度执行情况的检查。制度如果只是写在纸上，挂在嘴上，而不落实在行动上，就发挥不了管理功能，也就成为白纸一张。例如，有的企业提出建设学习型企业的计划目标。为此，他们做出了学习制度，要求公司领导每月学习一次，每人读一本管理书籍。结果，每月学习因工作太忙屡屡冲掉，个人学习也因无人督促而荒废。年底检查，人家都没有学。只好说，明年再努力吧！然而，“明日复明日，明日何其多！”，学习型企业奋斗目标的实现就一拖再拖。久而久之，广大干部职工也会积极效仿，整个企业的管理都会带来严重问题。因此，定了的制度就必须执行，我们必须加强对制度执行情况的检查。对制度执行情况的检查，可以是集中进行，也可以在确定的一段时期内进行；可以进行整体全面检查，也可以就其中一个方面、一个制度进行检查。总之，检查的方式可以灵活多样。对制度的检查工作有两个目的：其一是检查哪些单位正确执行了制度，取得了哪些成效；在执行制度上存在哪些问题，采取哪些措施加以弥补、纠正；其二是发现制度存在的缺陷，以便进行修改。

（四）过程管理

企业文化建设是动态的，是由若干个过程构成的，每个过程都是由一定的流程组成。加强对企业文化建设工作的管理，关键是要对其建设流程进行管理，是要对其过程进行有效的控制。

过程管理实际上就是PDCA管理。PDCA循环的过程就是企业文化建设工作的完整过程。P即计划，前面已经讲过，这里不再赘述。D即执行、运作，是进行企业文化建设的关键环节之一。C即检查评价，也是企业文化建设工作的关键环节之一。A即修正，是通过检查把发现的问题进行整改。

但是，如果狭义地理解过程管理，就是指对D和C两个环节的过程进行的管理。

1. 大力加强对D的管理，即大力加强企业文化建设实施工作的管控

首先，要在企业文化建设计划的指导下，细分管控对象和责任单位。明确当前要实施的过程有哪几个，分别是什么主要任务。对管控对象——企业文化建设实施的活动或项目工作要逐项分类，明确过程控制的相关责任单位。例如，开展质量文化周活动，责任单位是质量处；开展的“百日大干劳动竞赛”，责任单位是工会；组织部和企业文化部受企业的授权委托对履行责任的情况进行管控和督导。

其次，责任单位要对具体活动项目进行充分的认识和分析，在此基础上，明确具体活动的最终目标和整个活动开展过程中的节点目标。并且，依据计划的要求和对实际情况的

分析，提出完成整个活动目标和各个节点目标的具体实施措施，形成一个可供实际操作的计划实施方案。责任单位要积极发动有关人员，开动脑筋，集思广益，搞好行动创意，注重行动效果。在这个方案里，要注意对完成活动目标所需要的能力和资源的管控，例如资金的投入，人员的充实。要充分分析实现目标所需能力，如果本单位的行为能力不够，则要积极想办法借助外部力量充实行为能力。对那些创意很好，但是没有行为能力的活动要坚决阻止。防止无效劳动和对权威的伤害。对于所需的资金，要从开始活动就予以保证。当然，活动要注意千方百计节约资金。要注意分析节点目标之间的衔接，在下一步骤开始之前就做好资源准备工作。与此同时，要认真思考可能影响活动实施的要素，并对这些要素的产生发展，做出相应的分析，提出预案。

第三，对于整个企业都参与的具体活动项目，一般应先在个别典型单位进行试点工作，在取得实践的经验后再向全企业推广。在试点单位一般要检验实施方案的可行性和存在问题，并对产生的问题提出修正方案，然后再向全企业推进。通过试点，特别要注意总结出活动项目实施中对目标和节点目标的标准要求，也就是达到了什么程度，才能算达到了节点。

第四，在全企业全面推开实施的过程中，首先要选择好切入点。抓住有利时机，开展企业文化建设的启动工作，能取得事半功倍的效果。当前，大多数企业是从 VI 导入作为切入点，也有的企业从厂庆、公司重大事件、某一方面管理创新等切入。这些都要根据企业自己的实际来决定。此外，推进过程中要注意及时总结其中的典型事例和经验，及时召开活动项目开展的经验交流会议，或是举办现场工作会议进行推广，积极树立开展过程中的先进典型。榜样的力量是巨大的，要学会应用榜样推动活动项目。同时也要注意发现新的问题，及时进行解决并给以政策、资源等支持。在活动开展的过程中，特别要注意资料的积累。应当借鉴质量体系管理的做法，使得过程中的每一个具体步骤和行动都能够有案可查。

在整个活动项目实施的过程中，要注意把握以下一些原则：一是集中优势资源打歼灭战；二是首战必胜；三是典型引路、树立榜样；四是强调实施质量；五是以点带面、逐步深入；六是强调次序纪律，确保整体进度；七是积极协调，处理有关问题；八是及时总结、及时奖励。

在整个企业文化建设实施过程中，还要特别注意做好干部、职工的动员发动工作，要千方百计用多种形式调动干部职工的积极性，使他们积极参与到企业文化的建设过程中来，也使他们成为企业文化建设的管理者。

2. 搞好对 C 的管理，把握标准，严格检查和做好整改工作，确保项目活动整体的高质量、高标准

企业文化建设活动项目过程中的检查工作，不同于对企业开展的企业文化诊断和整体

评价。开展检查工作的主体应是企业文化建设工作领导小组或企业文化部，也可以是企业的某个基层单位自己。其检查的客体，即检查的对象，主要是企业文化建设活动项目的过程。

因此，开展检查前就要做好以下四件事情：其一是细化、具体化检查主体，组成企业文化建设工作活动项目检查小组。这个小组一般要由领导小组组成单位的成员组成，不必像领导小组那样必须是领导参加，而应由具体工作人员参加。其二是制定检查的标准。对于开展的活动过程，要明确检查什么？要达到什么样的要求（即标准）？标准的制定要注意整个过程的节点，因为一般来说，活动的节点都有较为具体的指标，这些指标经过研究可以作为工作检查的标准。一般检查的标准中应含有：活动开展的进度情况、质量（活动效果）情况。比如某企业开展的质量文化周活动，在实施检查时就要将规定动作（比如要求一周开展一次质量意识教育、进行领导干部质量文化述职、进行优秀质量员工表彰等）是否按要求进行？没有开展是何原因造成？开展活动后，员工的质量意识是否有所提高？建设活动中有哪些做法和经验？涌现出先进典型没有？等等，把这些作为检查的标准和重点。其三是确定检查工作的方式方法。也就是如何开展检查工作，抽查还是全面检查。比如，现在不少企业在开展“千分赛”，把全部活动项目分解成若干部分，每部分赋予一定的分值，检查人员共同对被检查单位的工作进行打分，最后确定其分值。其四是确定检查工作开展时间，并通知被检查单位做好检查的有关准备工作。检查时间的确定一般有事中检查和事后检查两种情况。事中检查有利于及时发现典型或问题，对项目活动进行指导。事后检查主要用于总结经验，汲取教训。

在开始实施检查的过程中，要注意及时发现检查标准是否存在问题，及时进行调整、补充。

检查结束后要进行检查结果的汇总和分析，提出整改意见，这是检查的关键环节。也就是说，检查工作的成效主要体现在这个环节。检查结果的汇总一般应包括以下内容：一是整体检查情况；二是检查中发现的优秀事件、先进典型；三是存在问题及对问题的分析评判；四是整改意见或建议。

进行检查分析是找出优秀典型经验和发现问题的关键环节。一般进行分析时可采取ABC法对问题排队并重点解剖关键性问题，找出重点原因加以分析。还可以采用鱼骨刺图法，进行层层解剖分析。分析解剖问题要注意发现问题深层次的根源，注意分析时的全面性，即对构成事件的矛盾着的两个对立面都要注意到，主观因素和客观因素都要注意到，上级的原因和被检查单位的原因都要注意到。根据分析的问题，检查组应提出相应的对策和整改建议。

最后，这些检查结果，包括整体评审意见、个别问题的分析及整改建议，要与被检查单位的主管领导见面。通过沟通，对检查结果一方面进行进一步修正；另一方面告知被检查方，存在哪些好的方面和问题，提出整改建议，以便推动事件的良好发展。

（五）信息管理

信息是反映客观世界中各种事物的特征和变化的可通信的知识，是经过加工的数据，可以不确定性地减少。它对于接受者的决策或是行为有现实或是潜在的价值。这里所说企业文化建设工作信息管理的信息是指反映企业文化建设的特征和变化的可通信、可传播的相关知识。企业文化建设工作的信息管理，是整个建设工作中活的神经，是整个组织活动的依托和基础。没有信息的活动，企业文化建设将无从开展。信息活动混乱，将导致企业文化建设工作的失误、失效直至失败。因此，我们必须高度重视企业文化建设工作的信息管理问题。

信息管理主要是指对信息按照一定的手段进行收集、加工、存储、传输和输出。

1. 信息收集

信息收集是信息管理的第一个环节，也是十分重要的环节。信息的可靠、准确等很大程度上取决于信息的收集过程，取决于信息收集的及时、完整和真实。信息的收集通常包括：数据的识别、整理、表达和录入。

识别是指面对大量的数据，要选择那些有价值、能够正确表达事件的数据。

整理是指对识别获得的数据进行分类整理，以便对其进一步加工。

表达是指对整理后的数据采用一定的形式，如数字或编码、文字或符号、图形或声音等。企业文化信息管理的主要对象一般表现为文字组成的文件（可以是通讯、通知、规划、意见、调查报告、总结、事迹材料等），也可以用音像制品等。

录入是指将数据输入系统中。这里的首要条件是建立起企业文化的信息系统，形成网络。

企业文化建设需要大量的信息支撑，这些信息是一个大的系统，可以分为企业外部信息和企业内部信息，外部信息是指社会上企业文化建设的理论动态，其他企业开展企业文化建设工作的经验、成果等。内部信息更多一些，如企业开展企业文化建设工作的有关文件、企业领导人的有关讲话、企业关于开展企业文化建设工作的计划、规划，各种企业开展企业文化建设工作的总结、对外宣传和通讯报道、照片、音像制品，等等。这些信息的收集是进行信息管理的基础工作。虽然繁杂，但是一定要做好。

企业文化信息的收集是企业开展企业文化建设的基础。进行企业文化建设的规划、计划，对企业文化建设进行诊断、评估、评价，都离不开准确的企业文化建设信息。一般而言，企业开展企业文化建设信息收集的方式因收集主体的变化而有：一是聘请专业咨询公司来企业进行调查诊断和评价；二是企业自主开展企业文化建设信息的收集工作。因收集的客体变化而有：一是全面收集企业的企业文化建设信息；二是专门就某一问题、某一方面来收集企业文化建设的信息，例如，收集企业的品牌应用情况就属这种情况。

2. 信息加工

信息加工是信息处理也是信息管理的基本内容，它的任务是根据要求，对数据进行鉴别、选择、排序、核对、合并、更新、转储、计算、生成适合应用的新形式。企业收集的企业文化建设信息必须进行加工，去粗取精，由表及里，取得信息反映的真谛，才能对企业文化建设工作有用。例如对调查报告进行分析，提出开展企业文化建设的对策。

3. 信息储存

信息储存是指对获得的或加工后的数据暂时或长期保存起来，以备应用。这里的储存，主要是物理存储。即以适当的方式，如磁盘、光盘、纸介等形式，进行存储。企业文化建设资料的收集、积累是企业文化建设的基本功，也是企业文化建设创新的源泉之一，还是企业文化建设更上一层楼、取得实效的途径。文化是需要一步一步的、不断地进行积淀的。文化积淀的有形形式之一就是企业文化建设信息的存储。人们之所以能够知其过去足以知现在，知其现在可以知其未来，就是积累下来的信息带来的，是积累下来的文化信息传递的一种潜在信息。因此，我们必须做好企业文化建设工作的信息存储工作。

4. 信息传输

信息传输是指采用一定的方法和装置，实现从发到收的流动。由于信息传输实现了系统内部各个组成部分之间的信息共享与交换，以及系统与外界的信息交流，因此，对传输的要求主要是：及时、迅速、安全、可靠、保障信息流动的畅通。为保证企业文化建设信息的顺畅传输，必须建立相应的传输渠道。目前，由于因特网的出现，大批的企业文化管理信息采取了网络的形式，管理信息化、数字化也是企业文化建设管理可以借助的现代化管理平台。此外，文件、会议、报纸、杂志、照片、录像带、光盘、电视、广播、讲故事等，也是传输的方式。

在信息传输中存在着组织传输和非组织传输两种性质不同的传输。信息的组织传输是指由企业组织利用行政权力和把握的传播工具进行的信息传输；而企业员工自发的通过小道消息、言谈话语、网络聊天等渠道进行的信息传输是非组织传输。企业文化建设中的价值观、理念等信息只有通过传输才能使广大员工感知、认同。如果组织传输和非组织传输的信息是相反的，则企业文化建设的功力将被大大冲减。因此企业文化建设管理者建设者必须注意非组织传输。

信息的传输有着其内在的规律。按照科学家们的研究，信息的传播至少有五大规律，即：信息传递律、信息发散律、信息衰减律、信息复加律和信息守恒律。信息的传递率告诉我们，信息是可以传播的。信息的发散律是指信息可以多方向地传输。信息的衰减律和复加律说明了信息在传输的过程中会变形走样，这特别应当引起我们的注意，加强管理，防止信息在传输中失真，影响到企业文化建设的效果。信息守恒是说信息不会因为传给别人而消失，只能是越来越多地被人所知。企业文化建设的管理者必须熟知这些规律，认真地加以应用，确保信息传输及时、迅速、安全、可靠。

5. 信息输出

信息输出是指将处理后的信息按照工作要求的形式和习惯，提供给有关的使用者。例如打印成文字，在屏幕上播放，企业大幅的宣传标语，等等。

对企业文化建设工作管理在某种意义上说，实质就是对企业文化建设信息的管理工作。是将载有企业核心价值观、企业理念、企业使命等企业文化要素的信息，通过收集整理、精心加工，采取适当的方式，大面积地加以传输，使之成为企业所有员工共同认同的价值观，并将之落实到自己的行为中。建立起企业文化信息传输网络，是企业文化建设工作的一项重要任务。运用网络开展工作，是企业文化管理的重要任务。企业文化师应当十分熟练地开展企业文化信息管理工作。

企业文化组织传输信息系统管理的主要载体是会议、文件、报纸、杂志、音像制品、广播、电视等传播媒体。除文件外，这些媒体一般都是由企业文化部作为其责任部门和主管部门进行管理。企业文化部要成立相应的编辑部、企业电视台等机构，分头负责对相关信息的管理工作。要按照对信息管理的过程要求，保质、保量、定时发布信息、传递信息。同时要十分注意存储信息，使得企业在进一步应用信息上能够得心应手。

（六）队伍管理

依据我国国有企业成功地开展企业文化建设工作的经验，企业文化建设工作要想搞好，必须有一支开展企业文化建设工作的专兼职相结合的队伍。因此，加强对这支专门人才的队伍进行管理是企业文化管理的一项重要的基础工作。

对这支人才队伍的管理主要包括：引进、培训、激励、提升和流动等环节。

企业文化建设人才是企业的特殊人才之一。由于企业文化建设的特殊性，它对企业文化建设人才的要求也具有特殊性。一是企业文化建设人员的德。企业文化建设是要在先进文化的指引下进行，其本身要求组织、领导建设的人员必须能够领会先进文化的精神实质，融会贯通，联系实际；同时也要求这些人员具有忠诚的品质。忠实于企业文化建设的事业，忠实于企业，对于岗位有一种敬业精神。能够严格要求自己，以身作则，身体力行。能够不畏艰难困苦，曲折挫折，艰苦奋斗。二是要求这些人员具有较高的企业文化建设知识和组织建设工作的业务水平。能够懂得企业文化建设的特殊规律，把握建设工作的重要环节，能够开展调查研究、制定企业文化建设工作规划、计划，组织开展企业文化建设工作的相关活动，开展企业文化建设的检查评价，进行企业文化建设工作的总结、交流、传播等工作的能力。现在，对于这些具有专门知识的岗位，一般要求要持职业资格证上岗。为此，国家劳动和社会保障部专门在新职业中设立了“企业文化师”，开展了企业文化师职业资格认证考试等工作。企业文化管理人员由于要开展CIS设计，对美术等艺术也要有所了解，要有深厚的文化功底和管理的基础知识。同时要具有情商，能够很好地和不同层次的人员进行沟通和开展公关的能力。

引进企业文化人才，一般是两个渠道：一是社会引进。社会引进首先是从应届大学毕业生中选择。一般大学毕业的学生，具有了较好的知识基础，能力还要进行进一步的培养，特别是对企业文化的了解和认知，需要较长时间的摸索、感知，因此，这样的人才需要继续培养，马上上手工作会有一定的难度。干些具体的工作，比如开展企业文化建设的调查，了解情况，撰写企业文化建设活动的一般小结，应当能够很快进入角色。社会引进还有就是从其他单位调入或是经过招聘引进的人才。这种人才一般能够较快开展企业文化建设的相关组织工作或是信息工作。比如，进行报纸的编辑工作，电视台的宣传报道工作等。另一个渠道是本企业内部产生。要从基层选择那些德才兼备、具有能力和影响力的同志到企业文化部或是基层的企业文化建设工作管理岗位工作。这样的选择，可以缩短熟悉企业的过程，尽快开展工作。由于企业文化建设岗位一般不会设置过多的编制，因此，人员选择尽量能够是复合型人才，要多才多艺。

培训是防止企业文化建设工作人员的知识老化，不断进行知识更新，保证对企业文化建设工作的有力推动的重要手段。培训应当采取自学和有组织地开展相结合的方式进行。自学方式应是组织提出要求，限定一定的时间和内容，具体操作由个人灵活掌握，到时间进行检查。有组织地开展培训工作包括岗前培训、岗中培训。岗中培训还包括脱产培训和在职培训。岗前培训一般是针对走进企业文化建设管理岗位的同志开展的，是岗位培训的一种。岗中培训一般是为提高在岗人员的知识水平而开展的。一般是参加社会的短期培训，也有参加较长时间的脱产培训的。此外，参加其他的管理知识和其他知识的培训也是企业文化管理培训的一种要求。

激励是管理管理者的重要内容。对于企业文化建设工作的管理者，同样需要进行激励。激励包括物质激励和精神激励两种形式。作为企业总部的管理者要特别学会激励基层的企业文化建设工作的管理者。激励要注意把握激励的及时性的原则。对于有创造性地开展企业文化建设的基层管理者，要及时给予表扬。注意运用典型事例说话。激励还要注意层次性，可以一年进行一次评比表彰，也可以是三年进行一次评比表彰，还可以在经过一定的时间后，对一个时期的企业文化建设工作进行表彰。表彰对象可以是基层单位，也可以是基层企业文化建设工作的管理者。表彰要把握好标准，防止出现负激励效应。

人才的提升和流动都是人员管理中的正常工作。企业文化建设工作的人才也不能例外。作为企业文化建设工作的主管部门或主管责任人，要正确对待人才的流动问题。对于有能力的管理人员，应当尽快将他们输送到高一级岗位上，让他们发挥更大的作用。对于因各种原因主动表示要离开企业文化管理岗位的管理人员，一方面要做好深入细致的思想工作，了解真实情况，以便做好今后的工作。另一方面不要歧视他们，要允许他们走向新的岗位，迎接新的挑战。宽容和爱护才能带来管理人才的积聚，并发挥更大的作用。

管理好这支队伍，还要及时进行工作的检查和讲评，及时组织开展工作交流活动。用多种方式，沟通信息，加强他们之间的联系，通过活动，使他们之间建立起深厚的感情，使这支队伍具有极强的凝聚力、吸引力、创新力和活动力。

（七）做好与其他管理工作的协调工作

搞好企业文化建设的管理工作，还必须处理好企业文化建设同企业其他管理工作的协调，如：正确处理企业文化建设同党的建设、思想政治工作、精神文明建设的关系，正确处理企业文化建设同市场营销、人力资源管理、质量管理、生产工艺流程管理、产品创新设计开发管理等的关系。

1. 处理好企业文化建设与党的建设、思想政治工作、精神文明建设的管理，使他们协调发展，用合力推动企业的各项工作飞跃发展

党的建设是保持和发展党的先进性、增强党的执政能力的特殊法宝，是一门探索党的思想、组织、作风、纪律建设规律的学科。有党组织的中国企业，有着区别于西方企业的特殊优势。企业中的中国共产党的队伍包含了企业绝大多数的优秀人才。这支队伍基本上是企业发展、改革、稳定、进行经营的骨干队伍，搞好企业文化建设必须以党的先进文化做指引，要大力依托党的队伍作骨干来运作。因此，党的建设是企业文化建设的思想基础和组织基础。思想政治工作是研究人的思想及思想活动规律，以提高人们认识世界和改造世界能力为内容的一门学科。思想政治工作严格地讲是党建的一部分，是党的思想政治工作，是为了完成党的中心任务和各项工作，团结、教育、宣传和动员党内外群众，群策群力、共同奋斗的手段。其内容有很多与企业文化的内容是相近的，但却不完全相同。很多企业尤其是国有企业由于长期的思想政治工作形成的传统影响，在理解企业文化时极容易把它和党的建设、思想政治工作相混淆，抓不住企业文化的特定内涵。所以搞清楚企业文化与党的建设、思想政治工作之间的关系很有必要，可以避免在企业文化建设的实际工作中出现偏差。

（1）企业文化建设工作与思想政治工作的关系是既有联系又有区别。企业文化建设工作与思想政治工作之间的联系：两者的工作对象，都是人，都是针对人的精神世界，着眼人的思想观念，尤其是价值观而进行工作的。思想政治工作和企业文化建设都不直接涉及对物的管理，虽然它们的目标中都包含着推动生产力的发展，提高人们改造和利用自然资源的能力，但这是通过改造人的主观精神世界间接达到的。所以企业文化与思想政治工作，都是针对人的思想认识和行为习惯开展工作的。对物的管理主要依据自然科学和工程科学以及现代物流管理的理论来进行。对人的管理，不论是思想政治工作，还是企业文化

建设，都要从社会科学、行为科学等正确原理出发来进行。

两者的工作内容相互交叉或相同：思想政治工作和企业文化建设都必须围绕科研生产经营开展工作。企业理念、经营宗旨，企业文化建设要讲，思想政治工作也要讲。职业道德建设，企业精神，思想政治工作要讲，企业文化也要讲。比如，中国一航承担的重点型号任务，企业文化建设把“型号攻坚”列为中心点，思想政治工作则把做好重点型号中的思想工作列为中心课题，在内容上就出现了交叉和重叠。

两者的工作方式相似：都是通过沟通、树立典型，建立激励机制，进行教育引导等。

两者都是从观念出发，去统一人们的思想和认识，使之变为群体意识或共同的观念以指导行动。思想政治工作是从执政党的基本理论、基本路线和基本政策出发来开展工作的。企业文化建设则是从一系列的经营管理理念出发来开展工作的。其目的都是要人们接受、理解、拥护和认同这些认识和观念，并且按照它的要求来规范自己的行为。

两者的终极目标相辅相成。思想政治工作有助于企业文化建设目标的实现，同时企业文化建设目标的实现也有利于思想政治工作目标的实现。这是由于执政党的目标和企业的发展目标在根本利益上是一致的，同时人的精神世界有其内在的统一性，世界观、人生观和价值观相互协调，某一方面的进步或者变化往往影响其他方面。所以，思想政治工作和企业文化建设就成了一种相辅相成的关系。

另外，在很多国有或者国有控股公司，这两项工作也往往是由同一个部门同一支工作队伍来负责组织策划和管理的。

企业文化建设工作与思想政治工作的区别：

两者的工作范畴不同。思想政治工作属于思想政治建设范畴，其目标是一个宏观的社会性的目标，阶级性、政治性很强，它服从于执政党的基本理论、路线和纲领的政治行为，是马克思主义科学门类在国有企业的贯彻；企业文化属于管理范畴，其工作目标是针对企业而言的，是要搞好本企业，具有重大经济意义，它的理论依据主要是行为科学理论和经营规律。

两者的工作重心不同。思想政治工作侧重于政治性的意识形态和理想信念教育，而企业文化则侧重于企业共同价值观的培育、员工工作伦理和习惯的养成及经营管理理念的实践。思想政治工作的着眼点主要是提高人的政治思想觉悟；而企业文化的着眼点是直接提高管理效益。

两者的操作方法有差异。先进的政治理论往往需要灌输，是自上而下的教育和引导。企业文化虽也需要灌输但更侧重于培育和养成，主要是贯穿于企业管理的全过程，在管理过程中养成习惯。

思想政治工作与企业文化建设的有机结合是我国企业文化建设的特色。企业对思想政治工作与企业文化建设工作的基本思路，可以原则性地表述如下：在工作布局上两者不可偏废，不可相互替代，都要抓紧抓好，注重工作实效。在工作的领导体制上，思想政治工作是党委统一领导，党政工团齐抓共管；企业文化是行政统一领导，党政工团齐抓共管。思想政治工作的第一责任人是党组织的“一把手”，企业文化的第一责任人应当是行政“一把手”。企业文化建设为思想政治工作提供了新的舞台和用武之地；思想政治工作为企业文化建设打下了思想基础。无论是思想政治工作还是企业文化建设，党政组织均应密切配合，协同作战，为着同一目标——企业持续健康发展而共同奋斗。

（2）处理好企业文化建设与企业精神文明建设的关系。精神文明建设是相对于物质文明建设而言的。精神文明建设包括思想道德建设和科学文化建设两个方面，渗透在整个物质文明建设之中，体现在政治、经济、文化、社会生活的各个方面。精神文明建设的根本任务是提高中华民族的思想道德素质和科学文化素质，其核心是思想道德建设。

企业文化建设在两个文明建设中起着一种载体作用。在企业内部，物质文明的发展表现为企业物质生产的进步和员工工作生活水平的提高。精神文明建设的发展表现为员工思想、政治和道德水平的提高和教育科学文化的进步。两者是两种不同的文明发展形态。企业文化建设是“以人为本”的，旨在提高广大干部、员工的道德素养，形成统一的价值观，促进集团企业发展。从这个意义上讲，企业文化与精神文明建设在提高员工思想和道德素质上是一致的。

企业文化与精神文明又有区别。一是概念涵盖范围有所不同。精神文明是一个大概念，涵盖全社会；企业文化建设更多的是涵盖集团企业自身的工作内容。比如计划生育是国策，是精神文明建设的应有之意，而不是企业文化的重点工作内容。二是工作目的有所不同。精神文明建设的根本目的是培养和造就有理想、有道德、有文化、有纪律的一代新人；企业文化建设的根本目的是促进企业更大的发展。

认识企业文化建设和党的建设、思想政治工作、精神文明建设的区别与联系，就要把握好工作中的关系协调。既不能以企业文化建设取代党的建设、思想政治工作和精神文明建设，又不能把他们绝对对立起来。而是相互补充、相辅相成。

2. 处理好企业文化建设工作与其他管理工作的关系

企业文化建设的实质是以亚文化形式进行的，通过价值观管理来管理企业。因此，企业文化建设所提倡的企业理念、价值观、企业风格，都需要通过企业的各项管理工作加以落实、加以体现，这就必须很好地将它们加以结合。一方面，企业文化管理有别于其他管理。它是具有亚文化特性的管理。因此，不能将之等同于现有的其他管理，要注意企业文化管理具有的特性，它是通过管理思想来实现管理的目的的。另一方面，企业文化建设是管理工作，而不是简单的文化运动。管理工作必须与企业的各项实际操作、与企业的工作流程相融合，不然就是一堆空话。也就是说，第一，不能把企业文化建设认为就是政工部门的事，与企业其他管理没有关系。第二，不能用企业文化建设完全取代其他管理，而是应当把企业文化作为其他管理的灵魂，完全融汇在一起来管理。例如，进行企业文化的质量管理，一方面要加强质量理念的宣传，使广大员工树立起强烈的质量意识。另一方面要把这种意识融汇到质量管理的每一个步骤之中，形成强大的质量管理意识氛围，养成员工良好的质量工作习惯，同时，要教给他们一些保持先进质量的技术和方法。比如，“六西格玛”法等。这里要特别注意防止有的同志把企业文化管理同现有的管理对立起来。比如搞安全文化，有的同志就说：你们搞安全文化好了，不用我们进行安全管理了。搞质量文化，有的同志就说：那我们就不用再检验了，不用测量卡尺了。这都是错误地理解了企业文化管理与现有管理的关系造成的。

企业文化管理还有很多内容，这里不一一介绍了。

总之，企业文化管理是企业文化建设中的一项十分重要的工作，务必要高度重视，领导要抓紧、抓实、抓好，加强对企业文化建设的管理，真正使企业文化落到实处，取得实效，促使企业创造出更加光辉的业绩来。

参考书目

托马斯·J·彼得斯、小罗伯特·H·沃特曼：《成功之路—美国最佳管理企业的经验》，中国对外翻译出版公司，1985 年

戴维·布雷德福、艾伦·科恩：《追求卓越的管理》，中国友谊出版公司，1985 年

玛丽·凯·阿什：《用人之道—美国企业家谈人才管理》，新华出版社，1986 年

盛田昭夫：《日本造·盛田昭夫和索尼公司》，北京三联书店，1988 年

松下幸之助：《实践经营哲学》中国社会科学出版社，1989 年

特雷斯·E·迪尔、阿伦·A·肯尼迪：《企业文化—现代企业的精神支柱》，上海科学技术文献出版社，1989 年

彼得·F·德鲁克：《创业精神与创新—变革时代的管理原则与实践》，工人出版社，1989 年

埃德加·沙因：《公司文化与领导》，中国友谊出版公司，1989 年

E. 海能：《企业文化—理论和实践的展望》，知识出版社，1990 年

彼德·圣吉：《第五项修炼—学习型组织的艺术与实务》，上海三联书店，1998 年

约翰·科特：《企业文化与经营业绩》，华夏出版社，2001 年

杰斯帕·昆德：《公司精神》，云南大学出版社，2002 年

吉姆·柯林斯：《从优秀到卓越》，中信出版社，2002 年

刘光明：《企业文化》，经济管理出版社，2000 年

罗长海：《企业文化学》，中国人民大学出版社，1990 年

陈春花：《企业文化塑造》，广东经济出版社，2001年

周祖城：《管理与伦理》，清华大学出版社，2000年

刘光明：《中外企业文化案例》，经济管理出版社，2000年

郝真：《企业文化建设的运作》，中国经济出版社，1996年

张德、吴剑平：《企业文化与CI策划》，清华大学出版社，2000年

华锐：《企业文化教程》，企业管理出版社，2003年

王成荣：《企业文化学教程》，中国人民大学出版社，2003年

贾春峰：《文化力启动经济力》，中国经济出版社，2001年

黎群：《企业文化建设100问》，经济科学出版社，2004年

黎群：《战略管理》，清华大学出版社、北京交通大学出版社，2006年

约翰·科特、詹姆斯·赫斯克特著，曾中、李晓涛译：《企业文化与经营业绩》，华夏出版社，1997年

詹姆斯·C·柯林斯、杰里·I·波勒斯著，真如译：《基业长青》，中信出版社，2002年

水谷雅一著，李长明等译：《经营伦理理论与实践》，经济管理出版社，1999年

阿奇B. 卡罗尔、安K. 巴克霍尔茨著，黄煜平等译：《企业与社会—伦理与利益相关者管理》，机械工业出版社，2004年

第三章 企业经营管理的相关法律法规知识

企业经营管理活动离不开社会环境，而国家法律法规就是企业重要的软环境之一。企业文化管理者做好企业文化建设工作的重要前提，是了解与企业经营管理活动密切相关的法律法规。从宏观层次说，企业的经营与管理是依靠完善的法律和制度来保障的，因此遵守国家法律也是企业文化最重要的前提之一；从微观层次说，企业文化管理工作，就是要保证企业在遵循国家法律法规的基础上运行，即要保证企业的经营管理活动建立在守法、诚信、互利、双赢的基础上。本章的主要内容是介绍与企业经营管理活动相关的法律法规，使企业文化管理者保证在国家政策法规允许范围内开展一切活动。

学习目的

明确企业文化管理活动的法律基础，使企业文化建设活动建立在遵守国家法律、弘扬法治精神的基础上。了解与企业经营管理活动相关法律法规的基本范畴，熟练掌握其核心内容，能够结合本职工作正确理解与运用。

学习要点

1. 掌握与企业经营管理活动紧密相关的经济法、商法、劳动法、国际经济法等相关的法律基础知识
2. 了解与熟悉我国在上述领域的立法情况及法律条文基本内容
3. 熟悉与掌握相关法律条款的法律责任

第一节 公司法相关知识

一、公司与公司法概述

世界上最早出现的公司形式是无限公司，这类公司与合伙并没有本质的区别，但无限公司中股东的权利和义务及其组织形式比合伙更加明确和稳定。最晚出现的公司形式是有限公司，有限公司产生于19世纪末的德国和英国，目前有限公司这种形式已成为当代各国最主要的公司形式。在公司的产生和发展进程中，具有划时代意义的是股份有限公司的产生。

世界第一个股份有限公司是1555年由英国女王特许成立的俄国公司，被授权专门与俄国进行交易。18世纪，股份有限公司已发展到法国和德国，并从19世纪起，推行于世界各地。

我国最早成文的公司法是光绪二十九年清政府颁布的《公司律》，国民党政府于1929年制定颁布了《公司法》，这是一部比较完整的现代中国立法。新中国成立后，国民党政府的一切伪法统被废除，其中包括公司法。其后，有大量相关公司的法规文件出台，但直到1993年12月29日第八届全国人大常委会第五次会议才正式审议通过了《中华人民共和国公司法》。为了满足现阶段我国经济发展的需要，2005年10月27日第十届全国人民代表大会第十八次会议全面修订了《中华人民共和国公司法》，并于2006年1月1日起施行。

（一）公司的定义

公司是现代社会经济生活中最基本的企业组织形式。根据我国现行公司法的规定，公司是指依国家法律规定的条件和程序登记成立的、以盈利为目的的企业法人。

（二）公司的种类

我国公司法规定："公司是指依照本法在中国境内设立的有限责任公司和股份有限公司。"这就说明在我国目前的法律中，公司被划分成两种类型：有限责任公司和股份有限责任公司。

（三）公司的作用

公司作为最灵活、最基本、最有效的企业组织形式，对促进各国经济的发展具有非常重要的作用。

(1) 公司可以加速资金的筹集，并引导资金的合理流向；

(2) 有利于改善公司内部经营管理机制，提高公司的经济效益；

(3) 实行公司制度，有利于国家进行控制和管理。

公司的灵活性和适应性，有助于发展国家的各种经济形式，充分利用国家的各种资源。

二、公司经营管理概述

(一) 公司名称

公司名称是表示公司性质或特点并与其他公司相互区别的标志。公司法第 8 条规定：依照本法设立的有限责任公司，必须在公司名称中标明有限责任公司或者有限公司字样。依照本法设立的股份有限公司，必须在公司名称中标明股份有限公司或者股份公司字样。

关于公司名称中包含的内容，《企业名称登记管理规定》第 9 条规定：企业名称不得含有下列内容和文字：

(1) 有损于国家、社会公共利益的。

(2) 可能对公众造成欺骗或者误解的。

(3) 外国国家（地区）名称、国际组织名称。

(4) 政党名称、党政军机关名称、群众组织名称、社会团体名称及部队番号。

(5) 汉语拼音字母（外文名称中使用的除外）、数字。

(6) 其他法律、行政法规规定禁止的。

(二) 公司住所

公司的住所是指其主要办事机构所在地或者其主要营业所在地。公司的经营场所是指公司进行生产、经营的所在地。公司的经营场所的范围比住所要广得多，公司的住所只有一个。在我国，公司以其主要办事机构所在地为住所。

(三) 公司章程

公司章程是规定公司组织和行动的基本规则的重要文件，制定章程是公司设立的必须程序之一。我国公司法规定：设立公司必须依法制定公司章程。

1. 公司章程的记载事项

一般来说，公司章程所记载的事项大体分为：

(1) 强制记载事项。公司章程的强制记载事项是由法律规定的，每个公司章程都必须一一记载的事项，公司法第 22 条及第 79 条对有限责任公司和股份有限责任公司章程应当载明的事项作了规定。

（2）任意记载事项，是指法律无规定，与公司营业有关，同时并不违反强制法、公共秩序、善良风俗的事项，均可作为任意记载事项记载于公司章程，一经记载，该事项即发生效力。

2. 公司章程变更

公司章程变更，一般指公司成立时章程内容的改变。公司章程生效后，一般应保持其内容的相对稳定，不得随意更改。如果要对公司章程进行变更，应注意以下三点：首先公司章程的变更是在不违反法律、社会公共利益，不违反该公司设立目的的情况下进行；其次，变更公司章程必须经全体股东同意或经股东大会形成决议；最后，公司章程变更后，必须及时办理变更登记手续，未经登记，公司不得以其章程事项的变更对抗善意第三人，并对责任人进行处罚。

（四）公司经营范围

公司经营范围是指公司生产经营的商品种类或服务项目的范围。经营范围一经主管机关批准登记，便发生法律效力。申请登记的公司只能在经营范围内从事经营活动。

1. 超越公司经营范围的法律责任

公司法规定，我国公司中的管理人员不得从事超越公司经营范围的活动；如果从事并给公司造成损害的，应当对公司承担赔偿责任；如果同时造成他人损失的，也须由其负责相关赔偿责任。

2. 公司经营范围的变更

我国公司法和相关法律规定，公司依照法定程序修改公司章程，并经公司登记机关变更登记后，可以变更其经营范围。公司申请变更登记应当在主管部门或者审批机关批准后30日内，向登记主管机关办理变更登记。

（五）公司投资限制

我国公司法第15条规定：公司可以向其他企业投资；但是，不得成为对所投资企业的债务承担连带责任的出资人。公司法的立法目的在于保护股东、债权人和公司的合法权益不受侵害，对外投资所负的责任有限化，避免公司对外承担无限责任。最终防止社会资本的过度虚增，维护正常的社会经济秩序。

三、公司能力

（一）公司的权利能力

公司一经设立并经核准登记而有效成立后，即取得法人资格。公司的权利能力始于成立，终于消灭；成立之时是法人营业执照或法人登记证所注册的日期。公司消灭之时，即是清算完结注销登记之日。

（二）公司的行为能力

公司的民事行为能力是法律赋予公司独立进行民事活动的能力。其特点为：首先，公司的民事行为能力和民事权利能力同时产生，一起消灭，始期和终期完全一致；其次，公司的民事行为能力范围始终与民事权利能力范围一致；最后，公司独立参与民事活动，实施民事行为是由法定代表人进行的，所以应由法人承受法定代表人意思表示的效果。

（三）公司的责任能力

公司法第4条第2款规定，公司享有由股东投资形成的全部法人财产权，依法享有民事权利，承担民事责任。

（四）公司的法人人格及其否认

公司作为一种法人组织，具有法律上的独立人格，是广泛肯定的。同时公司法第20条第三款规定：公司股东滥用公司法人独立地位和股东有限责任，逃避债务，严重损害公司债权人利益的，应当对公司债务承担连带责任，以此来否认公司的法人人格制度，以切实保障善意债权人的合法权益，并追究公司中滥用股东权的人的责任。

四、有限责任公司设立与组织机构

（一）有限责任公司的设立

1. 有限责任公司设立的条件

依照我国公司法的有关规定，符合该法规定条件的，可以登记为有限责任公司，不符合该法规定条件的，不得登记为有限责任公司。

主要条件为：

（1）设立有限责任公司，股东必须达到法定人数。我国公司法规定，有限责任公司的股东人数必须在50人以下，同是自然人、法人和国家都可以成为有限责任公司的股东。

（2）设立有限责任公司，股东出资必须达到法定最低资本额。有限责任公司的股东可以货币出资，也可用实物、知识产权、土地使用权作价出资。无论股东如何出资，全体股东的出资额应达到法律规定的最低限额。特定行业的有限责任公司注册资本最低限额需高于上述所定限额的，由法律、行政法规另行规定。

（3）设立有限责任公司必须由全体出资人制定公司章程。有限责任公司章程是记载公司组织规范及其行为准则的书面文件，须由全体股东共同订立和签署。如果股东因特别原因不能亲自参加，应通过书面形式委托代理人进行。

（4）设立有限责任公司，要有公司的名称，并要建立符合有限公司要求的组织机构。公司名称是公司称谓，公司只有具有自己的名称，才能进行正常的生产经营活动和必不可少的对外交往。公司的组织机构也是公司正常运转的保证，没有正常的内部组织机构，公司的运作就难以实现。

2. 有限责任公司的设立程序

有限责任公司设立的基本程序为：订立章程、确定机构、缴纳出资、设立登记。

（二）有限责任公司的股东和注册资本

1. 有限责任公司的股东

有限责任公司的构成人员是有限责任公司的股东。股东资格的取得，分为原始取得和继受取得。原始取得，可分为公司设立时取得股东资格和参与公司设立而取得与公司成立后增资时加入公司而取得股东资格。继受取得，指基于继承、遗赠、公司合并或出资的受让而取得的股东资格。

2. 有限责任公司的注册资本

有限责任公司的注册资本由全体股东所认缴的出资额构成，必须经验资机构验资并出具验资证明。我国公司法第 26 条第二款规定：有限责任公司注册资本的最低限额为人民币三万元。法律、行政法规对有限责任公司注册资本的最低限额有较高规定的，则从其规定。为了确保有限责任公司注册资本的真实，我国公司法规定有限责任公司成立后，发现作为设立公司出资的非货币财产的实际价额，显著低于公司章程所定价额的，应当由交付该出资的股东补足其差额；公司设立时的其他股东承担连带责任。

（三）有限责任公司的组织机构

1. 股东会

股东会是有限责任公司的最高权力机构。股东会是依照公司法和公司章程的规定，由全体股东组成的，对公司一切重大事项进行决策的权力机构。

2. 董事会

有限责任公司设董事一人或数人，董事较少时可只设执行董事，董事是数人时，组成董事会。董事会成员通常采用单数。

董事或董事会是有限责任公司的执行机构，但不是有限责任公司的必设机构。在我国，董事长、副董事长、董事由股东会选举产生，对股东会负责。

董事任期由公司章程规定，但每届不得超过 3 年。董事任期届满连选可以连任。董事在任职届满前，股东会不得无故解除其职务。

董事会决议的表决，实行一人一票。

3. 经理

有限责任公司设经理。经理是公司行政工作的负责人，由董事会聘任或者解聘，对董事会负责。经理在董事会授权范围内，对外进行商务活动，负责日常经营管理活动，执行董事会的所有决议和指示。非因正当理由，董事会不得无故解聘经理。

4. 监事会

监事会是有限责任公司的监督组织，对公司的财务状况、经营状况、董事会及其成员、经理职务行为进行监督、检查，对股东会负责或报告工作。有限责任公司设监事会，其成员不得少于三人。股东人数较少或者规模较小的有限责任公司，可以设一至二名监事，不设监事会。监事会应当包括股东代表和适当比例的公司职工代表，其中职工代表的比例不得低于三分之一，具体比例由公司章程规定。董事、高级管理人员不得兼任监事。监事可以列席董事会会议，并对董事会决议事项提出质询或者建议。监事会和不设监事会的公司的监事，发现公司经营状况异常，可以进行调查；必要时，可以聘请会计师事务所等协助其工作，费用由公司承担。

（四）一人有限公司及国有独资公司

1. 一人有限责任公司

一人有限责任公司，是指只有一个自然人股东或者一个法人股东的有限责任公司。一般情况下，一人有限责任公司的股东与其他有限责任公司股东一样，是以其对公司的出资额为限，对公司的债务承担责任。我国公司法第 64 条规定，一人有限责任公司的股东，不能证明公司财产独立于股东自己的财产的，应当对公司债务承担连带责任。公司法在确定一人有限责任公司合法性的同时，为了防止股东滥用公司的独立法人人格，将公司财产和个人财产混同，特别对一人有限责任公司的法人人格作了必要的限制。

2. 国有独资公司的法律特征

国有独资公司，是指国家单独出资、由国务院或者地方人民政府委托本级人民政府国有资产监督管理机构履行出资人职责的有限责任公司。公司法规定，国有独资公司不设股东会，由国有资产监督管理机构行使股东会职权。国有资产监督管理机构可以授权公司董事行使股东会部分职权，但公司合并、分立、解散、增加或者减少注册资本和发行公司债券，必须由国有资产监督管理机构决定。

五、股份有限公司设立和组织机构

（一）股份有限公司的设立

1. 股份有限公司设立的条件

根据我国公司法第77条的规定，设立股份有限公司应当具备下列条件：

（1）发起人符合法定人数。

（2）发起人认缴和募集的股本达到法定资本最低限额。

（3）股份发行、筹办事项符合法律规定。

（4）发起人制订公司章程，采取募集方式设立的，须经创立大会通过。

（5）有公司名称，建立符合股份有限公司要求的组织机构。

（6）有公司住所。

只有同时具备上述6项条件，才能依法成立股份有限公司。

根据我国公司法有关规定，其中，设立股份有限公司应当有二人以上二百人以下为发起人，其中须有半数以上的发起人在中国境内有住所。同时，股份有限公司采用发起设立的方式设立的，公司全体发起人首次出资额不得低于注册资本的百分之二十，其余部分由发起人自公司成立之日起两年内缴足。

2. 股份有限公司的设立程序

（1）订立章程。

（2）公司股份的认购。

发起设立：发起设立是指由发起人认购公司应发行的全部股份并缴足股款从而使公司得以设立的方式。

募集设立：募集设立是指发起人认购公司全部股份或首次发行股份的一部分，其余的股份向社会公众募集的方式。其区别主要在于向发起人以外的社会公众募股。

3. 股份有限公司的设立登记

（1）设立登记及其完成。一般情况下，公司创立大会选出公司的董事会，即意味着公司代表机构的设立。董事会有义务按规定在成立后30日内向国家有关部门申请审批。

（2）注册登记的内容。设立完成后，股份有限公司的董事会必须在30日内向工商行政管理机关申请注册登记，并报送一系列文件。经工商行政管理机关核准登记后，发给公司营业执照，即获得法人资格。

（3）公告。公司成立后，必须发布股份有限公司注册登记的公告。根据我国有关规定，公司应在其所在地的省市主要报纸上公告其成立。股份有限公司经登记成立的、采取募集设立方式的，应当将募集股份情况报国务院证券监督管理机构备案。

（二）股份有限公司的组织机构

1. 发起人

股份有限公司的发起人，是指依法订立设立公司协议、提出设立公司申请、认购公司股份、并对公司设立承担法定责任的人。

2. 股东大会

股东大会是股份有限公司全体股东所组成的、必要的、非常设的最高机关。股东大会是公司的所有权组织，由全体公司股票的持有者或代表者组成，事实上，现代股份公司的股东会实际由持有或代表公司一定数量股份者组成。

股东大会是最高权力机构，但它并不具体执行公司业务。股东大会会议分年会和临时股东大会。

我国公司法规定，股东大会会议由董事会召集，董事长主持；董事长不能履行职务或者不履行职务的，由副董事长主持；副董事长不能履行职务或者不履行职务的，由半数以上董事共同推举一名董事主持。

召开股东大会会议，应当将会议召开的时间、地点和审议的事项于会议召开20日前通知各股东；临时股东大会应当于会议召开15日前通知各股东；发行无记名股票的，应当于会议召开前30日公告会议召开的时间、地点和审议事项。单独或者合计持有公司3%以上股份的股东，可以在股东大会召开10日前提出临时提案并书面提交董事会。

出席股东大会者，应是公司的股东。股东可以委托代理人出席股东大会；代理人应向公司提交股东授权委托书，并在授权范围内行使表决权。

3. 董事会

董事会是由股份有限公司股东会所选出的5至19名董事所组成的必要的、常设的、集体的对内执行业务机关。

4. 经理

（1）经理的地位和职权。我国公司法规定，公司可以设经理，由董事会任免。同时我国公司法还规定，公司经理负责公司的日常经营管理活动，依照公司章程或者董事会的授权行使职权。

（2）总经理的领导体制。现代股份有限公司都实行董事会领导下的总经理负责制。在股份有限公司中，董事会是最高经营权机构，总经理的管理权属于公司经营权的一部分。董事会与总经理之间的关系是授权而不是分权。总经理是公司首要的高级管理人员，是公司日常业务活动的主管。

5. 监事会

（1）监事会的概念和地位。监事会，是股份有限责任公司依照法律、公司章程所设立的，对公司的事务进行监督的机构。他的设立是以监督公司业务执行为其主要权限的机关，并且单独行使监察权，是公司必要的常设机关。

（2）监事会的组成及任期。监事会由3名以上监事组成。监事的产生方式为：由公司职工选举产生；由股东大会选举股东代表担任监事。

监事每届任期为3年。监事任期届满，连选可以连任。

（三）股份有限公司股份的发行和转让

1. 股份有限公司的股份和股票

（1）股份的概念和意义。股份有限公司的股份是公司资本的组成成份，是计算公司资本的最小均等的构成单位，公司资本总额分成若干相等的单位，以每个股东拥有其单位数的多少来作为行使权利承担义务以及流通转让的依据，股份有限公司章程中必须载明公司发行的股份总数及每股金额。

（2）股票的概念。我国公司法规定，股票是公司签发的证明股东所持股份的凭证。股份有限公司在登记设立后，为表明股东的权利，按照法定的程序，制成证券，记载法定事项，由公司盖章和董事长签名，经主管机关批准，进行发行，这就是股票。

（3）股票的种类。股票根据不同的标准，可以划分为不同种类：①记名股票和无记名股票；②额面股票和无额面股票；③普通股股票和特别股股票；④国家股股票、法人股股票、个人股股票和外资股股票。

2. 股份的发行

（1）股份发行的含义。股份有限公司的设立可以采取发起设立或者募集设立的方式，发起设立由发起人认购公司应发行的全部股份，募集设立由发起人认购公司应发行股份的一部分，其余部分向社会公开募集。

（2）股份发行的原则。我国公司法规定了股份发行的基本原则，即必须坚持“三公”、“三同”原则。“三公”原则指股份发行必须公开、公平、公正；“三同”原则指股份发行必须坚持同股同利，同股同权，每一股份的股东权益必须相等。

（3）股份发行的方式。①定向募集发行和社会募集发行；②自办发行和委托发行。

3. 新股的发行

新股发行是发行股份的一种形式，是指股份有限公司成立后，再度发行股份的行为。

（1）新股发行的条件。①具备健全且运行良好的组织机构；②具有持续盈利能力，财务状况良好；③最近3年财务会计文件无虚假记载，无其他重大违法行为；④经国务院批准的国务院证券监督管理机构规定的其他条件。

（2）公司发行新股必须由股东大会做出决议。公司核准向社会公开发行新股后，必须遵守以下规定：必须公告新股招股说明书；必须公告公司的财务会报告；制作认股书；

公司发行的新股应当由依法成立的证券经营机构承销，签订承销协议。

4. 股份的转让

(1) 股份转让的含义和性质。股份的转让指股份所有人出让股份给受让人，使其取得股份而转移其股东权利的法律行为。股份的转让是股东权继受、取得的一种方式。股份的转让作为一种法律行为，双方当事人必须同意让度和受让。

(2) 股份转让的自由。股份转让的自由是股份有限公司的本质。原则上说，股份的转让是自由的，公司不得以章程禁止或限制。但转让股份的自由并不是绝对的，包括以下限制：

第一，股东转让其股份，必须在依法设立的证券交易场所或者按照国务院规定的其他方式进行。

第二，发起人持有的本公司股份，自公司成立之日起 1 年内不得转让。公司公开发行股份前已发行的股份，自公司股票在证券交易所上市交易之日起 1 年内不得转让。

第三，由国有资产监督管理机构持有的股份，可以依法转让，这些机构也可以购买其他股东持有的股份。

第四，公司董事、监事、高级管理人员应当向公司申报所持有的本公司的股份及其变动情况，在任职期间每年转让的股份不得超过其所持有本公司股份总数的 25%；所持本公司股份自公司股票上市交易之日起 1 年内不得转让。

第五，记名股票，由股东以背书方式或者法律、行政法规规定的其他方式转让；转让后由公司将受让人的姓名或者名称及住所记载于股东名册。

第六，股东大会召开前 20 日内或者公司决定分配股利的基准日前五日内，不得进行前款规定的股东名册的变更登记。

(3) 股份转让的方式。

第一，无记名股票的转让。我国公司法规定，无记名股票的持票人即为股份的所有人，他的转让只需交付股票，即发生效力。

第二，记名股票的转让。须由股票持有人以背书方式转让，即转让人须将股票背书后，交付于受让人，或者以法律、行政法规规定的其他方式转让。

须将受让人的姓名或名称记载于股票，将受让人的姓名、名称及住所再记载于公司股东名册。

第三，在股东大会召开前 20 日以外，或公司决定分派股息红利基准日前 5 日以外，才可以进行股东名册的变更登记。

第二节　企业法相关知识

一、合伙企业法知识概述

（一）合伙企业概念

依照我国合伙企业法规定，合伙企业是指依照法律在我国境内设立的由各合伙人订立合伙协议，共同出资、合伙经营、共享收益、共担风险、并对合伙企业债务承担无限连带责任的营利性组织。

（二）合伙企业的设立

1. 设立的条件

有2个以上合伙人，并且都是依法承担无限责任者；有书面合伙协议；有各合伙人实际缴付的出资；有合伙企业的名称；有经营场所和从事合伙经营的必要条件。

2. 合伙人的出资

合伙人可以用货币、实物、土地使用权、知识产权或者其他财产权利出资；上述出资应当是合伙人的合法财产及财产权利。

对货币以外的出资需要评估作价的，可以由全体合伙人协商确定，也可以由全体合伙人委托法定评估机构进行评估。经全体合伙人协商一致，合伙人也可以用劳务出资，其评估办法由全体合伙人协商确定。

合伙人应当按照合伙协议约定的出资方式、数额和缴付出资期限，履行出资义务。各合伙人按照合伙协议实际缴付的出资，为对合伙企业的出资。

3. 合伙协议

合伙协议是合伙企业的基石。合伙协议可以载明合伙企业的经营期限和合伙人争议的解决方式。合伙协议经全体合伙人签名、盖章后生效。合伙人依照合伙协议享有权利，承担责任。经全体合伙人协商一致，可以修改或者补充合伙协议。

（三）合伙企业设立登记

申请合伙企业设立登记，应当向企业登记机关提交登记申请书、合伙协议书、合伙人身份证明等文件。法律、行政法规规定须报经有关部门审批的，应当在申请设立登记时提交批准文件。

合伙企业的营业执照签发日期，为合伙企业成立日期。合伙企业领取营业执照前，合伙人不得以合伙企业名义从事经营活动。

（四）合伙企业的财产管理和事务执行

1. 财产管理

合伙企业存续期间，合伙人的出资和所有以合伙企业名义取得的收益均为合伙企业的财产。合伙企业进行清算前，合伙人不得请求分割合伙企业的财产，但本法另有规定的除外。

合伙人在合伙企业清算前私自转移或者处分合伙企业财产的，合伙企业不得以此对抗不知情的善意第三人。合伙企业存续期间，合伙人向合伙人以外的人转让其在合伙企业中的全部或者部分财产份额时，须经其他合伙人一致同意。

合伙人之间转让在合伙企业中的全部或者部分财产份额时，应当通知其他合伙人。合伙人依法转让其财产份额的，在同等条件下，其他合伙人有优先受让的权利。

经全体合伙人同意，合伙人以外的人依法受让合伙企业财产份额的，经修改合伙协议即成为合伙企业的合伙人，依照修改后的合伙协议享有权利，承担责任。

合伙人以其在合伙企业中的财产份额出资的，须经其他合伙人一致同意。未经其他合伙人一致同意，合伙人以其在合伙企业中的财产份额出资的，其行为无效，或者作为退伙处理；由此给其他合伙人造成损失的，依法承担赔偿责任。

2. 事务执行

各合伙人对执行合伙企业事务享有同等的权利，可以由全体合伙人共同执行合伙企业事务，也可以由合伙协议约定或者全体合伙人决定，委托一名或者数名合伙人执行合伙企业事务。执行合伙企业事务的合伙人，对外代表合伙企业。

由一名或者数名合伙人执行合伙企业事务的，应当依照约定向其他不参加执行事务的合伙人报告事务执行情况以及合伙企业的经营状况和财务状况，其执行合伙企业事务所产生的收益归全体合伙人，所产生的亏损或者民事责任，由全体合伙人承担。

合伙人为了解合伙企业的经营状况和财务状况，有权查阅账簿。合伙人依法或者按照合伙协议对合伙企业有关事项做出决议时，除本法另有规定或者合伙协议另有约定外，经全体合伙人决定可以实行一人一票的表决办法。

合伙协议约定或者经全体合伙人决定，合伙人分别执行合伙企业事务时，合伙人可以对其他合伙人执行的事务提出异议。提出异议时，应暂停该项事务的执行。如果发生争议，可由全体合伙人共同决定。

被委托执行合伙企业事务的合伙人不按照合伙协议或者全体合伙人的决定执行事务的，其他合伙人可以决定撤销该委托。

（五）入伙与退伙

1. 入伙

新合伙人入伙时，应当经全体合伙人同意，并依法订立书面入伙协议。订立入伙协议时，原合伙人应当向新合伙人告知原合伙企业的经营状况和财务状况。入伙的新合伙人与原合伙人享有同等权利，承担同等责任。入伙协议另有约定的，则从其约定。入伙的新合伙人对入伙前合伙企业的债务承担连带责任。

2. 退伙

合伙企业的退伙分为协议退伙、当然退伙、除名退伙等。

其中，对合伙人的除名决议应当书面通知被除名人。被除名人自接到除名通知之日起，除名生效，被除名人退伙。被除名人对除名决议有异议的，可以在接到除名通知之日起三十日内，向人民法院起诉。

（六）退伙法律后果

1. 合伙人死亡或者被依法宣告死亡的，对该合伙人在合伙企业中的财产份额享有合法继承权的继承人，依照合伙协议的约定或者经全体合伙人同意，从继承开始之日起，即取得该合伙企业的合伙人资格。合法继承人不愿意成为该合伙企业的合伙人的，合伙企业应退还其依法继承的财产份额。

合法继承人为未成年人的，经其他合伙人一致同意，可以在其未成年时由监护人代行其权利。

2. 合伙人退伙的，其他合伙人应当与该退伙人按照退伙时的合伙企业的财产状况进行结算，退还退伙人的财产份额。

3. 退伙时有未了结的合伙企业事务的，待了结后进行结算。退伙人在合伙企业中财产份额的退还办法，由合伙协议约定或者由全体合伙人决定，可以退还货币，也可以退还实物。退伙人对其退伙前已发生的合伙企业债务，与其他合伙人承担连带责任。

合伙人退伙时，合伙企业财产少于合伙企业债务的，退伙人应当按照规定分担亏损。合伙企业登记事项因退伙、入伙、合伙协议修改等发生变更或者需要重新登记的，应当于作出变更决定或者发生变更事由之日起十五日内，向企业登记机关办理有关登记手续。

（七）合伙企业解散与清算

1. 合伙企业的解散

合伙企业有下列情形之一时，应当解散：

（1）合伙协议约定的经营期限届满，合伙人不愿继续经营的。

（2）合伙协议约定的解散事由出现。

（3）全体合伙人决定解散。

（4）合伙人已不具备法定人数。

（5）合伙协议约定的合伙目的已经实现或者无法实现。

（6）被依法吊销营业执照。

（7）出现法律、行政法规规定的合伙企业解散的其他原因。

2. 合伙企业的清算

合伙企业解散后应当进行清算，并通知和公告债权人。

合伙企业解散，清算人由全体合伙人担任；未能由全体合伙人担任清算人的，经全体合伙人过半数同意，可以自合伙企业解散后十五日内指定一名或者数名合伙人，或者委托第三人，担任清算人。十五日内未确定清算人的，合伙人或者其他利害关系人可以申请人民法院指定清算人。

清算人在清算期间执行下列事务：

（1）清理合伙企业财产，分别编制资产负债表和财产清单。

（2）处理与清算有关的合伙企业未了结的事务。

（3）清缴所欠税款。

（4）清理债权、债务。

（5）处理合伙企业清偿债务后的剩余财产。

（6）代表合伙企业参与民事诉讼活动。

合伙企业财产在支付清算费用后，按下列顺序清偿：

（1）合伙企业所欠招用的职工工资和劳动保险费用。

（2）合伙企业所欠税款。

（3）合伙企业的债务。

（4）返还合伙人的出资。

合伙企业解散后，原合伙人对合伙企业存续期间的债务仍应承担连带责任，但债权人在五年内未向债务人提出偿债请求的，该责任消灭。

清算结束，应当编制清算报告，经全体合伙人签名、盖章后，在十五日内向企业登记机关报送清算报告，办理合伙企业注销登记。

二、中外合资经营企业法知识概述

（一）中外合资经营企业法概念

中外合资经营企业是指中国合营者和外国合营者依照中华人民共和国法律的规定，在中国境内共同投资，共同经营，并按投资比例分享利润、分担风险及亏损的企业。这类企业形式为有限责任公司。

（二）设立合营企业的程序

1. 申请

要在中国境内向企业主管部门呈报拟与外国合营者设立合营企业的项目建议书和初步可行性研究报告。在初步可行性研究报告经企业主管部门审查同意并转报审批机构批准后，合营各方才能进行可行性研究报告为中心的各项工作，在此基础上商签合营企业协议、合同、章程。

合营企业协议是合营各方对设立合营企业的某些要点和原则达成一致意见而订立的文件。合同是指合营各方对设立合营企业就相互权利义务达成一致意见而订立的文件。合营企业章程是按照合营企业合同规定的原则，经合营各方一致同意规定合营企业的宗旨、组织原则和经营管理方法等事项的文件。合营企业协议与合同有抵触时，以合营企业合同为准。经合营各方同意，也可以不签订合营企业协议而签订合营企业合同、章程。

申请设立合营企业，由中外合营者共同向审批机构报送下列文件：①设立合营企业的申请书；②合营各方共同编制的可行性研究报告；③由合营各方授权代表签署的合营企业协议、合同和章程；④由合营各方委派的合营企业董事长、副董事长、董事人选名单；⑤审批机构规定的其他文件。

2. 审批

在中国境内设立合营企业，必须经国务院对外贸易行政主管部门审查批准。凡具备下列条件，国务院授权省、自治区、直辖市人民政府或者国务院有关部门审批，批准设立的合营企业，应当报国务院对外贸易行政主管部门备案：（1）投资总额在国务院规定的投资审批权限以内，中国合营者的资金来源已经落实的；（2）不需要国家增拨原材料，不影响燃料、动力等方面的全国平衡。

3. 设立合营企业的登记

申请者应当自收到批准证书之日起 1 个月内，按照国家有关规定，向工商行政管理机关办理登记手续，登记管理机构应当在受理申请后 30 日内，做出核准登记或不予核准登记的决定。合营企业的营业执照签发日期，即为该合营企业的成立日期。

在合营企业的注册资本中，外国合营者的出资比例一般不低于 25%。

合营企业各方可以现金、实物、工业产权等进行投资。中国经营者的投资可包括为合营企业经营期间提供的场地使用权。如果场地使用权未作为中国合营者投资的一部分，合营企业应向中国政府缴纳使用费。

合营各方应当在合营合同中订明出资期限，并且按照合营合同规定期限缴清各自的出资。

第三节 企业经营过程中相关法律知识

一、合同法概述

(一) 合同定义及基本原则

1. 合同的定义

根据《合同法》的规定，合同是平等主体的自然人、法人、其他组织之间，设立、变更、终止民事权利义务关系的协议。婚姻、收养、监护等有关身份关系的协议，适用其他法律的规定。在现实生活中，合同在日常经济生活中起着及其重要的作用。

2. 合同法的基本原则

合同法的基本原则是合同法最重要的部分，它不仅是合同立法的指导思想，也是调整合同关系所必须遵循的基本方针和准则。

合同法基本原则主要有：

(1) 合同自由原则和合同正义原则。

(2) 鼓励交易原则。

(二) 合同的订立

1. 合同订立概述

合同的订立是指缔约人为意思表示并达成合意的状态。它是缔约各方自接触、洽商直至达成合意的过程，是动态行为和静态协议的统一体。

我国合同法对合同的形式作了规定：合同采取以当事人约定的形式为主，以法定的形式为辅的立法原则。规定当事人订立合同，有书面形式、口头形式和其他形式。

合同条款方面，根据合同自由原则，合同的条款只要在法律允许的范围内，应由当事人自主约定。合同法对一般合同所具备的基本条款作了规定，包括：

(1) 当事人的名称或者姓名和住所。

(2) 标的。

(3) 数量。

(4) 质量。

（5）价款或者报酬。

（6）履行期限、地点和方式。

（7）违约责任。

（8）解决争议的方法。

2. 格式条款

格式条款是当事人为了重复使用而预先拟定，并在订立合同时未与对方协商的条款。格式条款优点是简便、迅速，可以减少反复协商的麻烦。但格式条款拟制者，在制订条款过程中，在一定程度上也限制了一方当事人的权利。现行合同法对格式合同作了三方面的限制：首先采用格式条款订立合同的，提供格式条款的一方应当遵循公平原则确定当事人之间的权利和义务，否则对方当事人有权请求法院或仲裁机构变更、解除合同。其次，提供格式条款当事人应该采取合理的方式提请对方注意免除或者限制其责任的条款；如提供格式条款一方免除其责任、加重对方责任、排除对方主要权利的，该条款无效。最后，对格式条款的理解发生争议的，应当按通常理解予以解释。对格式条款有两种以上解释的，应当给不利于提供格式条款的一方做出解释。格式条款和非格式条款不一致的，应当采用非格式条款。

3. 合同订立的程序

任何合同的订立都要经过要约和承诺两个阶段。

（1）要约。要约概念及特征是希望和他人订立合同的意思表示，该意思表示应当符合下列规定：内容具体确定；要约人承诺。

（2）承诺。承诺的概念及条件是受要约人同意要约的意思表示。承诺应当具备三个条件：①承诺必须由受约人向要约人做出。②承诺必须在要约规定的有效期内作出。③承诺必须与要约的内容相一致。

（三）合同的效力

合同的效力指成立的合同将对合同当事人乃至第三人产生的法律约束力。

1. 有效合同和无效合同

（1）有效合同。有效合同指法律予以认可和保护，在法律上具有约束力的合同。合同法按合同生效时间，可分为一般生效时间和特殊生效时间。

合同生效后，即对合同双方当事人起到了制约的作用。任何一方违反生效合同，均应承担违约责任。

（2）无效合同。无效合同指双方当事人订立的合同不被法律认可或不予保护。合同法对无效合同作了规定，有下列情形之一的合同无效：一方以欺诈、胁迫的手段订立合同，损害国家利益；恶意串通，损害国家、集体或者第三人利益；以合法形式掩盖非法目的；损害社会公共利益；违反法律、行政法规的强制性规定。

合同中的下列免责条款无效：造成对方人身伤害的；因故意或者重大过失造成对方财产损失的。

合同无效或者被撤销后，因该合同取得的财产，应当予以返还；不能返还或者没有必要返还的，应当折价补偿。有过错的一方应当赔偿对方因此所受到的损失，双方都有过错的，应当各自承担相应的责任。

无效的合同或者被撤销的合同自始没有法律约束力。合同部分无效，不影响其他部分效力的，其他部分仍然有效。

2. 可撤销、可变更合同

可变更、可撤销合同是指合同成立后，当存在法律规定的事由，人民法院或仲裁机构根据当事人的申请，允许变更，或者撤销合同。

一方以欺诈、胁迫的手段或者乘人之危，使对方在违背真实意思的情况下订立的合同，受损害方有权请求人民法院，或者仲裁机构变更，或者撤销。

当事人未请求变更的，人民法院或者仲裁机构不得撤销。

3. 效力待定的合同

效力待定合同属于法律效果未知，允许相关人采取补救措施，促使合同生效的合同。

（四）合同的履行

合同法规定了合同履行的原则包括：当事人应当按照约定全面履行自己的义务；当事人应当遵循诚实信用原则，根据合同的性质、目的和交易习惯履行通知、协助、保密等义务。

执行政府定价或者政府指导价的，在合同约定的交付期限内政府价格调整时，按照交付时的价格计价。逾期交付标的物的，遇价格上涨时，按照原价格执行；价格下降时，按照新价格执行。逾期提取标的物或者逾期付款的，遇价格上涨时，按照新价格执行；价格下降时，按照原价格执行。

（五）合同的变更、终止和转让

1. 合同的变更

合同的变更包括合同内容的变更以及合同主体的变更。合同内容的变更一般由一定的法律事实所导致的，其变更分为合意变更和法定变更。当事人协商一致，可以变更合同。法律、行政法规规定变更合同应当办理批准、登记等手续的，依照其规定。当事人对合同变更的内容约定不明确的，推定为未变更。而法定变更即为上述可撤销变更的法定理由。

2. 合同的转让

合同的转让，即为合同在尚未履行完毕之前在不改变合同内容的情况下，变动合同的当事人。

合同转让按转让的内容可分为：合同权利的转让、合同义务的转移，即合同权利义务的转让。

3. 合同的终止

合同的终止，指该合同与法律条款发生冲突，使合同设定的权利义务在客观上不存在，合同关系归于消灭。合同终止的法定情形包括：

（1）合同的履行。合同的履行指合同的债务人按照合同的约定，全面正确履行自己义务的行为。在债务人全面履行义务后，合同的权利义务消灭。

（2）合同的解除。合同的解除指由合同有效成立后，尚未履行或全部履行之前，当事人通过协议或依法定理由终止合同，从而使合同权利义务关系消灭。合同解除按解除发生的原因分为协议解除和法定解除两种。

法定解除是指当事人一方在有法律规定的解除条件出现时，即可通过行使解除权而使合同终止。法定解除权是一种单方权利。合同法规定解除合同的条件有：①因不可抗力致使不能实现合同目的；②在履行期届满前，当事人一方明确表示或者以自己的行为表明不履行主要债务；③当事人一方迟延履行主要债务，经催告后在合理期限内仍未履行；④当事人一方迟延履行债务或者有其他违约行为致使不能实现合同目的；⑤法律规定的其他情形。

（3）合同的抵消。债务抵消指当事人互负种类相同的债务，依照法律规定或双方约定，在等额债务范围内相互抵消。债务相互抵消可以分为法定抵消和合意抵消。法定抵消必须符合以下条件：首先当事人之间互负债务；其次两项债务标的物种类、品质相同，如果不同，除双方当事人协商一致外，不得抵消；最后两项债务必须都已到履行期。

（4）标的物的提存。提存指债权人没有正当理由拒绝受领标的物，或者债权人下落不明等原因致使债权人无法履行债务时，债务人可以依法将标的物交付给提存机关而使合同的权利义务终止的制度。

标的物不适于提存或者提存费用过高的，债务人依法可以拍卖或者变卖标的物，提存所得的价款。

债权人领取提存物的权利，自提存之日起，五年内不行使其提取权利者，其权利消灭，提存物扣除提存费用后归国家所有。

（5）债权人免除债务。债权人免除债务人部分或全部债务的，合同的权利义务部分或者全部终止。债权人免除债务人部分或者全部债务的，合同的权利义务部分或者全部终止。

（6）债权债务同归一人。债权债务同归于一人，也称为混同将发生债权与债务同归于一人的事实，而致使合同权利义务消灭。债权和债务同归于一人的，合同的权利义务终止，但涉及第三人利益的除外。

（7）法律规定或当事人约定终止的其他情形。

（六）合同责任

1. 缔约过失

缔约过失责任又称先合同责任，是指当事人在合同订立过程中，因过错违背基于诚信原则而产生的法定义务导致合同不成立时，使对方遭受损害而应承担的一种民事责任。缔约过失责任是一种合同成立前的责任，它不同于违约责任，而是一种独立的合同责任。

另外，当事人在订立合同过程中知悉的商业秘密，无论合同是否成立，不得泄露或者不正当地使用。泄露或者不正当地使用该商业秘密给对方造成损失的，应当承担损害赔偿责任。

2. 违约责任

违约责任是指合同当事人不履行合同义务或者履行合同义务不符合约定条件时所应承担的民事责任。根据合同法的精神，合同依法成立即具有法律约束力，当事人必须按合同的约定履行义务。

合同法规定的承担违约责任的方式是指违约当事人按照法律规定或者合同约定，承担违约责任的行为方式。

合同法规定的承担违约责任的方式主要有：①继续履行；②采取补救措施；③赔偿损失；④定金担保；⑤支付违约金。

合同法还规定，因不可抗力（不可抗力是指不能预见、不能避免并不能克服的客观情况，不可抗力通常分为自然现象和社会现象）不能履行合同的，根据不可抗力的影响，部分或者全部免除责任，但法律另有规定的除外。当事人迟延履行后发生不可抗力的，不能免除责任。当事人一方因不可抗力不能履行合同的，应当及时通知对方，以减轻可能给对方造成的损失，并应当在合理期限内提供证明。

二、商标法知识

广义上的商标法指因商标的注册、使用、管理和商标专用权的保护而产生的各种社会关系的法律规范的总称。包括法律、行政法规、行政规章和司法解释等。狭义的商标法指《中华人民共和国商标法》（本书中简称《商标法》）。

（一）商标

1. 商标的定义

商标是一个企业的商品或者服务，区别于其他企业商品或服务的标志。

2. 商标的种类

商标按其不同的标准，可以作多种划分。我国商标法中按商标的使用对象、使用目的、构成形式、知名度高低不同，分为商品商标和服务商标，集体商标和证明商标，平面商标和立体商标，普通商标和驰名商标等。

3. 商标的禁用条款

商标是一种可视性的标志，但并非所有的可视性标志都可以作为商标使用。根据我国《商标法》的规定，下列标志不得作为商标使用：

（1）同中华人民共和国的国家名称、国旗、国徽、军旗、勋章相同或者近似的，以及同中央国家机关所在地特定地点的名称或者标志性建筑物的名称、图形相同的。

（2）同外国的国家名称、国旗、国徽、军旗相同或者近似的，但该国政府同意的除外。

（3）同政府间国际组织的名称、旗帜、徽记相同或者近似的，但经该组织同意或者不易误导公众的除外。

（4）与表明实施控制、予以保证的官方标志、检验印记相同或者近似的，但经授权的除外。

（5）同“红十字”、“红新月”的名称、标志相同或者近似的。

（6）带有民族歧视性的。

（7）夸大宣传并带有欺骗性的。

（8）有害于社会主义道德风尚或者有其他不良影响的。

县级以上行政区划的地名或者公众知晓的外国地名，不得作为商标。但是，地名具有其他含义或者作为集体商标、证明商标组成部分的除外；已经注册使用地名的商标继续有效。

（二）注册商标

注册商标是指经国务院工商行政管理部门商标局依法核准注册的商标。商标注册人依法享有注册商标的专用权，未经其同意，任何人在同一种商品或者类似商品上使用与其注册商标相同或者相近似的商标，均属侵权行为。

我国商标注册实行自愿注册原则，除国家规定必须使用注册商标的商品外，其余的商标是否注册，由商标使用人自行决定。

（三）商标注册的申请、审查和核准

1. 商标注册的申请

根据《商标法》的规定，申请商标注册，应当按规定的商品分类表填报使用商标的商品类别和商品名称；需在不同类别的商品上申请注册同一商标的，应当按商品分类表提出注册申请；注册商标需要在同一类的其他商品上使用的，应当另行提出注册申请；注册商标需要改变其标志的，应当重新提出注册申请；注册商标需要变更注册人的名义、地址或者其他注册事项的，应当提出变更申请。

2. 商标注册的审查和核准

商标注册的审查，即商标主管部门对商标注册申请是否符合商标法的规定进行审查的活动。包括形式审查和实质审查。

形式审查的主要内容，是商标注册申请是否具备法定条件和符合法定手续。

实质审查的主要内容包括：

（1）商标是否具备注册商标的一般条件。

（2）是否与他人在同一种或类似的商品上，已经注册或者初步审定的商标相同或近似。

（3）是否会损害他人的在先权利及他人已经使用并有一定影响的商标。

凡符合规定的申请，由商标局初步审定，并予以公告，公告期为三个月。公告期内，任何人均可以提出异议。公告期满无异议的，予以核准注册，发给商标注册证。对于不符合规定的申请，由商标局驳回申请，不予公告。

3. 商标的异议和复审

任何人对商标局初步审定、予以公告的商标均可提出异议。商标局应当听取异议人和被异议人陈述事实和理由，经调查核实后，作出裁定。当事人不服的，可以自收到通知之日起十五日内向商标评审委员会申请复审，由商标评审委员会作出裁定。当事人对商标评审委员会的裁定不服的，可以自收到通知之日起三十日内向人民法院提起行政诉讼。

（四）注册商标的续展、转让和使用许可

1. 注册商标的续展

注册商标的续展指注册商标有效期的延续。《商标法》规定，注册商标的有效期为十年，有效期满，需要继续使用的，应当在期满前六个月内申请续展注册；在此期间未能提出申请的，可以给予六个月的宽展期。宽展期满仍未提出申请的，注销其注册商标。每次续展注册的有效期为十年。

2. 注册商标的转让

注册商标转让是指注册商标所有人依照法定程序将其享有的注册商标专用权转让给他人所有。根据《商标法》的规定，转让注册商标的，转让人和受让人应当签订转让协议，并共同向商标局提出申请。经商标局核准后，予以公告。受让人自公告之日起享有商标专用权。

3. 注册商标的使用许可

注册商标使用许可是指注册商标所有人许可他人使用其注册的商标。注册商标使用许可的方式一般包括以下三种：独占使用许可，排他使用许可，一般使用许可。

根据《商标法》的规定，许可他人使用注册商标的，许可人与被许可人应当签订商标使用许可合同，并报商标局备案。经许可使用他人注册商标的，必须在使用该注册商标的商品上标明被许可人的名称和商品产地。

（五）注册商标的撤销

注册商标的撤销是指商标局依法强制取消已经注册的商标。有商标局依职权主动撤销和商标评审委员会依他人申请撤销两种情况。

当事人对上述两种情况由商标评审委员会作出的维持或者撤销注册商标的裁定不服的，可以向人民法院提起行政诉讼。

（六）注册商标专用权的保护

1. 商标侵权行为

《商标法》规定，下列行为属侵犯注册商标专用权：

（1）未经商标注册人的许可，在同一种商品或者类似商品上使用与其注册商标相同或者近似的商标的。

（2）销售侵犯注册商标专用权商品的。

（3）伪造、擅自制造他人注册商标标识或者销售伪造、擅自制造注册商标标识的。

（4）未经商标注册人同意，更换其注册商标并将该更换商标的商品又投入市场的。

（5）给他人的注册商标专用权造成其他损害的。

2. 商标侵权责任

侵犯注册商标专用权，引起纠纷的，由当事人协商解决；不愿协商或者协商不成的，商标注册人或者利害关系人可以向人民法院起诉，也可以请求工商行政管理部门处理。工商行政管理部门在处理时，认定侵权行为成立的，可以对侵权人作出行政处罚，并可依当事人的请求，对侵犯商标专用权的赔偿数额进行调解，调解不成的，当事人可以向人民法院起诉。

对侵犯注册商标专用权的行为，工商行政管理部门有权依法查处；涉嫌犯罪的，应当移送司法机关依法处理。

三、广告法相关知识

（一）概述

1. 广告法的概念

广告法中所称的广告是指商品经营者或者服务提供者承担费用，通过一定媒介和形式，直接或者间接地介绍自已所推销的商品，或者所提供服务的商业广告。

广告法是指调整广告主、广告经营者、广告发布者以及广告管理者，在商业广告的设计、制作、发布和管理过程中形成的权利义务关系的法律规范的总称。狭义的广告法指全国人大常委会第十次会议于1994年10月27日通过，自1995年2月1日起施行的《中华人民共和国广告法》(本书中简称《广告法》)。

2. 广告法的适用范围

我国《广告法》规定，广告主、广告经营者、广告发布者在中华人民共和国境内从事广告活动，应当遵守本法。由此，确定了《广告法》的适用对象是：广告主，广告经营者，广告发布者等。

《广告法》适用的空间范围是在中华人民共和国境内。

(二) 广告准则

广告的准则也就是广告的标准和基本要求。《广告法》对广告内容的基本要求：一是真实，不含有虚假的内容，不欺骗和误导消费者；二是合法，符合社会主义精神文明建设的要求。广告不得有下列情形：

1. 使用中华人民共和国国旗、国徽、国歌。
2. 使用国家机关和国家机关工作人员的名义。
3. 使用国家级、最高级、最佳等用语。
4. 妨碍社会安定和危害人身、财产安全，损害社会公共利益。
5. 妨碍社会公共秩序和违背社会良好风尚。
6. 含有淫秽、迷信、恐怖、暴力、丑恶的内容。
7. 含有民族、种族、宗教、性别歧视的内容。
8. 妨碍环境和自然资源保护。
9. 损害未成年人的身心健康。
10. 贬低其他经营者的商品或服务。
11. 法律、行政法规规定禁止的其他情形。

《广告法》对广告形式的基本要求是具有明确性和可识别性。

对于一些特殊商品的广告，除了应具备广告的基本要求外，还应具备特别的限制要求，如药品、医疗器械广告、农药广告、烟草广告、食品、酒类、化妆品广告等。

(三) 广告活动

1. 广告活动指广告主、广告经营者、广告发布者设计、制作、发布广告等活动的总称。包括广告主自行或者委托他人设计、制作、发布广告的活动

2. 广告活动主体的义务

（1）广告主、广告经营者、广告发布者之间进行广告活动应当订立书面合同，且不得在广告活动中进行任何形式的不正当竞争。

（2）广告主在广告中所推销的商品或者所提供的服务应当符合其经营范围；应当具有或者提供真实、合法、有效的证明文件；质量检验机构对广告中有关商品质量内容出具的证明文件；确认广告内容真实性的其他证明文件；发布广告需要经有关行政主管部门审查的，应当提供有关批准文件。

（3）广告主委托设计、制作、发布广告，应当委托具有合法经营资格的广告经营者、广告发布者。

（4）在广告中使用他人名义、形象的，应当事先取得他人的书面同意；使用无民事行为能力人、限制民事行为能力人的名义、形象的，应当事先取得其监护人的书面同意。

（5）从事广告经营的，应当具有必要的专业技术人员、制作设备，并依法办理公司或者广告经营登记，方可从事广告活动。广播电台、电视台、报刊出版单位的广告业务，应当由其专门从事广告业务的机构办理，并依法办理兼营广告的登记。

（6）对内容不实或者证明文件不全的广告，广告经营者不得提供设计、制作、代理服务，广告发布者不得发布。

（7）广告经营者、广告发布者，按照国家有关规定，建立、健全广告业务的承接登记、审核、档案管理制度。

（8）广告收费应当合理、公开，收费标准和收费办法应当向物价和工商行政管理部门备案。广告经营者、广告发布者应当公布其收费标准和收费办法。

（9）广告发布者向广告主、广告经营者提供的媒介覆盖率、收视率、发行量等资料应当真实。

（10）法律、行政法规规定，禁止生产、销售的商品或者提供的服务，以及禁止发布广告的商品或者服务，不得设计、制作、发布广告。

3. 户外广告的管理

《广告法》规定，有下列情形之一的，不得设置户外广告：

（1）利用交通安全设施、交通标志的。

（2）影响市政公共设施、交通安全设施、交通标志使用的。

（3）妨碍生产或者人民生活，损害市容市貌的。

（4）国家机关、文物保护单位和名胜风景点的建筑控制地带。

（5）当地县级以上地方人民政府禁止设置户外广告的区域。

（四）广告的审查

广告审查是指有关机关依法对将要发布的广告内容，依照法律、行政法规的规定进行审核后，做出批准或不批准发布决定的活动。依法应当进行审查的广告，广告主必须在发布前申请广告审查机关进行审查，未经审查的广告，不得发布。

（五）违法责任

1. 广告主、广告经营者、广告发布者在广告活动中违反法律和行政法规规定的，将依法承担相应的法律责任。

承担行政责任的方式有：责令停止发布广告、责令改正、公开更正、罚款、没收广告费用、没收违法所得、停止广告业务等。

2. 广告主、广告经营者、广告发布者违反本法规定，有下列侵权行为之一的，依法承担民事责任：在广告中损害未成年人或者残疾人的身心健康的；假冒他人专利的；贬低其他生产经营者的商品或者服务的；广告中未经同意使用他人名义、形象的；其他侵犯他人合法民事权益的。

3. 对于违反《广告法》规定，构成犯罪的，依照《刑法》规定追究刑事责任。

四、消费者权益保护法知识

（一）概述

1. 消费者

是指为生活消费需要购买、使用商品或者接受服务的个人。实践中对购买者明知销售者提供的商品所标产地、材质等与实际不符，仍大量购买，“知假买假”，然后以销售者构成欺诈为由提出“退一赔一”的要求，此类购买者，由于其购买商品的主观动机，是为了获得高于所购买商品价款一倍的赔偿额，而并非为生活消费需要，因此，不属于《消费者权益保护法》所指的消费者。

2. 消费者权益保护法，是指在保护消费者权益过程中发生的经济关系的法律规范之总称

有广义和狭义之分，广义上是指一切保护消费者权益的法律、法规、规章的总称。狭义上是指消费者权益保护的基本法，即由中华人民共和国第八届全国人民代表大会常务委员会第四次会议于 1993 年 10 月 31 日通过，自 1994 年 1 月 1 日起施行的《中华人民共和国消费者权益保护法》（简称《消费者权益保护法》）。

（二）消费者的权利

根据《消费者权益保护法》第二章的规定，消费者主要有以下几项权利：

1. 安全保障权

安全保障权是消费者最基本的权利。消费者在购买、使用商品和接受服务时，享有人身、财产安全不受损害的权利，消费者有权要求经营者提供的商品和服务，符合保障人身、财产安全的要求。

2. 知情权

消费者享有知悉其购买、使用的商品或者接受的服务的真实情况的权利；消费者有权要求经营者提供商品的价格、产地、生产者、用途、性能、规格、等级、主要成份、生产日期、有效期限、检验合格证明、使用方法说明书、售后服务，或者服务的内容、规格、费用等有关情况。

3. 选择权

消费者享有自主选择商品或者服务的权利。包括自主选择提供商品或者服务的经营者；自主选择商品品种或者服务方式；自主决定购买或者不购买任何一种商品、接受或者不接受任何一项服务；选择商品或者服务时，有权进行比较、鉴别和挑选。

4. 公平交易权

消费者在购买商品或者接受服务时，有权获得质量保障、价格合理、计量正确等公平交易条件，有权拒绝经营者的强制交易行为。

5. 求偿权

消费者因购买、使用商品或者接受服务，受到人身、财产损害的，享有依法获得赔偿的权利。

6. 结社权

消费者享有依法成立维护自身合法权益的社会团体的权利。

7. 获取知识权

消费者享有获得有关消费和消费者权益保护方面的知识的权利。

8. 获得尊重权

消费者在购买、使用商品和接受服务时，享有其人格尊严、民族风俗习惯得到尊重的权利。

9. 监督权

消费者享有对商品和服务以及保护消费者权益工作进行监督的权利。消费者有权检举、控告侵害消费者权益的行为，和国家机关及其工作人员在保护消费者权益工作中的违法失职行为，有权对保护消费者权益工作提出批评、建议。

（三）经营者的义务

根据《消费者权益保护法》的有关规定，经营者应具有九项义务：

1. 依法定或约定履行义务。

2. 听取意见和接受监督义务。

3. 保障消费者人身、财产安全的义务。

4. 提供真实信息的义务。

5. 出具相应凭证和单据的义务。

6. 提供符合要求的商品或服务的义务。

7. 履行“三包”责任的义务。

8. 公平交易的义务。

9. 不得侵犯消费者人身权的义务。

（四）消费者组织的工作

在保护消费者合法权益方面，各类消费者组织起着重要的作用。其中消费者协会是最主要的消费者组织。《消费者权益保护法》对消费者协会的性质、职能作了明确的规定。

1. 消费者协会的性质

消费者协会是依法成立的、对商品和服务进行社会监督的、保护消费者合法权益的社会团体。其性质是非营利的、公益的社团组织，不得从事商品经营和营利性服务，不得以牟利为目的向社会推荐商品和服务。

2. 消费者协会的职能

（1）向消费者提供消费信息和咨询服务。

（2）参与有关行政部门对商品和服务的监督、检查。

（3）就有关消费者合法权益的问题，向有关行政部门反映、查询，提出建议。

（4）受理消费者的投诉，并对投诉事项进行调查、调解。

（5）投诉事项涉及商品和服务质量问题的，可以提请鉴定部门鉴定，鉴定部门应当告知鉴定结论。

（6）就损害消费者合法权益的行为，支持受损害的消费者提起诉讼。

（7）对损害消费者合法权益的行为，通过大众传播媒介予以揭露、批评。

（五）消费者权益争议的解决

1. 解决争议的途径

消费者和经营者发生消费者权益争议的，可以通过下列途径解决：

（1）与经营者协商和解。

（2）请求消费者协会调解。

（3）向有关行政部门申诉。

（4）根据与经营者达成的仲裁协议提请仲裁机构仲裁。

(5) 向人民法院提起诉讼。

2. 赔偿责任主体的确定

消费者或者其他人合法权益受到损害的，可以按下列方式主张赔偿的权利：

(1) 消费者在购买、使用商品时，其合法权益受到损害的，可以向销售者要求赔偿。销售者赔偿后，属于生产者的责任或者属于向销售者提供商品的其他销售者责任的，销售者有权向生产者或者其他销售者追偿。

(2) 消费者或者其他受害人因商品缺陷造成人身、财产损害的，可以向销售者要求赔偿，也可以向生产者要求赔偿。属于生产者责任的，销售者赔偿后，有权向生产者追偿。属于销售者责任的，生产者赔偿后，有权向销售者追偿。

(3) 消费者在接受服务时，其合法权益受到损害的，可以向服务者要求赔偿。

(4) 消费者在购买、使用商品或者接受服务时，其合法权益受到损害，因原企业分立、合并的，可以向变更后承受其权利义务的企业要求赔偿。

(5) 使用他人营业执照的违法经营者提供商品或者服务，损害消费者合法权益的，消费者可以向其要求赔偿，也可以向营业执照的持有人要求赔偿。

(6) 消费者在展销会、租赁柜台购买商品或者接受服务，其合法权益受到损害的，可以向销售者或者服务者要求赔偿。展销会结束或者柜台租赁期满后，也可以向展销会的举办者、柜台的出租者要求赔偿。展销会的举办者、柜台的出租者赔偿后，有权向销售者或者服务者追偿。

(7) 消费者因经营者利用虚假广告提供商品或者服务，其合法权益受到损害的，可以向经营者要求赔偿。广告经营者发布虚假广告的，消费者可以请求行政主管部门予以惩处。广告经营者不能提供经营者的真实名称、地址，应当承担赔偿责任。

（六）经营者的法律责任

消费者权益保护法中的法律责任，是指经营者违反保护消费者权益的法律规定，或与消费者约定的义务，依法应当承担的法律后果。

根据《消费者权益保护法》的规定，经营者的法律责任包括民事责任、行政责任和刑事责任。

五、产品质量法相关知识

（一）产品质量法概述

1. 产品与产品质量

产品质量法中所指的产品，是指经过加工、制作，用于销售的物品。根据该定义，未经加工的农、牧、渔业等初级农产品不属产品质量法调整的产品。此外，建设工程不适用产品质量法的规定，但是，建设工程使用的建筑材料、建筑构配件和设备，符合产品定义的，也适用产品质量法的规定。

产品质量是指国家法律、法规以及质量标准规定和当事人之间以合同约定的对产品所应具有的适用性、安全性，以及其他特性的要求。质量标准有规定和约定两种，规定的质量标准指国家标准和行业标准；约定的质量标准指当事人在合同中对特定的质量要求做出的约定。

2. 产品质量法的概念

产品质量法是调整产品的消费者、产品的生产者与销售者、产品质量管理部门之间因产品质量问题而产生的权利义务关系的法律规范的总称。狭义上的产品质量法指《中华人民共和国产品质量法》（本书中简称为《产品质量法》）。广义上的产品质量法还包括其他有关产品质量的法律规范。

（二）产品质量的监督管理

1. 产品质量的要求

《产品质量法》对产品质量的基本要求是：

（1）产品质量应当检验合格，不得以不合格产品冒充合格产品。

（2）可能危及人体健康和人身、财产安全的工业产品，必须符合保障人体健康和人身、财产安全的国家标准、行业标准；未制定国家标准、行业标准的，必须符合保障人体健康和人身、财产安全的要求。

2. 企业质量体系认证和产品质量认证制度

（1）企业质量体系认证制度。企业质量体系认证制度是指企业根据自愿原则，向国务院产品质量监督部门认可的，或者国务院产品质量监督部门授权的部门认可的认证机构，申请企业质量体系认证。经认证合格的，由认证机构颁发企业质量体系认证证书的制度。

（2）产品质量认证制度。产品质量认证制度是指企业根据自愿原则，向国务院产品质量监督部门认可的，或者国务院产品质量监督部门授权的部门认可的认证机构，申请产品质量认证。经认证合格的，由认证机构颁发产品质量认证证书，准许企业在产品或者其包装上使用产品质量认证标志的制度。

3. 产品质量监督检查制度

（1）产品抽查制度。产品抽查是对产品质量监督检查的主要方式，即由产品质量监督部门对可能危及人体健康和人身、财产安全的产品，影响国计民生的重要工业产品以及消费者、有关组织反映有质量问题的产品进行抽样检查。为保证抽查样品的真实客观性，抽查的样品应当在市场上或者企业成品仓库内的待销产品中随机抽取。

（2）产品检验和复检制度。质量监督部门根据监督抽查的需要，可以委托产品质量检验机构对产品进行检验。检验抽取样品的数量不得超过检验的合理需要，并不得向被检查人收取检验费用。检验的样品由被检查者无偿提供；生产者、销售者对抽查检验的结果有异议的，可以自收到检验结果之日起十五日内向实施监督抽查的产品质量监督部门或者其上级产品质量监督部门申请复检，由受理复检的产品质量监督部门做出复检结论。

（3）公告和处理制度。监督抽查的产品质量不合格的，由实施监督抽查的产品质量监督部门责令产品的生产者、销售者限期改正。逾期不改正的，由省级以上人民政府产品质量监督部门予以公告；公告后经复查，产品仍然不合格的，将责令停业，限期整顿；整顿期满后再次复查，如产品质量仍然不合格的，吊销营业执照；监督抽查的产品有严重质量问题的，依《产品质量法》的有关规定予以行政处罚。

（三）生产者的产品质量义务

1. 产品质量的要求

（1）不存在危及人身、财产安全不合理的危险。有保障人体健康和人身、财产安全的国家标准、行业标准的，应当符合该标准。

（2）具备产品应当具备的使用性能，对产品存在使用性能的瑕疵做出说明的除外。

（3）符合在产品或者其包装上注明采用的产品标准，符合以产品说明、实物样品等方式表明的质量状况。

2. 产品或其包装上标识的要求

（1）有产品质量检验合格证明。

（2）有中文标明的产品名称、生产厂厂名和厂址。

（3）根据产品特点和使用要求，需要标明产品规格、等级、所含主要成份的名称和含量的，用中文相应予以标明；需要事先让消费者知晓的，应当在外包装上标明，或者预先向消费者提供有关资料。

（4）限期使用的产品，应当在显著位置清晰地标明生产日期和安全使用期或者失效日期。

（5）使用不当，容易造成产品本身损坏或者可能危及人身、财产安全的产品，应当有警示标志或者中文警示说明。裸装食品和其他根据产品特点难以附加标识的裸装产品，可以不附加产品标识。

3. 特殊产品的包装要求

易碎、易燃、易爆、有毒、有腐蚀性、有放射性等危险物品以及储运中不能倒置和其他有特殊要求的产品，其包装质量必须符合相应要求，依照国家有关规定做出警示标志或者中文警示说明，标明储运注意事项。

（四）销售者的产品质量义务

1. 建立并执行进货检查验收制度，验明产品合格证明和其他标识。

2. 采取措施，保持销售产品的质量。

3. 不得销售国家明令淘汰并停止销售的产品和失效、变质的产品。

4. 销售产品的标识应当符合规定。

5. 不得伪造产地，不得伪造或者冒用他人的厂名、厂址。不得伪造或者冒用认证标志等质量标志。不得掺杂、掺假，不得以假充真、以次充好，不得以不合格产品冒充合格产品。

（五）违反产品质量法的法律责任

1. 民事责任

《产品质量法》规定生产者或销售者应承担民事责任的，主要是产品瑕疵责任和产品缺陷责任。

（1）产品瑕疵责任。产品瑕疵责任的情形有：不具备产品应当具备的使用性能而事先未作说明的；不符合在产品或者包装上注明采用产品标准的；不符合以产品说明、实物样品等方式表明质量状况的。

存在上述情形之一的，销售者应当负责修理、更换、退货，给购买产品的消费者造成损失的，销售者应当赔偿损失。销售者承担责任以后，对属于生产者或其他供货者责任的，销售者有权向生产者、供货者追偿。

（2）产品缺陷责任。《产品质量法》所称的缺陷，是指产品存在危及人身、他人财产（指缺陷产品以外的其他财产）安全的不合理的危险；产品有保障人体健康和人身、财产安全的国家标准、行业标准的，是指不符合该标准；如果没有特定的安全标准，就要看是否存在危及人身、财产的不合理的危险，所谓不合理的危险是指，一个理性的使用者或消费者，对产品是否存在危险，事先没办法预见或识别，从而也无从加以预防。

因产品存在缺陷造成人身或者他人财产损害的，生产者应当承担赔偿责任。但生产者能证明有下列情形的，不承担赔偿责任：未将产品投入流通的；产品投入流通时，引起损害的缺陷尚不存在的；将产品投入流通时科学技术水平尚不能发现缺陷存在的。

2. 行政责任

《产品质量法》规定，有违法情形的，如在产品中掺杂、掺假，以假充真，以次充好等，由产品质量监督部门或者工商行政管理部门依据各自的职权，实施行政处罚。

行政处罚的方式有：责令停止生产、销售；没收违法产品并处罚款；没收违法所得；吊销营业执照等。

3. 刑事责任

违反《产品质量法》规定，构成犯罪的，依《刑法》的具体规定追究刑事责任。

六、环境保护法相关知识

（一）环境保护法概述

1. 环境和环境问题

环境保护法中所称环境，是指影响人类生存和发展的各种天然和经过人工改造的自然因素的总体，包括大气、水、海洋、土地、矿藏、森林、草原、野生生物、自然遗迹、人文遗迹、自然保护区、风景名胜区、城市和乡村等。

环境问题是指由于人类活动或自然原因使环境质量下降或者生态失调，以致对人类的生产、生活以及人身健康和安全造成有害影响的现象。环境保护法所要解决的环境问题，主要是指人类活动所引起的环境破坏和污染问题。

2. 环境保护法的概念

环境保护法有广义和狭义之分，广义上的环境保护法是指调整人们在保护生活环境和生态环境过程中，产生各种社会关系的法律规范的总称。包括《宪法》中有关环境保护的规范、环境保护的基本法律以及各种环境保护单行的法律、法规等。狭义上的环境保护法指全国人大常委会制定的《中华人民共和国环境保护法》（本书中简称为《环境保护法》）。

3.《环境保护法》的立法目的和适用范围

制定《环境保护法》的目的，是为了保护和改善生活环境与生态环境，防治污染和其他公害，保障人体健康，促进社会主义现代化建设的发展。

《环境保护法》适用于中华人民共和国领域和中华人民共和国管辖的其他海域。这里所称的领域，包括我国领陆、领海、领空以及我国领域以外的本国船舶、航空器等延伸意义上的其他领域；其他海域是指由我国行使主权的专属经济区和大陆架等。

（二）环境标准和环境监测

1. 环境质量标准和污染物排放标准

（1）环境质量标准是指在一定时间和空间范围内，对环境质量要求的规定。具体来说，也就是环境中允许存在的有害物质或因素的限度的规定。（2）污染物排放标准。污染物排放标准是指对排入环境的污染物的浓度和数量所作的控制规定。污染物排放标准也分为国家标准和地方标准。

2. 环境监测

环境监测，是指依法从事环境监测机构及其工作人员，对环境质量状况进行监视性测定的活动。

国务院和省、自治区、直辖市人民政府的环境保护行政主管部门，应当定期发布环境状况公报。

环境监测的任务是：

（1）对环境中各项要素进行经常性监测，掌握和评价环境质量状况及发展趋势。

（2）对各有关单位排放污染物的情况进行监视性监测。

（3）为政府部门执行各项环境法规、标准，全面开展环境管理工作，提供准确、可靠的监测数据和资料。

（4）开展环境测试技术研究，促进环境监测技术的发展。

（三）环境保护法的基本制度

1. 环境影响评价制度

环境影响评价是指对建设项目实施后，可能造成的环境影响进行分析、预测和评估，提出预防或者减轻不良环境影响的对策和措施，由环境保护行政主管部门决定是否批准建设活动的法律制度。

2002 年通过的《中华人民共和国环境影响评价法》规定，根据建设项目对环境的影响程度，对建设项目的环境影响评价实行分类管理。环境影响分为重大影响、轻度影响和影响很小三类，建设单位应当根据环境影响的程度，分别组织编制环境影响报告书、环境影响报告表或者填报环境影响登记表。环境影响报告书或环境影响报告表，应当由具有相应环境影响评价资质的机构编制。

2. 现场检查制度

现场检查是指依法行使环境监督管理权的部门，依法定程序对管辖区域内排污单位的现场，就污染物排放状况进行检查的法律制度。

被检查的单位应当如实反映情况，提供必要的资料。检查机关则应当为被检查的单位保守技术秘密和业务秘密。

3. “三同时”制度

“三同时”制度是指在建设对环境有影响的建设项目时，其中防治污染的设施，必须与主体工程同时设计、同时施工、同时投产使用的法律制度。

“三同时”制度是我国环境保护工作中的创举。该制度同时还要求，防治污染的设施必须经原审批环境影响报告书的部门验收合格后，建设项目方可投入生产或使用；未经环境保护行政主管部门同意，防治污染的设施不得擅自拆除或者闲置。

4. 排污申报登记制度

排污申报登记是指向环境排放污染物的企事业单位，按照法定程序就排放污染物的种类、数量、浓度等具体状况，向环境保护行政主管部门进行申报、登记的法律制度。

排污申报登记的目的在于，使环保部门了解和掌握排污单位的排污状况，同时将污染物的排放管理纳入环境行政管理规范。

目前，许多单行的环境保护法律、行政法规中，均规定了排放污染物领取许可证制度，如《水污染防治法实施细则》规定，环境保护主管部门根据污染物排放总量控制标准，对排污单位的申报进行审查，对不超过总量控制指标的，发放排污许可证；对超过排放总量控制指标的，限期治理。限期治理期间，发放临时排污许可证。

5. 排污收费制度

排污收费制度也称征收排污费制度，它是指向环境排放污染物的排污者，按照污染物的种类、数量和浓度，根据环境保护法律、行政法规的规定，缴纳一定的治理污染或恢复环境破坏费用的法律制度。

《环境保护法》第28条规定："排放污染物超过国家或者地方规定的污染物排放标准的企业事业单位，依照国家规定缴纳超标准排污费，并负责治理。水污染防治法另有规定的，依照水污染防治法的规定执行"。

6. 限期治理制度

限期治理是指对造成环境严重污染的排污单位，以及对设立在特殊保护区域内超标准排污的设施，由有权机关依法设定一定期限，由排污者在该期限内实施完成治理任务，达到治理目标的强制性措施。

7. 环境污染事故报告处理制度

污染事故报告处理，是指因发生事故或者其他突发性事件，造成或者可能造成污染事故的单位，必须立即采取措施处理，及时通报附近可能受到污染危害的单位和居民，并向当地环境保护行政主管部门和有关部门报告，接受调查处理的法律制度。污染事故包括一般性污染事故与突发性污染事件。根据事故的危害程度，可以分为一般环境污染事故、较大环境污染事故、重大环境污染事故和特大环境污染事故。

（四）法律责任

《环境保护法》规定的法律责任有行政、民事和刑事三种。

1. 行政责任

须承担行政责任的情况有以下几种：

（1）拒绝现场检查或在被检查时弄虚作假、拒绝或者谎报污染物排放申报事项、不按规定缴纳超标准排污费、引进不符合我国环境保护规定要求的技术和设备、将产生严重污染的生产设备转移给没有污染防治能力的单位使用的，处以警告或者罚款。

（2）建设项目的防治污染设施没有建成或者没有达到国家规定的要求，投入生产或者使用的，责令停止生产或者使用，可以并处罚款。

（3）擅自拆除或者闲置防治污染的设施，污染物排放超过规定排放标准的，责令重新安装使用，并处罚款。

（4）违反《环境保护法》规定，造成环境污染事故的企业事业单位，根据所造成的危害后果或程度处以罚款；情节较重的，对有关责任人员由其所在单位或者政府主管机关给予行政处分。

（5）对经限期治理逾期未完成治理任务的企业事业单位，除依照国家规定加收超标准排污费外，可以根据所造成的危害后果处以罚款，或者责令停业、关闭。

2. 民事责任

对于造成环境污染危害的单位和责任人，除了按规定承担行政责任外，还要对受到损害的单位或者个人承担损害赔偿责任。赔偿责任和赔偿金额的纠纷，可以根据当事人的请求，由环境保护行政主管部门或者其他依法行使环境监督管理权的部门处理。当事人对处理决定不服的，可以向人民法院起诉，当事人也可以直接向人民法院起诉。因环境污染损害赔偿提起诉讼的时效期限为三年。从当事人知道或者应当知道受到污染损害时起，超过三年未主张权利的，人民法院对其权利不再予以保护。

3. 刑事责任

违反《环境保护法》等有关环境保护的法律、行政法规规定，构成犯罪的，将对直接责任人员依照《刑法》的规定追究刑事责任。

第四节　劳动法相关知识

一、劳动法概述

（一）劳动法的概念及调整对象

1. 劳动法的概念

广义上的劳动法指调整劳动关系以及与劳动关系有密切联系的其他关系的法律规范的总称。通常意义上所讲的劳动法，即指广义上的劳动法。狭义上的劳动法指全国人大常委会第八次会议于 1994 年 7 月 5 日通过，自 1995 年 1 月 1 日起施行的《中华人民共和国劳动法》（本书中简称为《劳动法》）。

2. 劳动法的调整对象

劳动法的调整对象，是劳动关系以及与劳动关系有密切联系的其他关系。劳动关系是劳动者与用人单位在实现劳动过程中产生的社会关系。它有别于非劳动关系，如买卖、租赁等是由民法调整。与劳动关系密切联系的其他关系主要有劳动者退休后享有的社会保险待遇及其在劳动争议处理过程中发生的社会关系等。

（二）我国劳动法的立法目的

根据《劳动法》第1条规定，《劳动法》的立法目的是为了保护劳动者的合法权益，调整劳动关系，建立和维护适应社会主义市场经济的劳动制度，促进经济发展和社会进步。

（三）劳动法律关系

1. 劳动法律关系的概念

劳动法律关系，是指由劳动法调整的劳动者与用人单位在社会劳动过程中形成的权利义务关系。

2. 劳动法律关系的要素

劳动法律关系由主体、客体、内容三方面要素组成。

（1）劳动法律关系的主体，是指在劳动法律关系中享有权利、承担义务的当事人。我国劳动法律关系的主体是劳动者和用人单位。劳动者就是为用人单位提供劳动力的自然人。也被称为“职工”或“雇员”。用人单位则包括各类企业、个体经济组织、国家机关、事业组织、社会团体。需要注意的是，上述国家机关、事业组织和社会团体，只有通过劳动合同与其工作人员建立劳动关系的，才属于劳动法律关系的主体，适用劳动法。公务员或比照实行公务员制度的工作人员，则不属劳动法律关系主体，不适用劳动法。

（2）劳动法律关系的客体，指劳动法律关系主体双方的权利义务共同指向的对象，即劳动行为。

（3）劳动法律关系的内容，指劳动法律关系主体所享有的权利和应承担的义务。如《劳动法》规定的劳动者享有劳动报酬权、休息休假权等权利，劳动者应完成劳动任务、遵守劳动纪律与职业道德等义务。此外，劳动者和用人单位也可以在不违反法律规定的前提下，在劳动合同中自行约定双方的权利和义务。

二、劳动者的基本权利和义务

（一）劳动者的基本权利

我国《劳动法》规定劳动者的基本权利有以下几项：

1. 平等就业权

即劳动者不分性别、年龄、民族、宗教等差别，在就业机会面前一律平等。平等就业权是就劳动者的法律权利而言的，在具体安排劳动者工作时，必须考虑劳动者的身体、生理状况等因素。

2. 自由择业权

即劳动者有权按照自己的意愿选择就业。

3. 劳动报酬权

劳动者只要付出了劳动，就有权取得报酬。同样的劳动，在同样的行业、同样的地区、同样的部门，应有同样的报酬，此谓"同工同酬"。

4. 休息休假权

我国《劳动法》通过对劳动者每日、每周工作时间的限制以及法定节日休假的规定，来确保劳动者获得休息、娱乐及处理个人事务的必要时间。

5. 劳动保护权

国家为维护劳动者的生命健康权，在安全技术规程、生产卫生规程、女职工和未成年工的特殊保护等方面作了全面的规定。

6. 职业培训权

职业培训是以开发劳动者的职业技能，提高劳动者素质，增强劳动者就业能力和工作能力为目的的培训制度。职业培训包括就业前培训和就业后培训。

7. 社会保险和福利权

社会保险权是劳动者在年老、患病、工伤、失业、生育等情况下，获得帮助和补偿的权利。社会福利权是劳动者依据国家规定的社会福利制度所享有的权利，如休养、疗养等。

8. 提请劳动争议处理权

劳动者在劳动过程中与用人单位发生权益问题的争议时，有权请求有关部门对争议进行处理。包括申请劳动争议调解、申请劳动争议仲裁、提起劳动争议诉讼三项权利。

9. 参加和组织工会权

工会是代表和维护劳动者合法权益的组织，依法独立自主地开展活动。《中华人民共和国工会法》和《劳动法》都对劳动者参加和组织工会的权利作了明确的规定。

10. 参与民主管理权

劳动者通过职工大会、职工代表大会或者其他形式，参与民主管理或者就保护劳动者合法权益与用人单位进行平等协商的权利。

（二）劳动者的基本义务

根据《劳动法》第3条第二款的规定，劳动者的基本义务包括：完成劳动任务、提高职业技能、执行劳动安全卫生规程、遵守劳动纪律和职业道德。

三、劳动合同制度

（一）劳动合同的概念和法律特征

劳动合同是劳动者与用人单位确立劳动关系、明确双方权利和义务的协议。

劳动合同的法律特征是：

1. 劳动合同的当事人一方必须是用人单位，另一方必须是劳动者本人。
2. 劳动合同的客体是劳动者的劳动行为。
3. 劳动合同一般是书面合同。
4. 劳动合同的内容具有法定性。

（二）劳动合同的订立、变更和终止

1. 根据《劳动法》第十七条第一款的规定，劳动合同订立的原则有：

（1）平等自愿原则。

（2）协商一致原则。

（3）遵守法律、法规原则。

用人单位在与劳动者订立劳动合同时，不得以任何形式向劳动者收取定金、保证金（物）或抵押金（物），违反此规定的，由公安部门和劳动行政部门责令用人单位立即退还劳动者本人。

2. 劳动合同的变更，指劳动合同在履行过程中，由于法定原因或情况发生变化，经双方协商，对劳动合同的条款进行修改或补充。如果经协商不能达成一致意见的，任何一方都可以向劳动争议仲裁委员会申请劳动争议仲裁。

3. 劳动合同的终止，指劳动合同的法律效力消失，劳动者与用人单位之间的劳动关系终结。

（三）劳动合同的内容和期限

1. 劳动合同的内容

根据《劳动法》第十九条的规定，劳动合同必须具备以下内容：

（1）合同期限。

（2）工作内容。

（3）劳动保护和劳动条件。

（4）劳动报酬。

（5）劳动纪律。

（6）劳动合同终止的条件。

（7）违反劳动合同的责任。

除上述必须具备的内容外，双方还可以协商约定其他内容，但不得违反法律与行政法规。其他内容一般有：试用期，但最长不得超过 6 个月，一般对初次就业或再次就业的职工可以约定；保守用人单位商业秘密的有关事项；违约金。

2. 劳动合同的期限，是指劳动合同的有效时间

根据《劳动法》第二十条的规定，劳动合同的期限可以分为 3 类：

（1）无固定期限的劳动合同。指劳动合同中没有规定有效的期限，若非发生特殊原因，劳动者与用人单位的劳动关系将延续到劳动者退休。

（2）有固定期限的劳动合同。指合同中明确规定了有效期限，期限届满，合同终止。

（3）以完成一定的工作为期限的劳动合同。以合同中规定的某项工作或工程的完成作为合同的有效期限。

《劳动法》规定，劳动者在同一单位连续工作满 10 年以上，当事人同意延续劳动合同的，如果劳动者提出订立无固定期限的劳动合同，应当订立无固定期限的劳动合同。“在同一单位连续工作满 10 年以上”，指的是与同一单位签订劳动合同的期限不间断达到 10 年。

（四）劳动合同的无效和解除

1. 劳动合同无效

根据《劳动法》第 18 条的规定，以下情形的劳动合同无效：

（1）违反法律、行政法规的劳动合同。

（2）采取欺诈、威胁等手段订立的劳动合同，属无效劳动合同，从订立时起即没有法律约束力。合同部分无效，不影响其余部分效力的，其余部分仍然有效。因无效劳动合同给一方当事人造成损失的，由有过错的一方负赔偿责任。无效劳动合同的确认权，归属于劳动争议仲裁委员会或者人民法院，而不能由合同双方当事人决定。

2. 劳动合同的解除

是指劳动合同订立后，尚未全部履行以前，由于某种原因导致劳动合同一方或双方当事人提前消灭劳动关系的法律行为。劳动合同解除，只对未履行的部分发生效力，不涉及已履行的部分。劳动合同的解除分为协商解除和法定解除两种。

根据《劳动法》第 29 条的规定，用人单位不得解除劳动合同的情形有：

（1）劳动者患职业病或者因工负伤并被确认丧失或者部分丧失劳动能力的。

（2）劳动者患病或者负伤，在规定的医疗期内的。

（3）女职工在孕期、产期、哺乳期内的。

（4）法律、行政法规规定的其他情形。劳动者在医疗期、孕期、产期和哺乳期内，劳动合同期限届满的，应自动延续至医疗期、孕期、产期和哺乳期满为止。

（五）集体合同

集体合同是由工会代表职工与用人单位，就劳动报酬、工作时间、休息休假、劳动安全卫生、保险福利等事项，经协商一致所订立的书面协议。没有建立工会的用人单位，由职工推举的代表与用人单位签订协议。

集体合同签订后应当报送劳动行政部门。劳动行政部门自收到集体合同文本之日起十五日内未提出异议的，集体合同即生效。依法签订的集体合同对用人单位和全体劳动者具有约束力。劳动者个人与用人单位订立的劳动合同中，劳动条件和劳动报酬等标准不得低于集体合同的规定。

四、几项基本的劳动法律制度

（一）工作时间和休息休假制度

1. 工作时间的规定

《劳动法》第 36 条、第 37 条、第 41 条中对劳动者的工作时间作如下规定：

（1）劳动者每日工作时间不得超过 8 小时、平均每周工作时间不超过 44 小时。1995 年 5 月 1 日起施行的《国务院关于职工工作时间的规定》，又进一步将劳动者每周工作时间缩短至 40 小时。

（2）实行计件工作的劳动者，用人单位应当按照规定的工时制度合理确定劳动定额和计件报酬。

（3）用人单位因生产经营需要，经与工会和劳动者协商后可以延长工作时间，一般每日不得超过 1 小时；因特殊原因需要延长工作时间的，在保障劳动者身体健康的条件下每日不得超过 3 小时，但每月不得超过 36 小时。

2. 休息休假的规定

根据《劳动法》第 38 条、第 40 条、第 45 条的规定：

（1）用人单位应当保证劳动者每周至少休息 1 日。按照《国务院关于职工工作时间的规定》，实行每日 8 小时、每周 40 小时标准工时制的，每周应休息 2 日。

（2）用人单位在法定的节假日应当安排劳动者休假。包括全体劳动者放假的节日和部分劳动者放假的节日，如妇女节等，还包括国务院《关于职工探亲待遇》中规定的探亲假。

（3）安排劳动者超时工作的，用人单位应当支付高于劳动者正常工作时间工资的工资报酬，分别为：延长工作时间的，支付不低于工资的150%的工资报酬；休息日安排劳动者工作又不能安排补休的，支付不低于工资的200%的工资报酬；法定休假日安排劳动者工作的，支付不低于工资的300%的工资报酬。

（4）劳动者连续工作1年以上的，享受带薪年休假。

（二）工资制度

1. 工资

工资是指用人单位依据国家有关规定或劳动合同的约定，以货币形式直接支付给本单位劳动者的劳动报酬，一般包括计时工资、计件工资、奖金、津贴、补贴以及延长工作时间的工资报酬等。工资应当以货币形式支付劳动者本人，不得克扣或者无故拖欠劳动者的工资。

劳动者的以下劳动收入不属工资：

（1）单位支付给劳动者个人的社会保险福利费用，如丧葬费、生活困难补助费等。

（2）劳动保护方面的费用。

（3）按规定未列入工资总额的各种劳动报酬及其他劳动收入，如国家规定发放的创造发明奖等以及稿费、讲课费等。

2. 最低工资

最低工资是指劳动者在法定工作时间内履行了正常劳动义务的前提下，由其所在单位支付的最低劳动报酬。

最低工资不包括延长工作时间的工资报酬，以货币形式支付的住房补贴、伙食补贴，高温、有毒、有害等特殊工作环境和劳动条件下的津贴，国家规定的社会保险福利待遇等。

劳动者与用人单位形成或建立劳动关系后，试用、熟练、见习期间，只要提供了正常劳动，用人单位就应支付不低于最低工资标准的工资。用人单位与劳动者约定的低于最低工资标准的条款，不具有法律效力。

（三）劳动安全卫生制度

劳动安全卫生也称劳动保护，是为了改善劳动条件，防止劳动者在劳动过程中，安全和健康受到危害而采取的各项保护措施。

（四）女职工和未成年工的特殊保护制度

女职工由于其生理特点，在劳动和工作中会遇到一些特殊的困难，同时女职工还有生育子女的特殊需要。如果不加以特殊保护，不仅会影响女职工的安全和健康，还会影响下一代的健康。因此，对女职工必须实行特殊的劳动保护。

未成年工是指年满16周岁未满18周岁的劳动者。未成年工由于其身体发育尚未完全定型，过重、过分紧张以及有毒有害的劳动，都会对未成年工的发育造成不良影响。因此，对未成年工也必须实行特殊的劳动保护。

目前，世界上多数国家都制定了对女职工和未成年工实行特殊劳动保护的法律。我国《劳动法》对女职工和未成年工的特殊保护体现在以下具体规定中：

1. 禁止安排女职工从事矿山井下、国家规定的第四级体力劳动强度的劳动和其他禁忌从事的劳动。

2. 不得安排女职工在经期从事高处、低温、冷水作业和国家规定的第三级体力劳动强度的劳动。

3. 不得安排女职工在怀孕期间，从事国家规定的第三级体力劳动强度的劳动和孕期禁忌从事的劳动。对怀孕7个月以上的女职工，不得安排延长工作时间和夜班劳动。

4. 女职工生育享受不少于90天的产假。

5. 不得安排女职工在哺乳未满1周岁的婴儿期间从事国家规定的第三级体力劳动强度的劳动和哺乳期禁忌从事的其他劳动，不得安排其延长工作时间和夜班劳动。

6. 不得安排未成年工从事矿山井下、有毒有害、国家规定的第四级体力劳动强度的劳动和其他禁忌从事的劳动。

7. 用人单位应当对未成年工定期进行健康检查。

（五）职业培训制度

《劳动法》对国家、各级人民政府及用人单位在职业培训中的职能分别作了规定。其中，国家的职能主要是制定职业培训的制度，确定职业分类，制定职业技能标准；各级人民政府的职能是将发展职业培训纳入社会经济发展的规划，鼓励和支持企事业单位、社会团体和个人进行各种形式的职业培训；用人单位的职能是在本单位建立职业培训制度，按规定提取和使用职业培训经费，有计划地对劳动者进行职业培训。

（六）社会保险和福利制度

《劳动法》通过对社会保险基金的设立、资金来源、享受社会保险待遇的范围、社会保险基金的管理机构和监督机构的规定，确定了我国社会保险的基本制度。

根据《劳动法》的规定，社会保险基金由国家设立，资金来源逐步实行社会统筹，用人单位和劳动者有参加社会保险和缴纳社会保险费的义务。劳动者依法享有五种社会保险待遇，即：退休后的养老保险待遇、患病负伤后的医疗保险待遇、因工伤残或者患职业病后的工伤保险待遇、失业保险待遇、生育保险待遇。

五、劳动争议

劳动争议又称劳动纠纷，指劳动者与用人单位在劳动过程中，就双方的权益问题产生的纠纷。

（一）劳动争议的处理范围

根据1993年8月1日实施的《中华人民共和国企业劳动争议处理条例》的规定，目前我国劳动争议的处理范围限于：

1. 因企业开除、除名、辞退职工和职工辞职、自动离职发生的争议。
2. 因执行国家有关工资、保险、福利、培训、劳动保护的规定发生的争议。
3. 因履行劳动合同发生的争议。
4. 法律、法规规定应当按照《中华人民共和国企业劳动争议处理条例》处理的其他劳动争议。

（二）劳动争议的处理程序

1. 劳动争议调解

根据《中华人民共和国企业劳动争议处理条例》的规定，企业可以设立劳动争议调解委员会，负责对本企业的劳动争议进行调解。劳动争议调解实行自愿原则，当事人不愿调解或经调解不成的，均可向劳动争议仲裁委员会申请仲裁。

2. 劳动争议仲裁

是指劳动争议仲裁委员会对劳动者与用人单位发生的劳动争议，依法进行裁决的活动。

劳动争议仲裁委员会是依法独立处理劳动争议的专门机构，其组成人员包括企业行政主管部门的代表、工会的代表、政府指定的经济综合管理部门的代表。

劳动争议的当事人应当自知道或者应当知道其权利被侵害之日起60天内，以书面形式向劳动争议仲裁委员会申请仲裁，超过仲裁申请期限的，仲裁委员会对申请不予受理。

3. 劳动争议诉讼

劳动争议诉讼，是指劳动争议当事人不服劳动争议仲裁委员会做出的裁决，在规定的期限内，向人民法院起诉，由人民法院对劳动争议进行审理的活动。劳动争议案件，实行仲裁前置程序，未经申请仲裁而直接向人民法院提起劳动争议诉讼的，人民法院依法不予受理。

六、用人单位的法律责任

用人单位承担法律责任的形式有行政责任、经济责任、刑事责任3种。

（一）行政责任

用人单位须承担行政责任的情形有：

1. 劳动规章制度违反法律、法规规定的。

2. 违法延长工作时间的。

3. 劳动安全设施和劳动卫生条件不符合国家规定或未向劳动者提供必要的劳动防护用品和劳动保护设施的。

4. 非法招用未满十六周岁的未成年人的。

5. 违反对女职工和未成年工的保护规定的。

6. 违法解除劳动合同或者故意拖延不订立劳动合同的。

7. 无理阻挠有关部门行使监督检查权、打击报复举报人员的。

承担责任的方式有警告、责令改正、罚款、吊销营业执照等。

用人单位有下列行为的，由公安机关对责任人员处以15日以下拘留、罚款或者警告：以暴力、威胁或者非法限制人身自由的手段强迫劳动者劳动的；侮辱、体罚、殴打、非法搜查和拘禁劳动者的。

（二）经济责任

用人单位须承担经济责任的情形有：

1. 劳动规章制度违反法律、法规规定，对劳动者造成损害的，承担赔偿责任。

2. 违反有关支付工资报酬和经济补偿规定的，除责令支付外，可以责令支付赔偿金。

3. 因用人单位原因订立无效合同，对劳动者造成损害的，承担赔偿责任。

4. 违法解除劳动合同或者故意拖延不订立劳动合同，对劳动者造成损害的，承担赔偿责任。

5. 招用尚未解除劳动合同的劳动者，对原用人单位造成经济损失的，承担连带赔偿责任。

6. 无故不缴纳社会保险费的，责令限期缴纳；逾期不缴的，可以加收滞纳金。

（三）刑事责任

用人单位违反劳动法律、行政规定规定，构成犯罪的，按照《刑法》的规定，追究其责任人员的刑事责任。

第五节　国际经济法相关知识

一、国际货物买卖、运输与保险法知识

（一）国际货物买卖的法律

在国际货物买卖法方面，主要的国际条约有罗马国际统一私法协会编撰的1964年的两个海牙公约以及1980年联合国制订的《联合国国际货物买卖合同公约》。

在1951年有21个国家参加的海牙外交会议上，代表们对《国际货物买卖统一法公约》《国际货物买卖合同成立统一法公约》进行了讨论和修订，于1964年4月25日海牙会议上获得通过。《国际货物买卖统一法公约》于1972年8月18日起生效；《国际货物买卖合同成立统一法公约》于1972年8月23日生效。

但两个海牙公约在理论和实践中存在明显局限和不足，参加这两个公约的国家也为数不多。因此，1966年联合国国际贸易法委员会成立后组织了专门的工作组对两个海牙公约进行修改。1980年3月，《联合国国际货物买卖合同公约》在有62个国家代表参加的维也纳外交会议上正式通过。我国在核准加入该公约时，对其第1条第1款b项和第11条的规定作了保留。

该公约的宗旨是：以建立新的国际经济秩序为目标，在平等互利的基础上发展国际贸易，促进各国间的友好关系。

其内容分四部分共101条。第一部分、第四部分规定适用范围和最后条款；第二部分、第三部分规定合同的成立与货物买卖。该公约适用于：

1. 缔约国营业地分处不同国家的当事人之间的货物买卖。

2. 由国际私法规则导致适用某一缔约国的法律。

3. 货物买卖。

4. 就买卖合同而言，公约仅适用合同的订立和买卖双方的权利、义务，而不涉及：（1）合同的效力；（2）合同对所有权的影响；（3）货物对人身造成的伤害或损害的产品责任问题。

公约的目的不是取代或协调各国国内法的规则，而是提出一套适合于国际贸易特殊要求的原则和办法供买卖双方选择适用，以实现其提出的宗旨。

（二）国际货物运输和保险

1. 国际海上货物运输提单

（1）提单的定义和作用。提单是一种用以证明海上运输合同和货物已由承运人接管或装船，以及承运人保证凭以交付货物的单据。

（2）提单的种类。以货物是否装船分为已装船提单（shipped B/L 或 on board B/L）和收货待运提单（received for shipment B/L），前者指在货物装船后，承运人签发的载明船名及装船日期的提单。后者主要适用于集装箱运输，是承运人在收取货物以后，实际装船之前签发的表明货物已收管待运的提单。

以提单上是否有批注分为清洁提单（clean B/L）和不清洁提单（unclean B/L），前者指提单上无明显的声明货物及包装有缺陷的附加条文或批注者；后者指附有该类附加条款或批注的提单。

按收货人抬头分为记名提单（straight B/L）、不记名提单（open B /L）和指示提单（order B/L）。记名提单指托运人指定特定人为收货人的提单；不记名提单指托运人不具体指定收货人，在收货人一栏只填写“交于持票人”；指示提单指托运人在收货人栏内填写凭指示或凭某人指示字样。

此外，还包括按运输方式分为直达提单、转船提单或联运提单和多式联运提单；按运费支付的时间分运费预付提单和运费到付提单。

（3）关于提单运输的三个国际公约。《海牙规则》《维斯比规则》《汉堡规则》是目前调整海上班轮运输的三个国际公约。

2. 国际航空货物运输

目前，调整国际航空货物运输关系的国际公约主要有三个：

（1）《统一国际航空运输某些规则的公约》（简称《华沙公约》），1929 年在华沙签订，1933 年 2 月 13 日生效。我国于 1958 年加入该公约。

（2）《修改 1929 年统一国际航空运输某些规则的公约的议定书》（简称《海牙议定书》），订于 1955 年 9 月，1963 年 8 月 1 日生效。我国于 1975 年加入该议定书。

（3）《统一非缔约承运人所办国际航空运输某些规则以补充华沙公约的公约》（简称《瓜达拉哈拉公约》），订于 1961 年，1964 年 5 月 1 日生效。我国目前尚未加入。

3. 国际铁路货物运输

目前关于国际铁路货物运输的公约有两个：《国际货约》和《国际货协》。《国际货约》（CIM）全称《关于铁路货物运输的国际公约》，1961 年在伯尔尼签字，1975 年 1 月 1 日生效。

《国家货协》（CMIC）全称《国际铁路货物联合运输协定》，1951 年在华沙订立。我国于 1953 年加入。

4. 国际货物运输保险

（1）国际货物运输保险合同。国际货物运输保险合同属于财产保险合同的一种，在我国投保人可以直接向保险公司投保。由投保人提出保险要求，经保险人同意承包，并就货物运输保险条款达成协议后，合同成立。保险合同主要包括：

保险人与被保险人名称；货物名称；货物价值；保险金额；保险责任和除外责任；保险期间；保险费等。

（2）国际货物运输过程中因各种意外事故（一般包括自然灾害、意外事故、外来风险）造成的货物损失可分为两类：

第一，全部损失，包括实际全损和推定全损。实际全损指货物全部灭失或因受损而失去原有用途，或被保险人已无可挽回地丧失了保险标的。推定全损，指货物受损后对货物的修理费用加上续运到目的地的费用超过其运到后的价值。

第二，部分损失，即除了全部损失以外的一切损失。分为共同海损、单独海损和单独费用。

共同海损指海上运输中，船舶、货物遭到共同危险，船方为了共同安全，有意和合理地做出特别牺牲或支出的特别费用；单独海损是指货物因承保风险引起的不属于共同海损的部分损失；单独费用是为了防止货物遭受承保风险造成的损失或灭失而支出的费用。

（3）代位和委付。代位指当货物损失是由第三者的过失或疏忽引起时，保险公司向被保险人支付保险赔偿后，享有取代被保险人向第三者进行索赔的权利。

委付指在推定全损的情况下，被保险人把残存货物的所有权转让给保险公司，请求取得全部保险金额。

5. 国际海上货物运输保险条款

中国人民保险公司海洋运输货物保险条款分一般保险条款和特殊保险条款。一般保险条款包括三种基本险别：平安险、水渍险和一切险。特殊保险条款包括一般附加险、特别附加险和特殊附加险。

二、知识产权的国际保护知识

知识产权保护具有很强的地域性，在一国取得的知识产权只有在该国领域内受到法律保护，其他国家没有保护的义务。由于各国在知识产权法领域法律规定差异较大，使得知识产权的域外保护变得复杂，不利于知识产权的发展。为解决这一问题，从十九世纪开始，各国开始致力于签订知识产权保护方面的双边或多边协定或公约。以下主要是我国已经加入的有关知识产权公约。

（一）世界知识产权组织公约

该公约于 1967 年 7 月 14 日由 51 个国家在斯德哥尔摩签署，1970 年生效。我国于 1980 年批准加入该公约，成为该公约的成员国。这是我国参加的第一个知识产权国际公约。

公约共有 21 条内容，其中核心部分是公约第 2 条对知识产权所下的定义；另一项内容是成立了世界知识产权组织（WIPO）。

（二）保护工业产权巴黎公约

该公约于 1883 年 3 月 20 日由 11 个国家发起缔结，1884 年生效。由于公约在巴黎缔结，又简称《巴黎公约》。《巴黎公约》先后进行过 6 次修改，其不仅是知识产权领域第一个世界性多边公约，同时也是成员国最为广泛，对其他世界性和地区性工业产权公约影响最大的公约。

《巴黎公约》共 30 条，包括工业产权的范围、国民待遇原则、优先权原则、专利权商标权独立性原则等规定，这些都是各成员国在制定本国工业产权法时应遵守的最低标准。

（三）专利合作条约

《专利合作条约》是在遵循《巴黎公约》基本原则的基础上，于 1970 年 6 月 19 日在美国华盛顿缔结的有关专利申请的国际性公约。该公约于 1978 年 6 月 1 日正式生效。

该公约完全是程序方面的规定，不涉及专利批准问题。由于《专利合作条约》内容过于具体，不利于各国的加入，所以至今为止其影响力远不如《巴黎公约》。

（四）商标国际注册马德里协定

1891 年 4 月 14 日在西班牙的马德里签订《商标国际注册马德里协定》，简称《马德里协定》。该协定共有 18 条，其对接受申请的机构、对非成员国的国民待遇原则、申请国际注册的内容及注册等方面作了规定。

《马德里协定》的签订生效，大大简化了国际注册手续。

（五）保护文学和艺术作品伯尔尼公约

《保护文学和艺术作品伯尔尼公约》于 1886 年 9 月 9 日在瑞士首都伯尔尼正式签订。自签订后曾先后进行 8 次修订。它是版权领域第一个世界性多边国际条约，也是至今影响最大的版权公约。

该公约共有38条，包括以下内容：文学和艺术作品的含义及公约的保护范围、公约保护的权利主体、国民待遇原则、限制性原则、作者权利及其保护期、追溯力。

（六）世界版权公约

《世界版权公约》继《伯尔尼公约》之后，于1952年9月6日在日内瓦签订，1955年正式生效。

《世界版权公约》共有21条，它对版权的国际保护不如《伯尔尼公约》高，其主要目的是为版权保护尚达不到或不愿达到高水平的国家提供一种选择。

（七）保护表演者、录音制品制作者和广播组织罗马公约

保护表演者、录音制品制作者和广播组织罗马公约简称《罗马公约》，是第一个对邻接权实施保护的国际公约。1961年，由联合国劳工组织、科教文组织和世界知识产权组织共同发起并实施管理，1964年生效。

该公约共34条，涉及国民待遇主体及条件、邻接权的保护内容等内容。只有参加了《伯尔尼公约》或《世界版权公约》的国家才能加入该公约。

（八）保护录音制品制作者防止未经授权复制其录音制品公约

尽管《罗马公约》对邻接权提供国际保护，但对录音制品制作者来说，该公约保护仍嫌不足。因此，1971年10月29日保护录音制品制作者防止未经授权复制其录音制品公约在日内瓦缔结，1973年4月18日生效。该公约共13条。

（九）与贸易有关的知识产权协议

随着世界贸易的拓展，与贸易问题有关的知识产权保护问题日益重要。1993年12月乌拉圭回合闭幕时达成《与贸易有关的知识产权协议》，表明知识产权的国际保护进入了一个新的历史发展时期。

该协议除序言外，另有73个条款，其主要内容包括：总则和基本原则；关于知识产权的效力、范围和使用标准；知识产权的实施；知识产权的取得和保持及相关程序；争端的防止和解决；过渡协议与机构安排。

三、国际经济组织知识

（一）国际货币基金组织

国际货币基金组织是根据1944年7月在美国布雷顿森林会议签订的国际货币基金组

织协定，于1945年12月27日成立的。其宗旨是：促进国际货币合作；促使国际贸易的扩大和平衡发展，以促进和维持高水平的就业和实际收入，以及会员国生产资源的发展；促进汇价稳定，维持会员国之间有秩序的汇率安排，避免竞争性外汇贬值等。

国际货币基金组织的主要职能：一是制定规章制度的职能，包括确定和实施国际金融和货币事务中的行为准则；二是金融职能，包括向成员国提供资金。

国际货币基金组织主要机构为理事会和执行董事会。其成员国投票权与缴纳基金份额的比例密切相关，即采用股票数为基础的加权投票制。

（二）世界银行集团

世界银行集团是由国际复兴开发银行、国际金融公司、国际开发协会这三个国际金融组织组成的。国际复兴开发银行又称世界银行，是根据1944年7月布雷顿森林会议签订的国际复兴开发银行协定，于1945年12月27日成立的，总部设在华盛顿。国际金融公司和国际开发协会则分别根据世界银行于1955年制订的国际金融公司协定和1960年制订的国际开发协会协定建立的。

世界银行集团的基本宗旨：以提供贷款和投资等方式，协助成员国解决战后恢复和发展经济所需要的资金，促进其经济发展，提高生产力，改善和提高人民的生活水平。世界银行集团的三个公司各司其职。世界银行主要对成员国政府、政府机构或政府所担保的私人企业发放用于生产目的的长期贷款，提供技术援助；国际金融公司在需要政府担保的情况下，专对成员国的私人企业发放贷款，并与私人投资者联合向成员国的生产企业投资；国际开发协会则专向较贫困的发展中国家的经济建设起到了一定的援助作用。

国际货币基金组织的全体成员国均可申请加入世界银行，而国际金融公司和国际开发协会的成员国，按规定又必须是世界银行的成员国。

（三）世界贸易组织

世界贸易组织（简称WTO）成立于1995年1月1日，总部设在日内瓦。其宗旨是促进经济和贸易发展，以提高生活水平、保证充分就业、保障实际收入和有效需求的增长；根据可持续发展的目标合理利用世界资源、扩大货物和服务的生产；达成互惠互利的协议，大幅度削减和取消关税及其他贸易壁垒并消除国际贸易中的歧视待遇。

WTO作为正式的国际贸易组织在法律上与联合国等国际组织处于平等地位。它的职责范围除了关贸总协定原有的组织实施多边贸易协议以及提供多边贸易谈判场所和作为一个论坛之外，还负责定期审议其成员的贸易政策和统一处理成员之间产生的贸易争端，并负责加强同国际货币基金组织和世界银行的合作，以实现全球经济决策的一致性。WTO协议的范围包括从农业到纺织品与服装，从服务业到政府采购，从原产地规则到知识产权等多项内容。

WTO的最高决策权力机构是部长会议，至少每两年召开一次会议。下设总理事会和秘书处，负责世贸组织日常会议和工作。总理事会设有货物贸易、非货物贸易（服务贸易）、知识产权三个理事会和贸易与发展、预算两个委员会。

作为处理国际间贸易事务的机构，WTO的前身是成立于1947年的关税和贸易总协定GATT。与关贸总协定相比，WTO涵盖货物贸易、服务贸易以及知识产权贸易，而关贸总协定只适用于商品货物贸易。

中国是关贸总协定的创始国之一。2002年11月10日我国成为世界贸易组织正式成员。

参考书目

（1）江平、李国光：《最新公司法培训教程》，人民法院出版社，2006年

（2）黄月华：《经济法通论》，法律出版社，2003年

（3）刘春田：《知识产权法》，高等教育出版社、北京大学出版社，2000年

（4）张光杰：《中国法律概论》，复旦大学出版社，2005年

（5）韩德培：《环境保护法教程》，法律出版社，2003年